The Making of East Asia: Order, Integration and Stakeholders

大庭三枝［編著］

清水一史
鈴木早苗
青木まき
川島真
中山俊宏
山影進
渡邉昭夫

東アジアのかたち

秩序形成と統合をめぐる日米中ASEANの交差

千倉書房

はしがき

大庭三枝
OBA Mie

東アジアという地域の「かたち」が今、大きく変わりつつある。では、何がどう変わりつつあるのか。近年、中国の台頭とその近隣外交の強硬化が顕著となり、アメリカがオバマ政権のもと（中東から）アジアに外交の重点を移すことを標榜するリバランス政策を展開する中で、米中間のパワー・バランスの変容がどのように東アジア地域秩序に影響を与えるかがもっぱら議論されている。「覇権国」としてのアメリカの地位を「挑戦国」たる中国が取って代わるのではないかという「力の移行（パワー・トランジション）」も論じられている。こうしたパワー・バランスの変化は東アジアの国際情勢を見る上で見逃すことはできないが、その変化と連動しつつ様々なレベルで進んでいる東アジアの地域統合による東アジアの「かたち」の変化にも注目しなければならない。パワー・バランスの変化と地域統合の進展の中で、東アジア地域秩序はどう変化し、全体としてこの地域の「かたち」はどのように変容しつつあるのだろうか。本書は、東アジアの変容する様を、この地域の「かたち」に大きな影響を与えてきた、そしてこれからも大きくその姿を決定づけるであろう中国、アメリカ、日本、そしてＡＳＥＡＮ・ＡＳＥＡＮ諸国の政策に焦点を当てつつ、多面的に明らかにしようとするものである。

本企画は、サントリー文化財団の「人文科学・社会科学に関する学際的グループ研究助成」より、平成二四年八月から平成二六年七月までの二年間の助成を受けた「東アジア地域統合と日本外交の可能性：日米ASEANトライアングル連携」研究グループの研究成果の一部である。このメンバーに加わったのは、研究代表者である大庭（序章・第一章）をはじめ、清水（第二章）、鈴木（第三章）、青木（第四章）、川島（第五章）、中山（第六章）の六名である。サントリー文化財団の助成金を得て、東京、博多で研究会を定期的に開き、メンバー間で議論を重ねるとともに、北京、南寧、ソウル、ジャカルタ、バンコクなどに赴き、聞き取り調査や現地調査をすることができた。さらに、平成二七年においても共同研究プロジェクトを継続し、ハノイからラオカイ、中越国境を越えて河口、昆明と鉄道を使っての現地調査を行った。この研究プロジェクトのメンバーが担当した各章は、そうした研究活動を踏まえてのものである。改めてサントリー文化財団および関係者の方々に感謝の意を示したい。

刊行にあたっては、研究会のメンバーに加え、山影進氏（第七章）と渡邊昭夫氏（終章）にご参画いただいた。ご多忙の中、アジア太平洋の国際関係の泰斗である両先生に寄稿していただけたことに深く感謝している。

なお、本書の執筆者は問題関心は共有しつつも、各自の分析・評価を尊重する意図から、あえて各章の内容のすりあわせ等は行わず、それぞれ自由に議論を展開している。同様の意図から一部の用語、書式についても統一を図らなかったことをお断りしておく。

最後に、本書の刊行にねばりづよく尽力してくださった、千倉書房の神谷竜介氏にも深く感謝する。

東アジアのかたち——秩序形成と統合をめぐる日米中ＡＳＥＡＮの交差◆目次

東アジアのかたち——秩序形成と統合をめぐる日米中ASEANの交差

序章　東アジアへの視座

大庭三枝　*OBA Mie*

1　国際秩序とは何か

東アジア地域秩序を論じる前に、国際秩序とは何か、を明確にしておきたい。国際秩序とは、単に諸国家間のパワー・バランスの変化を指すのではない。「社会秩序」について、代表的な伝統的リアリストの一人であるスタンリー・ホフマンは「社会集団が根本的に必要とするものを確保する規範・慣行・プロセス」であると指摘した。そして、国際関係の文脈において、「国家間環境」と「脱国家的社会」の二つの種類の社会集団が存在するとした。前者の国家間環境において見られる秩序はいわゆる国家間秩序である。英国学派のヘドリー・ブルの論じる「国際秩序」、すなわち「主権国家からなる社会、あるいは国際社会の主要な基本的目標を維持する活動様式」はこの国家間秩序とほぼ同義である。

他方、脱国家的社会、すなわち「国境を越えて形成される個人や集団の関係」において構築される秩序は、諸国家の併存状況により「国民」という単位に分断されている人々全体、すなわち「人類」が、「根本的に必要とするものを確保する規範・慣行・プロセス」である。これは、ブルが論じた「世界秩序」すなわち「人類全体の間での社会活動における主要な基本的目標を支えるような人間活動の様式ないし傾向」と重なる。国際社会の分析に際し主権国家に主眼を置く伝統的リアリストであるこの二人が、国家間秩序とは異なるレベルの秩序にも留意していたことは重要である。現在、様々なレベルでのグローバル化が進み、企業、NGO、市民団体、個々の市民など、脱国家的主体による国境を超えた諸活動が活発化するとともに、環境や人権保護などの新たに国際社会の共通の利益と考えられる様々な価値を実現するためのグローバル市民社会が形成されつつある。そうした中で、人類全体の利益を実現し得る世界秩序のあり方を問うことは、ホフマンやブルが国際社会における秩序のあり方を論じた頃よりも、重要な課題として立ち現れてきている。

しかしながら、現在の国際社会においてその秩序をより強く規定しているのは依然として国家間秩序、すなわち国際秩序である。今の各国家が実現すべき利益の範囲は格段に広がっている。すなわちそれは、経済、社会、規範など様々なレベルで進むグローバル化やそれに対応したグローバル市民社会の登場などを背景に、各国家の伝統的な安全保障(国防)および国家全体としての経済的利益の確保に加え、それぞれの国民の安全、繁栄、そして人間として最低限度の生活を保障する、ということを含めた幅広い内容を含むようになってきている。そして、個々の国家は、こうしたその内部にいる国民の利益に以前よりもより配慮しつつ、それら様々な利益を国際社会として実現するための「規範・慣行・プロセス」の形成を、国家間の利害関係が時には鋭く対立する中で模索している状況である[1]。

2 東アジア地域秩序とは何か

東アジア地域秩序は、こうした世界全体を覆う国際秩序の一部である。そして、上記のホフマンの言葉を借りるならば、「東アジア諸国が根本的に必要とするものを確保する規範・慣行・プロセス」であり、ブル流に言うなら「東アジア国際社会の主要な基本的目標を維持する活動様式」ということになる。こうした「規範・慣行・プロセス」は東アジア国際秩序に関わる各国がどのような世界観と、それに基づく自国が優先すべきと考える規範や利益のもとでこの地域における外交を展開しているのかにかかっている。むろん、各国が考える望ましい規範や利益はその多様な世界観を反映して多様であろう。それぞれの世界観のもとで「自国の利益」であると考えている「利益」を実現しようとする各国の志向性が交差する中で、地域秩序が守るべき価値や規範が立ち現れてくるのである。

よって、東アジア地域秩序の変容を見るためには、単に国家間のパワー・バランスの変化を分析するだけでなく、そうしたパワー・バランスの変化と連動しつつ、それらの国々がそれぞれどのような世界観、地域観のもとで、東アジア外交を通じてどのような利益を追求することを目指しているか、を考察する必要がある。さらに、東アジア地域秩序が米中間のパワー・バランスの変化によって変容しているというならば、パワー・バランスの変化が東アジア諸国が追求してきた基本的目標や優先すべき規範そのものの変質をもたらしているかどうか、東アジア諸国間の外交上の慣行や仕組みがどれだけ変化しつつあるのか、が問われなければならない。

東アジアの各国家の国家としての根源的な利益である独立自存や安全保障を支えてきたのは、アメリカと日本、韓国などとの同盟関係の束によって形成されているアメリカ中心のハブ・アンド・スポーク体制であり、そのアメリカをはじめとする諸国が中国と築いてきたそれなりに円滑で安定的な関係であった。いずれにせよ、安全保障に関わる「規範・慣行・プロセス」においてアメリカは東アジアにおいて覇権としての地位を維持していた。他方、域内で進む経済的社会的相互依存が展開する中で、中国経済の存在感は一九九〇年代、二〇〇〇年代を通じて増していった。二〇〇七年のアメリカにおけるサブ・プライム・ローンの破綻、二〇〇八年リーマン・ショックによって引き起こされた世界経済危機の後、欧米市場が沈む中で、中国政府が多額の財政出動を行い、また中国市場が東アジアにおける多くの輸出を受け入れたことは、この地域の危機の打撃からの回復を促した。この時の多額の財政出動も一因となり、中国経済の先行きが現在不透明になっているのは事実である。しかしながら、今や中国経済の存在や影響力を抜きにして、東アジア経済は語れなくなっている。さらに、こうした経済分野における影響力拡大を背景に、中国は東アジアにおける政治的発言力を強めている。

かつてカッツェンスタインは、第二次世界大戦後のアメリカは、西ヨーロッパにおいては西ドイツ、東アジアにおいては日本との同盟関係を強化することを通じ、両地域における自らにとって望ましい価値や規範を実現することで、その覇権国としての地位を確固たるものとしたと指摘した[2]。しかしながら、現在、アメリカの同盟国ではない、そして価値や規範という点では一層のすり合わせが必要である異質な中国が台頭することで、少なくとも東アジア地域秩序のあり方は大きく揺さぶられているのである。

ただ、この地域の秩序は米中の思惑や政策のみで決まるわけではない。経済大国としての地位が相対的に減じつつあるとはいえ、アジアにおける唯一の先進国としての歴史と経験を持つ日本が東アジア情勢に及ぼす影響力は無視できない。また、北朝鮮と対峙しつつアメリカとの同盟関係と中国との関係強化の間で揺れる韓国、主権国家としての地位はかなり微妙であるが、中国の台頭と強硬化の中で、なんとか自立性の確保に努める台湾、さらにそれぞれが多様な外交的スタンスをとりながらもＡＳＥＡＮというまとまりを維持しつつ、したたかな対外戦略を展開してきたＡＳＥＡＮ諸国など、これら米中以外の諸国がどのような利益の実現を望み、そのためにどのような規範を受け入れるのか、は、この地域の秩序のあり方を大きく左右する。

特に興味深いのがＡＳＥＡＮ／ＡＳＥＡＮ諸国の果たしてきた役割である。上記の超大国、大国に比して、ＡＳＥＡＮを構成する一〇カ国は小国である。小国が国際政治にいかなる影響を与え得るのか、についての理論的考察は終章に譲る。ただ、ここで指摘しておきたいのは、一般論として、国際政治は、関係性の上で成り立っており、たとえ軍事力や経済力といったパワー資源の総体としては大きい力をもつ大国といえども、いつもその望み通り他国に対するパワーを発揮できる――望み通り相手を動かせる――わけではない[3]。大国といえども、アメを使おうがムチを振り下ろそうが、他国がいつも思い通りの行動をとってくれるとは限らないのである。特に、気に入らない国を殲滅する、あるいは征服するといった乱暴な方法をとることに多大なコストが予想される現代国際政治において、いかに長期的に、穏やかな方法ではあるがしかしながら効果的に、他国に自国にとって望ましい行動をとらせるように働きかけるか、あるいはそのような安定的な関係を他国と築くか、が大国を始めとするすべての国にとって重要な課題となっている。

アメリカ、中国、日本といった超大国や大国が、ＡＳＥＡＮの対話国となり、またＡＳＥＡＮ＋１のＦＴＡを結び（アメリカはＴＩＦＡ）、また東南アジア友好協力条約（ＴＡＣ）に署名するなどのＡＳＥＡＮとの関係強化を図ってきたのは、それが各国にとって、東アジアにおいて自分の利益が実現しやすい望ましい秩序形成のためには必要だと見なしたからである。他方、ＡＳＥＡＮ側から見れば、それはＡＳＥＡＮが主要な域外国それぞれすべての関係を強化するという多方向外交を展開することで、ある特定の国が突出した影響力を持たないように工夫しながらこれらの国々と安定的な関係を築くことを目指してきたということになる。東アジア地域秩序のあり方を規定してきたのは大国だけではないのである。

3　地域統合・地域主義と東アジア

さらに、現在の東アジアにおいて、秩序の有り様に影響を及ぼしているのが様々なレベルでの地域統合の動きであり、地域主義の活発化である。地域統合という用語は多義的である。地域統合論の一つの流派である新機能主義の主導的論者であるエルンスト・ハースは、地域統合を「それぞれの異なる国家の政治的アクターが、彼らの忠誠心、期待、そして政治的活動を、それ以前に存在した国民国家に対する管轄権を所有し、また溶融するような諸制度を伴う新たな中心へと移行することが促される過程」と定義した[4]。それに対し、安全保障共同体（security communities）概念を提示し、ハースとは異なる視点から地域統合を論じたカール・ドイッチュは、「統合」とは「ある領域において人々の間に、共同体意識の共有と、平和的変更への信頼できる期待が長期にわたって保障されるに十分なほどの制度と慣行が達成されている状態」と定義した[5]。また、経済学者で、統合の段階についてのバラッサ・モデルで有名なベラ・バラッサは、統合とは、異なる国家の経済ユニット間での「差別」——関税、数量規制、生産要素の移動に関する障害、国家の通貨及び財政政策などの形をとる——を廃止することであった[6]。

いずれにしても、これらの「統合」ないし「地域統合」では、何らかの「制度」——これ自身かなり幅広い範囲の内容を含むものではあるが——が形成されることが重要であることを指摘している[7]。

しかし、これら一九五〇年代から六〇年代にかけて進展したヨーロッパ統合を背景に発達した地域統合論の見方と、アジアにおける地域統合に対する見方は異なっていた。理由は簡単で、かつての東アジアは、ヨーロッパのような制度的に統合を進めようとする政治的志向性は希薄であり、ASEANなどの少数の例を除き、政府レベルの地域制度の展開があまり見られなかったからである[8]。しかし、そうした制度的な統合を目指す政府レベルの動きが希薄であったにもかかわらず、一九八〇年代後半、特にプラザ合意以後、日本企業の東アジア領域への直接投資の増加に牽引される形で、この領域において経済的社会的相互依存が高まり、また東アジアを擁する「アジア太平洋」が発展地域として注目されるようになる中で、「東アジア流」ないし「アジア太平洋流」の地域統合のあり方が喧伝されるようになった。すなわち、東アジアにおいては、市場主導の地域統合が進んでいるとする見方である。そして、「非公式な地域主義」とか「制度なき地域統合」といった用語で東アジアにおける地域統合や地域主義が語られるようになった。

こうした東アジアの状況は、地域統合を促す動きを、「地域主義」と「地域化」に分けて観ると理解しやすくなる。「地域主義」は、ある地理的範囲に位置している複数の国家によって、その域内の平和や繁栄の実現を目指し、そのための政策協調や地域協力を進めることで、単なる国家集合以上のまとまりを現出させようとする政治的志向性や政治的意思である。そうした政治的意思としての地域主義は、すべてではないが、地域制度の形成につながっていく場合が多い。他方、「地域化」とは、ある地理的範囲内で国境を超えた非政府主体による交流の増大によって、経済的かつ社会的なまとまりが現出する過程や状態を示す[9]。いわば、かつての東アジアは、地域主義は希薄だが、地域化は急速に進展している地域として捉えられ、それがアジア流の「地域統合」のあり方だと見なされていたのである。

現在でも、東アジアにおける国境を超えた企業や個人の経済活動及び社会活動の活発化によるまとまりの形成――地域化――の進展は、東アジアの「かたち」を見る上で重要である。しかしながら、それに加えて、一九八〇年代末から今日にかけての二十数年の間に、東アジアにおいて様々な地域制度が設立されたことは大きな変化であった。一九八九年一一月のアジア太平洋経済協力(APEC)の設立を皮切りに、一九九四年にはアジア太平洋における初の政治・安全保障対話の枠組みであるASEAN地域フォーラム(ARF)、一九九七年には東アジア地域主義を事実上制度化した枠組みとしてのASEAN+3、二〇〇五年には東アジアの首脳レベルの意見交換の実現を念頭に置いた東アジアサミット(EAS)、さらに二〇一〇年にはASEAN防衛大臣会合+(ADMM+)という、ASEANと日本、中国、アメリカを含む東アジアに関わる主だった八カ国による防衛大臣級の協力枠組みも誕生した。さらに、アジア太平洋自由貿易圏(FTAAP)構想、環太平洋パートナーシップ協定(TPP)、地域包括的経済連携(RCEP)、ASEAN経済共同体(AEC)など、広域経済圏形成へ向けた試みが、相互に関連しながらも進められている。

むろん、こうした地域制度の形成とそこで展開される多国間外交が伝統的な二国間外交に取って代わったというわけではない。本書のいくつかの論考が示すとおり、二国間外交は依然重要である。しかしながら、こうした様々な地域制度が構築され、多国間外交も地域の国際政治におけるチャネルとなったことは、東アジアの「かたち」に一定程度変化をもたらしているのである。

これらの諸地域制度の設立と展開は、地域における共通の利益とは何か、各国はどのような規範や価値を優先すべきか、について各国が意見交換や協議を行う、あるいは激しくぶつかり合う場が形成されたことを意味する。ただ、ここで、北東アジアと東南アジアを包含する「東アジア」をカバーする範囲のみで地域制度形成が行われているわけではないことには留意する必要がある。「東アジア」に加え、アメリカと東アジアを共に加えた「アジア太平洋」、ASEANに代表される「東南アジア」、それに日中韓三国間協力によって「北東アジア」単位での制度化の動きが見られるなど、東アジアをめぐる諸地域制度は重層的に折り重なるように展開されている。これはまだ、だれが協力・協議をすべき「われわれ」なのか、どのような価値や規範の共有やその実現を目指して協力するのか、について、志向性が収斂していないことの証左であろう[10]。

いずれにせよ、東アジア地域秩序に関わる国々にとって、地域レベルの多国間外交(地域主義外交)をこの地域においてどう展開していくかは、すなわち地域主義にどのように関わっていくか、あるいは地域主義をどのように主導するかは、この地域における自分たちの影響力確保とその拡大を目指す上での政治的な手段として、以前より重要度を増してきているということは言えるだろう。各国は、伝統的な二国間外交に加え、自らにとって望ましい地域観ないし地域秩序観をベースに、地域主義外交を展開することを通じて、自国の利益を追求するようになってきている。一般的に多国間外交は、自国の利益が全体の利益にもつながることを強調することで、どれだけ多くの賛同者を得られるか、が重要である。先ほど、国際関係には相手(とその意思)がある、ということを述べたが、多国間外交の場合、ある国にとっての「相手」は複数存在するのであり、またなるべく多くの「相手」を自らに賛同させることが重要となる。そしてその「相手」たちはそれぞれの思惑を抱えており、一筋縄ではいかない。

この二〇年間で進んだ様々な地域制度の形成——制度的な地域統合——の過程における日本、中国、アメリカといった大国の地域主義外交の影響は無論大きい。例えば日本はAPECの設立過程において中心的プレイヤーであったし、ASEAN+3協力の進展過程、特に通貨・金融協力において主導的な役割を果たした。また、中国は当初一九八〇年代末以降のアジアにおける地域主義の活発化には受け身の姿勢であったが、一九九〇年代末以降の周辺外交の推進による近隣諸国との関係安定化を図る政策の一環として、ASEANとの協力関係を深め、またこれらの枠組みにおける協力推進における中国の貢献の増大を図るなど、その姿勢を変化させてきた。特に二〇〇〇年代に入って以降の日本と中国は、東アジアにおける主導権をめぐる競争の一環として、それぞれが地域主義への関与を深めていく動きを見せた。他方、アメリカは、「アジア太平洋」の政府レベルの枠組みにはAPEC加盟以降は参加するようになる一方、東アジアにおいてアメリカを排除する地域枠組みが形成されることには警戒感を強く示し、そうしたアメリカの意思は良くも悪くも東アジアの制度的な地域統合の動向に大きな影響を与えてきた。また、オバマ政権のリバランス政策のもとで、アメリカがADMM+やEASへの加盟など、東アジアを覆う地域制度への積極的参画の姿勢を見せていることは周知の事実である。

そして東アジアにおける制度的な地域統合において、ASEAN・ASEAN諸国の果たしてきた役割やその位置付けは重要である。二〇一五年末に、ASEANは前述したAEC、ASEAN政治・安全保障共同体（APSC）、ASEAN社会文化共同体（ASCC）の三本柱から構成されるASEAN共同体（AC）設立を宣言した。ヨーロッパ統合でいうところの「共同体」とは内容がずいぶん異なるものの、アジアにおいて初めて「地域共同体」の設立が実現したのである。

さらに、ASEANは、前に触れたようにASEAN＋1の関係を域外国との間でさまざまな紐帯をもって構築するのと併行し、またそれらを土台として、EAS、ASEAN＋3、ARF、ASEANなどの広域地域制度において中核的位置を占め、東アジア地域統合プロセスにおける「接着剤」として機能してきた。例えば広域経済圏形成の試みの一つであるRCEPは、二〇〇〇年代を通じてASEANが主要な域外国と結んできたASEAN＋1のFTAを一つにまとめ、ASEAN中心の「面」の経済圏形成を実現しようとするものである。本書第一章でも言及するように、東アジアにおける制度的統合においてASEANが制度的中心に置かれていた状況を概念化したのがASEANの「中心性」である。

東アジア域内経済の欧米市場への依存度は、その水準は低くはないものの、以前よりは低下し、域内の経済的結合度の高まりが見られる。現在の東アジアの状況は、このような非国家主体による経済的社会的相互依存が深まるといった地域化という現象が地域統合を促進するのと同時に、様々な地域制度が展開し、制度的にも結びつきを強め、別の側面から地域統合が進展していると捉えられる。そして、制度的な地域統合の進展は、この地域における国際政治上のゲームのルール（またホフマンのいう「規範・慣行・プロセス」）のあり方にも影響を与え得るだろう。

ただ、東アジアにおける地域統合の制度的側面について、新たな動きが見られることに留意すべきである。すなわち中国が、習近平体制の下、ASEANを制度的中心とする地域制度における役割増大や、ASEANとの関係の強化ということを超え、アジアインフラ投資銀行（AIIB）や一帯一路、新アジア安全保障観といった、中国による独自のアジア地域ビジョンを語るようになったことである。これは、東アジアにおける制度的地域統合、ないし地域主義の展開が新たな段階に突入したことを意味するのかもしれない。こうした中国の積極的な地域主義外交が、アジア中に拡大する中国の投資などの現実の経済的拡大と相まって、今後東アジアの地域統合のあり方にどう影響するかは、今後の注目点の一つだろう。

4 バック・トゥ・ザ・フューチャー？

ただ、東アジアの「かたち」の今後を考える上で無視できないのが、大国同士の伝統的なむき出しのパワー・ポリティクスがより強くこの地域のあり方を規定していく可能性である。冷戦が終わった直後の一九九〇年、攻撃的リアリズム（offensive realism）の論客として知られるジョン・ミアシャイマーはInternational Securityに投稿したBack to the futureと題した論文の中で、冷戦終結によって、ヨーロッパにおいて伝統的な大国間対立の構図が復活し、やがては大戦争に至る可能性もあると論じた[11]。その「予言」は正直そのままの形で実現するとは思えないが、自国の利益を利己的に追求するという志向性は主権国家の行動パターンの中に内包されているし、それが国際環境や地域環境の変化の中でよりグロテスクに表出する可能性は否定できない。

むしろ、冷戦終結後の約二〇年間は、国際関係における軍事力の重要度は下がり、変わって経済力や、自国のみならず他国にとっても望ましい価値や規範を拡散させる力といった、軍事力とは異なるパワー資源の重要性が高まっていくという傾向がそれ以前より一層強く見られた時代であった。ルワンダやユーゴスラビアなどにおける悲惨な内戦、民族紛争、国境を越える犯罪や九・一一アメリカ同時多発テロなど、武力を伴う様々な不安定要因が存在したのは事実である。しかしながら比較的この時代、市場経済や人権、民主主義といった元々は西側における価値や規範が「グローバル・スタンダード」として世界に広がりをみせ（少なくともそう見え）、国連やWTOなどの国際制度が国家間関係の調整でそれなりの役割を果たすなど、むき出しの力の論理を振りかざすことが、ここの国益には必ずしもつながらない国際社会の展開が見られたのである。

東アジア地域秩序の展開や地域統合の進展において、アメリカ、中国、日本といった超大国や大国のみならず、その他の中小国、特にASEAN諸国がそれなりの役割を果たし得たのは、そのような国際環境の展開がこの地域でも比較的見られる中でのことであった。もちろん、冷戦終結に伴う新たな脅威の浮上、北朝鮮の核開発、中台の摩擦の増大など、さまざまな不安定要因も見られたものの、二〇〇〇年代末ごろまで、東アジア国際状態は比較的安定していた。日中、日韓の間で歴史認識問題が噴出して関係が冷えたことがあったとしても、その関係の冷却度はそれなりのところで止まっていたし、一時期関係の改善も見られた。また、中国は、「韜光養晦《とうこうようかい》」という大方針の下、まずは経済発展を優先するという路線に沿って、東南アジアをはじめとする近隣諸国に対してむしろ融和的な対応をしてきたし、その一環としてASEAN中心の地域制度における意見交換や協力を支える姿勢を見せていたことは、この地域の安定化に大きく寄与していた。

しかし、近年、こうした状況は大きく変化し、各国内でのナショナリズムの高まりを背景にし、軍事力をちらつかせる形でのむき出しのパワー・ポリティクス的対立がより地域情勢を彩るようになってきている。その台風の目は中国である。中国は軍拡および軍の近代化を進めながら、主権にかかわる問題、特に南シナ海における台湾や一部のASEAN諸国との間の領有権問題や東シナ海の尖閣諸島をはじめとする領域に関する日本や台湾との対立において強硬姿勢をとるようになってきている。特に南シナ海の島嶼や岩礁における埋め立ての敢行、さらにはそれらにおける軍事施設の建設などを急ピッチで進める動きは、南シナ海の領有権の係争国のみならずそれ以外の国々の警戒感を強めている。また、そうした中で、オバマ政権が掲げたリバランス政策がより対中牽制的な色彩を帯びてきている。二〇一五年一〇月、「航行の自由作戦」の一環として、米海軍がイージス艦「ラッセン」をスプラトリー諸島の中国が実効支配している島や岩礁の一二海里以内を航行させたことが注目された。さらに二〇一六年四月には、南シナ海で警戒監視活動を行っているアメリカの原子力空母ジョン・C・ステニスを、カーター国防長官が訪問した[12]。中国は、おそらくこれらのアメリカの一連の動きに反発し、同年五月、すでに予定されていたこの原子力空母ステニスの香港への寄港をキャンセルした[13]。

こうした米中間の南シナ海を巡る緊張の高まりに加え、日本もアメリカとの連携を強化するとともに、南シナ海問題の係争国の中でも中国に厳しいスタンスを取っているフィリピンやベトナムとの安全保障上の協力強化に乗り出している。地域情勢が不安定化する中で、ASEAN諸国もそれぞれ軍拡に乗り出していることも無視できない。加えて、特に南シナ海での中国の動向を注視するベトナム、フィリピン、インドネシアなどをはじめとしてナショナリズムの高まりも見られる。また、ロシアのウクライナへの介入やクリミア併合は世界に大きな衝撃を与えたが、このようなナショナリズムを背景に、極めて古典的かつ逆行的なパワー・ポリティクスを展開するロシアと中国が接近しつつあるように見えるのも、東アジアの「かたち」の将来を考える上での悲観的要素であろう。このように、各国がナショナリズムの論理をあらわにしつつ、むき出しの力による自国の利益の確保に乗り出しつつある。前述した中国の独自の地域ビジョンの提唱も、既存の地域秩序への挑戦という要素を多分に含んでいると見るべきかもしれない。アルカイダやイスラム国の台頭にみられるような宗教的原理主義の台頭、それと関連したテロリズムの恐怖は、東アジアにとっても人ごとではなくなってきている。

前述のミアシャイマーは、米中の軍事的衝突は必至であるというシナリオを提示している[14]。東アジアにおける様々な対立が時には緊迫度を増すことも多々あろう。そして国家間の対立によって、東アジアが戦争状態になる、あるいは中国による垂直的かつ帝国的支配が実現するという可能性は捨てきれないかもしれない。しかしそのような、過去の「かたち」に簡単に戻らないぐらいには、東アジアの「かたち」は変化しているのではないか。時には鋭い激しい対立点を抱えながらも、東アジアは否が応でも「ムラ社会」になりつつあるのであるのではないか。これは、必ずしも東アジア諸国が円滑な関係を築いているという意味ではない。また国家間、場合によっては非国家主体も絡む紛争や対立を完全に除去することなど、東アジアでは当面は無理である。ここでいう「ムラ社会」とは、喧嘩ばかりしている者たちが否応もなく同じ船に乗せられており、さらに共同で対処するしかない諸問題を抱えており、よってそれなりにやっていかねばならない状況に置かれているという意味においてである。そして、そうした東アジアにおいて自国の活路をどう見出していこうとするのか、についての各国それぞれの試みの交差によって、将来の東アジアの「かたち」が立ち現れてくるのであろう。

5　本書の構成

本書はこの序章を含めて九本の独立した論文から成り立っている。詳細はそれぞれの論考を読んでいただくことが最良であるが、これまで示した本書を貫く問題関心の観点から、それぞれの内容についての簡単な紹介をしておきたい。

第一章（担当：大庭）は、ＡＳＥＡＮの「中心性」やその前提となった「一体性」を長期的視点から分析し、その本質と矛盾を明らかにするとともに、近年緊迫化する南シナ海問題におけるＡＳＥＡＮの対応を観ることでＡＳＥＡＮの域外戦略や「中心性」の将来についての考察を行っている。ＡＳＥＡＮ諸国はその外交的スタンスがそもそも多様であるにもかかわらず、外に対峙する時にはＡＳＥＡＮを活用し、ＡＳＥＡＮとしての域外戦略を進め、数多くの域外大国と関係を多方向的に強化してきた。その延長線上に、ＡＳＥＡＮ中心の地域制度構築を進めることによる影響力確保という戦略も位置付けられる。そして実際に、多くのＡＳＥＡＮを制度的中心とする地域制度は設立された。しかし、ＡＳＥＡＮと域外国との関係が強化され、ＡＳＥＡＮ中心の地域制度や枠組みが域外大国を取り込み、その数が増えるほど、ＡＳＥＡＮの影響力が相対化される危険は増す。ＡＳＥＡＮ諸国は、そうした状況の中で敢えてＡＳＥＡＮとしての「中心性」やその前提としての「一体性」を強調する必要があった。すなわちＡＳＥＡＮの「中心性」や「一体性」とは、ＡＳＥＡＮの域外戦略の危うさや矛盾から生まれた概念なのである。

南シナ海問題がＡＳＥＡＮ諸国間の利害の不一致を際立たせることでその「一体性」を文字通り揺るがし、かつ中国との力の差が強調されることで「中心性」をも揺るがしているさまは、確かにＡＳＥＡＮの危機ではある。ただ、完全にＡＳＥＡＮの団結が見られるとは言えないものの、南シナ海問題についてＡＳＥＡＮとしての一定のスタンスの一致もＡＳＥＡＮとして発出する文書等様々なところから垣間見えることにも留意すべきであると大庭は指摘している。そして結論として、その将来にかなり不安材料は見出しつつも、ＡＳＥＡＮの「中心性」「一体性」は案外そのしぶとさを見せるのではないかと論じている。

第二章（担当：清水）は、ＡＳＥＡＮの経済協力の流れに焦点を当てながら、より広域の地域経済統合の試みについて長期的な流れを踏まえつつ描き出している。一九七六年のＡＳＥＡＮ協和宣言により、ＡＳＥＡＮ域内経済協力が開始されたものの、一九八〇年代の各プロジェクトは各国の輸入代替工業化をＡＳＥＡＮが支援するという試みだったゆえに振るわなかった。しかしプラザ合意後、各国の外資依存かつ輸出思考型の工業化をＡＳＥＡＮが支援するという戦略に転換して以降、ＡＦＴＡの推進などを通じてのＡＳＥＡＮ地域統合の進展が見られたのである。アジア通貨危機を経て、ＡＳＥＡＮの域内経済統合は、二〇〇三年の第二ＡＳＥＡＮ協和宣言によってＡＥＣを柱の一つとするＡＳＥＡＮ共同体の実現を打ち出したことで新たな段階に入った。また、域内経済協力により、国際分業と生産ネットワークの確立も支援され、その典型は自動車産業である。さらに、ＡＳＥＡＮ＋１のＦＴＡが東アジアを覆う状況となっている。

清水によれば、世界経済危機後の世界経済の構造変化により、ＡＳＥＡＮにおいてはＡＳＥＡＮ域内や東アジアの需要に基づく発展を支援することがこれまで以上に強く要請されるようになってきているという。そうした中で、二〇一〇年から拡大交渉を始めたTPPや、ASEAN+1のFTAの延長線上にある二〇一二年に交渉開始されたRCEPの地域経済における重み、およびASEANにとっての重要性が増している。AECは二〇一五年末に設立が宣言された。他方、TPPは二〇一六年に設立条約が締結されたが批准の見通しが立っていない上、ASEANの一部の国しか加盟していない。TPPとRCEPといった広域の地域枠組みの成立はASEANを埋没させる危険があり、ASEANはASEANとしての統合をますます進めていかねばならない状況だと論じている。

第三章(担当：鈴木)は、APSCとASCCに焦点を絞り、それらの実現に向けた特徴と進捗状況を域内協力と域外協力の観点から捉え、ASEAN協力の東アジア地域協力の位置付けを明らかにしている。APSCの目指す政治・安全保障協力に関し、鈴木はASEANでは、内政不干渉原則と矛盾しない形での政治発展協力が目指されており、その点に関して最もバランスを保つことが要されているのが民主主義の推進や人権の保障であると論じる。そしてこれらと内政不干渉原則とのバランスを保つ努力は、人権委員会の設置をめぐる議論でも見られたことを示している。また、ASEANはTACでも約束された武力の不行使をASEANの規範として重視してきたが、南シナ海の行動規範策定などの実際の規範形成の試みは停滞していることに対しての鈴木の評価は厳しい。他方、ASEAN防衛大臣会合(ADMM)、ADMM+、ASEAN海洋フォーラム(AMF)、拡大ASEAN海洋フォーラム(EAMF)、ASEAN+1の国防大臣級会合の開催といった新たな紛争予防協力の枠組み構築の動きも見られることについても論じている。

他方、ASCCの目指す社会・文化協力について、鈴木の評価は是是非非である。すなわち、災害管理・支援や越境煙害対策などにおける機能的協力が進展しているが、移民労働者の待遇改善をめぐっては、域内の対立が激しく、スムーズに進んでいない状況であることを指摘している。この章は、とかくAECに関心が向けられがちなＡＣの他の二つの柱であるＡＰＳＣおよびＡＳＣＣの現状と課題について実証的な分析がなされているという点で貴重である。

第四章（担当：青木）が論じるのは、メコン地域を巡る国際関係である。メコン地域は、日本、中国、アメリカがその開発支援を通じてそれぞれが関与しているのと同時に、メコン地域諸国（主にインドシナ三国、ミャンマー、タイの五カ国）それぞれがこれら外からの関与を一部利用する形で自らの利益の確保に努めている。言い換えれば、本書の副題である「日米中ＡＳＥＡＮの交差」がまさに色濃く見られるサブ地域なのである。青木は、「メコン」というサブ地域の形成過程とその成立の理由を、大メコン圏協力（ＧＭＳ）を始めとする様々な広域開発協力構想やそれが元になって形成された制度の「乱立」を巡る状況の分析を通じて探ろうとしている。

メコン広域開発のための広域開発協力枠組みは、現在活動中のものだけでも一〇以上に上るという。ＧＭＳの設立、ＡＳＥＡＮのインドシナ包摂といった動きの中で、メコン開発をめぐっては、タイを中心とするエーヤーワディー・チャオプラヤー・メコン経済協力戦略（ＡＣＭＥＣＳ）、ＡＳＥＡＮを介した協力枠組みである発展の三角形（ＣＬＶ）といった、メコン地域内部からのメコン開発を進め、域外国からの支援を取り付けるための枠組みが提唱され、始動した。そうした動きに加え、日本、中国、アメリカといった域外大国からの様々な支援を進める試みも進められ、いわばメコン地域に対するソトからの関与も活発化している。こうしたメコン地域内の諸国からの動きと外部からの働きかけの交差の中でメコンという地域が立ち現れてきていることが、この章では明らかにされている。

第五章（担当：川島）は、胡錦濤政権・習近平政権期の中国の対ＡＳＥＡＮ外交を詳細に分析している。川島は、中国の対ＡＳＥＡＮ外交と、中国のＡＳＥＡＮ個別の国々に対する外交（対東南アジア諸国外交）は分けて考える必要があり、また中国にとっては後者の方がより重要な位置付けがなされていると論じる。中国は一九九九年から二〇〇〇年にかけて対東南アジア諸国外交を全体として位置付け直し東南アジア諸国との関係強化を図ったが、この段階では対ASEAN外交と、対東南アジア諸国外交との足並みは比較的揃っていたという。だが、領土問題や中国の対外姿勢の変容によって、対ASEAN外交と中国とASEAN諸国との二国間外交が次第に乖離するようになってきていると川島は指摘する。

習近平政権の政策は基本的に胡錦濤政権後期の政策を継承しているが、同政権期よりも、地域の秩序形成者として言説や国際公共財を提供するようになったという点に変化が見られるという。その新たな秩序構想は、新アジア安全保障観、AIIB、一帯一路構想などに示されている。ただ、領土問題における強硬な姿勢を背景に、中国と東南アジアとの関係は経済面では深まりつつも、必ずしも大きな進展を見せているわけではない。小国は二国間関係のチャネルでの中国への対応を避け他の国を引き込んで対応しようとするし、また中国にとっても、東南アジアとの関係悪化は望ましいことではなく、それらへのそれなりの配慮が必要となる。いずれにせよ、中国-ASEAN外交は中国側のみならず、東南アジア諸国側の事情、両方にかかっているという川島の指摘は重要である。さらに川島が重視する、対東南アジア・ASEAN政策を含む中国の周辺外交における中国の周縁の諸省の役割や、周辺外交と自治区の経済開発との密接な結びつきは、中国の対ASEAN外交の実態を把握する時に欠かせない視点である。

第六章（担当：中山）は、アメリカのオバマ政権のリバランス政策の虚実と、東アジア国際政治に与えた影響を検証している。中山は、リバランス政策はアジア太平洋地域がアメリカにとって圧倒的に重要になっていく中で、地域を点ではなく面で捉え、外交、安保、経済の領域を統合した包括的なアジア太平洋政策を目指したものであり、その意味で極めて野心的な政策であるのと同時に、前ブッシュ政権の「対テロ戦争」に力点を置いた外交政策の組み替えという、オバマ外交そのものの本質と密接に関わっていたと論じる。しかし中山によれば、現段階のリバランスは実質を伴ったものでは必ずしもない上、リバランスが内実ともに成立する際に必要なコミットメントをこの先アメリカが持続的に示し続けることができるのかということに対する大きな不信感が、アジア太平洋、特に東南アジアにおいて大きいという。

またリバランス政策のもとで、アメリカはTACの署名やEASへの参加といったASEAN主導のマルチラテラリズムへの関わりを強化したものの、依然としてアメリカの対東南アジア政策の規定にあるのはバイの関係であり、それが安全保障の領域においては顕著であると中山は指摘する。また、中東情勢が逼迫する中で結局、政権二期目のオバマ外交が中東重視にならざるをえなかったことにみられるように、オバマ政権は完全にアジア太平洋地域重視の方に向き、その方向性を固定させようとしたわけではない。アメリカが「グローバルパワー」であるという自己イメージを捨て去り、意識をアジア太平洋の方向に相当の傾斜をもって傾けなければ、そもそも「ピボット」は不可能な政策なのだ、と中山は喝破する。

第七章（担当：山影）は、日本がいかにASEANとの関係を築こうとしていたのか、それが日本の様々な地域構想とともに、あるべき「日本の国のかたち」についての想念とどのように関連していたのかを、福田ドクトリンで有名な福田赳夫首相の政策演説以降の一二の政策演説（および安倍晋三による幻の政策演説）の言説分析を通じて描き出そうと試みている。山影によれば、政策演説の内容を分析すると、日本からの日ASEAN関係の描き方には興味深い流れが見られるという。一九七七年の福田の政策演説からその二〇年後の橋本龍太郎の政策演説までは、日本ASEANの「点と線」の関係の強化に力点が置かれているのに対し、その後の小渕恵三、小泉純一郎、鳩山由紀夫の三人の首相の政策演説で強調されているのは、日本やASEANのみならず中国や韓国を含み、またアメリカが関与するアジア太平洋、ないし東アジアといった「面」すなわち地域における日ASEAN協力およびパートナーシップの重要性であったという。

そして山影は、安倍首相の政策演説に現れる同政権の対ASEAN政策について、地域の中の日ASEANという視点が薄く、もっぱら日ASEANの関係強化の重要性を強調しているという意味で特異であり、いわば小渕以前の流れへの回帰であるという興味深い指摘をしている。他方、同政権の対ASEAN政策には、中国の台中国を包囲するという新次元の構想も垣間見えるという。山影は、積極的平和主義とも強く関連しているこうした新次元での役割を果たそうとする日本がASEAN諸国に受け入れられるかどうかは今後の日本の(言葉ではなく)行動にかかっている、といういささか挑発的な文言をもって、この章を終わらせている。

終章(担当:渡邉)は、なぜ日米中といった大国のみならずASEANという小国も視野に入れて論じなければならないのか、という点に焦点を当てつつ、本書全体で明らかにしようとした東アジアの「かたち」を総括している。渡邉は、我が国の国際政治学の泰斗、永井陽之助の小国による国際政治についての議論に依拠しつつ、小国の行動様式の特徴として、まず大国間の綱引きの圏外に身を置きたいという態度をあげる。そして、ASEAN諸国を含む東アジア地域に占める多くの国は、植民地化と第二次世界大戦時の歴史的経験から、域外大国の動向と慎重に距離を保ち、自主性を確保したいという強い志向性を孕むことになったと論じる。さらに、東アジアの安全保障環境を大きく規定してきた日米中トライアングル、そして米中関係のあり方に今変化が見られ、米中による「新型の大国関係」といった議論も囂《かまびす》しい中、「国際システム全体の平和と安全保障に影響を及ぼすような問題を決定するのに、一定の役割を果たす権利を主張したり、そのような権利を付与されたりする」国家こそが「大国」であるという考え方(ブル)に立ち、アメリカおよび中国が、そもそもそのような「大国」に該当するかについての我々自身の判断を下すべきとしている。

また渡邉は、再び永井陽之助の議論を借り、「小国とは自ら国際体系に影響を何ら及ぼしえないという弱さの確信に立って行動することの結果として、国際体系に影響を及ぼしうる存在である」とし、ASEANがARFを始めとする様々な地域制度の要の位置を占めてきたこと——第一章で取り扱ったASEANの「中心性」——を中小国連合であるASEAN諸国が正しく国際体系に影響を与えた例として暗に位置付けつつ、こうした諸地域制度の構築は、大国と小国の交差する場として「東アジア」という地域の秩序が形成されつつあると見る。

そして最後には、地域秩序形成における日本の今後の行動について、小国の「大言壮語の無責任性」という誹りだけは免れたい、という、示唆的な文言で締めくくっている。

〈追記〉

二〇一六年七月一二日、東アジア情勢の台風の目である南シナ海をめぐる問題の帰趨に大きな影響を与えるであろう、重要な判断が下された。本書第一章でも触れている通り、フィリピン政府は、二〇一三年一月に中国との間の南シナ海における紛争に関して、国連海洋法条約に基づく仲裁手続を常設仲裁裁判所(PCA)に訴えていたが、それに対して仲裁判断は、中国の主張する九段線の根拠であるとしている「歴史的権利」の法的正当性を全面的に否定するとともに、中国の南シナ海における諸活動が不法であること、それがフィリピンの主権を侵害していること、さらには中国の諸活動が環境破壊を招いていることなどを認定した。さらに、中国が実効支配する南シナ海における「島」はいずれも「島」ではなく、排他的経済水域(EEZ)を主張する根拠を与えない「岩」ないし、EEZのみならず領海主張の根拠も与えない「低潮高地」であるとの判断を示したのである。

中国はPCAには南シナ海問題について裁定する管轄権は無く、裁判は不当であるとして参加を一切拒否する一方で、二〇一四年には自らの立場を主張するためのポジション・ペーパーをPCAに提出していた。PCAはこれらの事情も考慮した上で仲裁判断を下したとしている。この厳しい判断に対し、七月一三日、中国外交部の劉振民次官は記者会見において、仲裁裁判が下した判断は「紙くずであり、拘束力は無く、無効だ」と言い切った。

中国がこの仲裁判断を受け入れてその行動を直ちに修正することは望めないだろう。しかしながら、中国指導部が本当に国際社会の視線を全く気にしないのであれば、そもそもこの仲裁裁判やそれが下した判断にここまで神経を尖らせる必要はない。いずれにせよ、この判断とそれへの中国の激しい反応が、中国の国際的な評判と威信を損なうことは否めないだろう。

他方、この仲裁判断は、中国に衝撃を与えたのみならず、東アジア地域秩序の今後を大きく揺るがす、重要な課題を提示しているのではないだろうか。まず、南シナ海に浮かぶ「島々」が「島」ではなく「岩」か「低潮高地」であるとした判断についてである。これは、中国のみならず、南シナ海問題に関する他の係争国、さらには日本も含む、「島々」の領有を根拠として領海やＥＥＺを設定している国・地域にとって重大なメッセージを突き付ける。

南シナ海北部に位置する太平島が「岩」と認定された台湾がこの司法判断に強く反発しているのは多くの国にとって他人事ではない。大平島には、台湾政府の「国策」のもとではあるにせよ、農場や井戸、病院、郵便局、寺院などが存在し、百六十人ほどの住民が暮らしている。にもかかわらず大平島は、「岩」と認定された。この判断は、多くの国にとって自らの海上権益の正当性を揺るがす可能性がある。

さらに根本的な問題は、東アジア諸国間で紛争の平和的解決を図るための仕組みが不十分だということが改めて浮き彫りになっていることである。もちろん、今回の仲裁判決に示された、「普遍的」な国際司法判断は重要である。この仲裁判断への対応は東アジアにおいてもまちまちであり、前述のように中国は強い反発を示しているが、日本はこれを支持し、ベトナム、そして当然提訴国のフィリピンは歓迎の意を示した。そしてこの仲裁判断そのものに対する支持は控えつつも、国連海洋法条約（ＵＮＣＬＯＳ）を含む国際法の原則を尊重すべきことは、他の多くのＡＳＥＡＮ諸国からも表明されている。東アジアのあるべき「かたち」を考える際も、国際社会における規範やルールとの整合性を図る必要があるだろう。ただ、それで十分なのだろうか。東アジアは、他の地域や国際社会に対して閉じること無く、普遍的規範やルールと整合的な我々自身の規範やルールに基づく秩序を模索する必要はないのだろうか。

筆者にも答えがあるわけではない。しかし、今後大きな変動期を迎えるであろう東アジアにおいて平和と繁栄を維持していくためには、様々な可能性を勘案しつつ新たな秩序と統合の望ましいあり方を検討する必要があるのではないか。

註

1——Hoffman, Stanly, "Is There an International Order?" in Stanly Hoffman, *Janus and Minerva: Essays in the Theory and Practice of International Politics*, Westview Press, 1987, pp.85-111, Bull, Hedley, The Anarchical Society: A Study of Order in World Politics, 2nd Edition, 1977（臼杵英一訳『国際社会論——アナーキカル・ソサエティ』岩波書店、二〇〇〇年）

2——Katzenstein, Peter J., *A World of Regions: Asia and Europe in the American Imperium*, Cornell University Press, 2005, pp.104-148.

3——ロバート・ダールは「パワー」を他の主体に対する働きかけがなかったならばその主体がしなかったことをその働きかけによりさせる能力と定義した。軍事力、経済力などのパワー資源の多寡はもちろんパワー行使のレベルや範囲に影響を与えるだろうが、パワーの本質はこうした関係性の中にあると考えるべきだろう。Dahl, Robert A., "The Concept of Power," *Behabioral Science*, Vol.2, No.3, 1957.

4——Haas, Ernst B., *The Uniting of Europe: Political, Social, and Economic Forces 1950-1957*, Stanford University Press 1958.

5——Deutsch, Karl W. and et al., *Political Community and the North Atlantic Area: International Organization in the Light of Historical Experiences*, Princeton University Press, 1957. ドイッチュの「統合」と「共同体概念」については以下も参照。Deutsch, Karl W., Political Community at the International Level: Problems of Definition and Measurement, Doubleday & Company, Inc, 1954.

6——Bela Balassa, "Toward a Theory of Economic Integration," *Kyklos: International Review for Social Sciences*, vol.14, no.1, 1961, pp.1-17.

7——例えばハースは超国家的主体、いわば主権国家の上位の制度創出へのこだわりが強かったのに対し、ドイッチュは必ずしも複数の主権国家が政治体としても統合しなくても（これをドイッチュは融合安全保障共同体とした）、主権国家の枠組みを残していても、もはや武力を用いての解決ということが考えられぬほどに人々の間での規範や価値の共有がなされ、それを基盤として慣行やルールが確立されていることをも制度の形成と捉えていた。（ドイッチュは主権国家の枠組みを残した上でのこうした統合の実現した様を多元的安全保障共同体と定式化した）。

8——東アジアにおいて地域制度が存在していなかったわけではない。例えば一九四七年に設立された国連アジア極東経済委員会（ＥＣＡＦＥ）、一九五五年に当時のインドシナ紛争を背景に設立された東南アジア条約機構（ＳＥＡＴＯ）、一九六六年に発足したアジア太平洋協議会（ＡＳＰＡＣ）や東南アジア開発閣僚会議、一九六七年に設立された東南アジア諸国連合（ＡＳＥＡＮ）があげられる。しかしながら、ＥＣＡＦＥとＡＳＥＡＮを除き、その他の地域制度はすべて機能を停止し、消滅してしまった。ＥＣＡＦＥは国連アジア太平洋経済社会委員会（ＥＳＣＡＰ）となったが、一九六〇年代初頭までＥＣＡＦＥが持っていた広範なアジアの国々を糾合するような求心力を失ってしまった。

9——「地域主義」と「地域化」の区別と、地域統合との関連については大庭三枝『重層的地域としてのアジア——対立と共存の構図』有斐閣、二〇一四年、三二～四一頁。

10——重層的に地域制度が折り重なっている様を団結すべき「我々」＝「地域」が多様であることの証左であるとする見方の詳細は、大庭『重層的地域としてのアジア』を参照。

11——Mearsheimer, John J., "Back to the Future: Instability in Europe After the Cold War", *International Security*, Vol.15, No.1, Summer 1990, pp.5-56.

12——"U.S. defense secretary visits carrier in disputed South China Sea", Reuters, April 15, 2016, http://www.reuters.com/article/us-southchinasea-philippines-carter-idUSKCN0XC074（二〇一六年五月三〇日アクセス）

13——Franz-Stefan Gady, "South China Sea Tit-for Tat? China refuses US aircraft carrier port call" The Diplomat, May 3, 2016, http://thediplomat.com/2016/05/south-china-sea-tit-for-tat-china-refuses-us-aircraft-carrier-port-call/（二〇一六年五月三〇日アクセス）

14——John J. Mearsheimer, *The Tragedy of Great Power Politics*, Norton, 2001.

第1章

ASEAN外交とASEAN諸国外交のあいだ

——「中心性」「一体性」と南シナ海問題

大庭三枝
OBA Mie

はじめに

中国の台頭やアメリカの「リバランス」政策の展開などによって、東アジアが以前よりいっそう、軍事力などのハード・パワーの非対称性が事態を大きく左右するパワー・ポリティクスの規定する空間となっているという認識が広がっている。そして中小国に過ぎないASEAN諸国は、所詮は両者の対アジア戦略の「客体」ないし「草狩り場」として理解される傾向が強まっている。そもそも構造主義的リアリストの立場からすれば、東アジア地域秩序においてASEANが何らかの役割を果たしていたということ自体が疑わしいと見られていたとも言えよう[1]。

しかし、ASEANが地域秩序の変動による危機に直面するのはこれが初めてではない。特に二〇一〇年代に入ってからの中国の台頭に直面したＡＳＥＡＮが地域秩序のあり方に及ぼしている影響力やその将来見通しについての評価は、長期的視点に立って判断すべきであろう。

ＡＳＥＡＮ諸国は、内部に対立や外交的スタンスの違いを抱えつつ、ＡＳＥＡＮを活用して域内環境の安定化や統合に務めてきた。特に冷戦終結後、ＡＳＥＡＮを取り巻く広域秩序形成への積極的な関与を目指した。現在、その結果として、対話国制度、主要域外諸国の東南アジア友好協力条約（ＴＡＣ）への署名、およびＦＴＡを通じての、域外国とＡＳＥＡＮ＋１の関係の制度化が見られる。さらにＡＳＥＡＮ地域フォーラム（ＡＲＦ）、ＡＳＥＡＮ＋３、東アジアサミット（ＥＡＳ）、ＡＳＥＡＮ防衛大臣会合プラス（ＡＤＭＭ＋）といったＡＳＥＡＮを中心とする様々な地域制度が設立され、東アジアを中心とした重層的な制度化がなされた。このように東アジアにおける地域統合の制度的側面は、ＡＳＥＡＮ諸国が、ＡＳＥＡＮという「装置」を使い、東南アジアのみならずそれをとりまく東アジアないしアジア太平洋といった広域地域秩序形成において一定の役割を果たすことを目指す戦略がもたらしたのである。

こうした広域地域秩序形成への積極的な関与の成果を背景に、東アジアの制度的な地域統合に関して中心的な役割を果たすことで、ＡＳＥＡＮの地域秩序形成そのものにおける一定の影響力が確保されるべきことを、規範として概念化したのがＡＳＥＡＮの「中心性（centrality）」である[2]。また、ＡＳＥＡＮが中心的な役割を果たす際の前提とされているのが、ＡＳＥＡＮ諸国のＡＳＥＡＮという制度のもとでの団結、すなわちＡＳＥＡＮの「一体性（unity）」である。二〇一四年七月のＡＳＥＡＮ閣僚会議（ＡＭＭ）で採択された共同声明において、ＡＳＥＡＮの「中心性」を維持するためにＡＳＥＡＮの「一体性」や「団結（cohesiveness）」が必要であることが明記されている[3]。

ＡＳＥＡＮの「中心性」は、中国、日本、アメリカ、インド、オーストラリアなどの域外大国ないしミドル・パワーのうち、どの国も新たな広域秩序形成においてリーダーシップをとれない状況の中で、ＡＳＥＡＮが広域地域統合の制度的側面における接着剤の役割を果たす状況を許容してきたということに支えられてきた[4]。結局は大国がＡＳＥＡＮを尊重するという意思によってのみ、ＡＳＥＡＮの影響力は担保されているとの見方もあり得る。しかしながら、軍事力および経済力で勝る大国が、ＡＳＥＡＮという中小国連合の意思を、本音はどうあれ尊重する姿勢を示してきたのも事実であった。

本章は、中国の台頭による東アジア地域秩序の変動という新たな環境の中での、ＡＳＥＡＮ諸国がＡＳＥＡＮという地域制度を活用することを通じた役割模索に焦点を当て長期的視点から評価する。まず、発足以来のＡＳＥＡＮの対外戦略を形づけてきた要因を改めて検証し、ＡＳＥＡＮの「中心性」、およびその前提として位置づけられるその「一体性」という概念の系譜とそれらの実態に即した本質を明らかにする。その上で、近年の中国の台頭に伴う東アジア地域秩序の変動をもっとも体現していると考えられる、南シナ海の領有権問題をめぐる情勢を取り上げる。この問題は、大国と中小国との国力の非対称性が如実に状況に影響する伝統的安全保障に関わるものである。あえてこの問題についてのＡＳＥＡＮ諸国およびＡＳＥＡＮの対応を検証することで、その「中心性」や「一体性」の効用と限界を改めて検証したい。

1　ＡＳＥＡＮの「中心性」と「一体性」の本質

◆ＡＳＥＡＮの対外戦略の原点

一九六七年に発足したＡＳＥＡＮは、大国の東南アジア地域内への介入や干渉に対して強い警戒感を示し、それらをなるべく排除して自立的な地域秩序形成を図るという志向性を強く示していた[5]。これは、原加盟五カ国がタイを除き植民地化の経験があったこと、またタイも帝国主義列強の狭間にあってその独立を確保するのに多大な苦労を経験してきたことが影響していた。一九七一年にマレーシアが主導して東南アジア平和・自由・中立地帯構想（ZOPFAN）が提唱されたのはASEANの自立志向の現れである。

また一九七〇年代を通じて、ASEANと、ヨーロッパ経済共同体（EEC）、オーストラリア、日本、ニュージーランド、カナダ、アメリカとの閣僚級（外相レベル）の対話の仕組みが構築されていった。一九七〇年代末にはこれらの対話国すべてとASEAN諸国の外相との間でのASEAN拡大外相会議（ASEAN-PMC）も制度化された。ASEAN諸国はASEANとしてまとまることで、自分たちよりも優位にある域外大国やミドル・パワーとの対話においてバーゲニング・パワーを確保することを目指していた。さらに、多角的に様々な域外国との連携関係を構築し、これらの大国同士を相互牽制させることで、ASEANの自立性を確保しようとしたのである。

このように、ASEANの対外戦略は、ASEAN諸国がASEANという名のもとで団結しているということを一応の前提として、①域外大国の影響力を極力排除する、②域外大国を引き込んで相互牽制させる、という二つの方向性を持っていた[6]。どちらもASEAN諸国の自立志向を示すものであった。

しかしながら、冷戦対立の中にあり、またベトナム戦争やインドシナ半島における混乱に囲まれる中で、ASEANがいかに自立志向を強調しても、大国からの影響力を排除することは現実にはきわめて難しかった。一九七〇年代にASEANと対話国関係となった国や制度が、すべて西側に属していたことは、そのことを如実に示していた。さらに、ASEANがいかに団結を強調したとしても、アメリカと相互防衛条約を結んでいるフィリピン、非同盟を謳うインドネシアやマレーシアというように、ASEAN諸国間の外交的スタンスの多様性は明らかであった。すなわち、ASEAN諸国は、常に大国の影響にさらされている状況下で、なんとかASEANとしての自立性を強調し、それを一定程度確保する努力をしていたのであり、またASEAN内の外交的スタンスがそもそも多様であることを前提として、一体性の維持に務めていたといえよう。

よって、当時のASEAN諸国は、自らがその一部となる広域地域制度や地域主義の構想が域外諸国から提唱されると、それらに消極的な態度を示した。例えば、一九七〇年代末に環太平洋連帯構想や太平洋貿易開発機構(OPTAD)構想が提唱されたのを発端として、太平洋共同体構築やそのための制度作りについての議論が活発化した際、ASEAN諸国は消極的な態度を示し太平洋という広域地域における制度化はアメリカや日本といった大国支配を招き、ASEANの連帯や一体性を損なう可能性がある、と反発したのである[7]。

◆広域秩序形成への積極的な関与を目指して

冷戦終結後、経済統合を目指すASEAN域内協力が本格化した。また一九九五年のベトナムのASEAN加盟を皮切りに、それまではASEANのソトにあったインドシナ諸国とミャンマーがASEANに加盟し、一九九九年には東南アジアのほぼ全域をカバーするASEAN10が実現した。このようにASEAN自身が変化を遂げる一方で、ASEANの対外戦略はより積極化した。ASEANは、韓国、中国、ロシア、インドといった、それまで冷戦下の対立に阻まれて関係を取り結べなかった国々との間にも対話国関係を構築し、その多角的連携戦略を拡大したのである。

それと並行して、ASEAN諸国はAPECやARFといった自らをその一部とするアジア太平洋の地域制度に積極的に参加した[8]。特にARFは、ASEANが制度的中心となる地域枠組みであり、その制度としてのあり方や運用ルールを決めるにあたってはASEANの意向が大きく影響した。例えば一九九四年の第一回ARFの議長声明において、TACの目的と原則を、「この地域の諸国間関係を管理する際の行動規範」および「地域の信頼情勢、予防外交、政治安全保障協力を進めるときのユニークな外交的道具」として承認することが明記された。TACは一九七六年の第一回ASEAN首脳会議で署名され、国家主権の尊重、内政不干渉原則、武力の不行使、紛争の平和的解決などによって東南アジア域内の平和と安定のために協力することを内容としたいわばASEANの規範および原則を明示した条約である。TACに明示されたASEANの規範および原則をARFの運用規範ないし原則とすることに、ASEANは成功したのである。

このような冷戦終結後のASEANの対外戦略は、前述のASEANの域外政策の二つの方向性のうち、域外大国の影響力を極力排除するという方向よりも、域外大国を引き込んで相互牽制させるという方向により力点が置かれていった[9]。さらに、冷戦終結後のASEANは、従来からの課題である自立性の確保とともに、自らにとって望ましい広域秩序形成に積極的に乗り出していく姿勢を見せ始めたといえよう。

しかしながら、域外大国を引き込む戦略を進めることによって、ASEANが関わる地域の政治空間の中での域外大国の関与のレベルは高くなっていった。冷戦終結後の新たな文脈で、よりプレイヤーが増える形で大国間ポリティクスが展開される中、ASEANは改めて自らの影響力の確保に務めなければならなくなったのである。一九九五年の第二回ARFにASEANから提出された「ARFに関するコンセプト・ペーパー」で、ASEANが「中枢的役割(pivotal role)」を果たすべきことが明確に示されたのは、広域地域制度の中でもASEANの影響力が確保されるべきというASEAN諸国の意思とともに、ASEANの影響力が大国間ポリティクスの中で埋もれてしまうことへの懸念も表していた。また、ARFにおいてASEANが主導的役割を果たすことを示すタームとして、「中核的」とともに「推進力(driving force)」も多用された。

二〇〇五年にASEANを制度的中心とするEASが発足し、またその過程で東アジア共同体設立がこの地域におけるアジェンダとして位置づけられる中で、東アジアにおいてASEANこそがその協力推進の主導すべきことがARFと同様「推進力(driving force)」というタームを用いて主張されるようになった。EASは、東アジアビジョングループ(EAVG)が二〇〇一年に提出した最終報告書の中で提唱した、東アジアサミット構想が実現したものである。しかしこの構想はもともとは一九九七年にASEANが日中韓を招待する形で発足したASEAN+3を格上げし、参加一三カ国が対等なステイタスで参加する新たな制度形成を提唱していた。しかしながら、ＡＳＥＡＮ内に存在していた自らの影響力が相対化されることへの懸念に配慮した結果、ＥＡＳはＡＳＥＡＮ中心の制度として発足したのである[10]。

第一回ＥＡＳが開催された二〇〇五年一二月とほぼ同時期に開催された第一一回ＡＳＥＡＮ首脳会議の議長声明には、ＡＲＦおよびＥＡＳにおけるＡＳＥＡＮの「推進力としての役割」が明記された。また、第一回ＥＡＳと同時期に開催された第九回ＡＳＥＡＮ＋3首脳会議で採択されたクアラルンプール宣言は、ＡＳＥＡＮ＋3が東アジア共同体形成の「主要な手段(main vehicle)」であるのと同時に、共同体構築はＡＳＥＡＮを「推進力」として進めるべきであると明言した[11]。その後もＡＳＥＡＮ＋3で採択される文書では、一貫して現在まで東アジア共同体構築におけるＡＳＥＡＮの「推進力」としての役割についての言及が見られる[12]。

◆「中心性」の登場

「推進力」というタームが多用される一方、ＡＳＥＡＮの「中心的役割」というタームが主要なＡＳＥＡＮの会議の場で初めて用いられたのは、一九九七年七月の第三〇回ＡＭＭの共同声明である。ＡＳＥＡＮ諸国間の協力推進と域外の対話国およびＡＲＦ加盟国との間の連携強化をさらに進めるべきという文脈の中で、地域の平和と安定の維持における「増大するＡＳＥＡＮの中心的役割(the increasingly central role of the ASEAN)」という文言が見られた[13]。

その後数年間、「中心的役割」という文言はＡＳＥＡＮの主要な文書には見られない。そして二〇〇七年一月にセブにおいて開催された第一二回ＡＳＥＡＮ首脳会議議長声明の前文において、ＡＳＥＡＮの「中心性」というタームが初めて登場した。ここで注意したいのはＡＳＥＡＮ共同体(ＡＣ)形成に向けた域内協力強化という文脈でＡＳＥＡＮの「中心性」の重要性を強調していることである。同時にこの議長声明では、ＥＡＳにおけるＡＳＥＡＮの「中心的役割」も謳っていた。このように、「中心性」あるいは「中心的役割」は、共同体形成に向けた域内協力推進におけるASEANという地域制度の重要性と、ASEANと域外国との関係や域外国を包含する広域地域協力制度の中でのASEAN(およびASEANとしてまとまったASEAN諸国)の役割の重要性という二つの意味が内包されていた。

一般的には、ASEANの「中心性」や「中心的役割」は、ASEANの対外関係やASEAN+1および広域地域制度の中でASEANが一定の役割を果たすべきことを示すと解されている。二〇〇八年一二月に発効したASEAN憲章では「対外的な政治・経済・社会・文化関係におけるASEANの中心性」がASEANの原則の一つとして明記された[14]。また、その後、二〇〇九年前後からASEAN首脳会議やAMMで採択される文書のなかで、ASEANの「中心性」や「中心的役割」への言及が増加していった。二〇〇九年七月の第四二回AMMの共同コミュニケでは「地球アーキテクチャにおいて強化されつつあるASEANの中心的役割の重要性」が確認された。同年一〇月の第一五回ASEAN首脳会議の議長声明でも同様の文言が見られる[15]。

ただ、「中心性」がAC形成という東南アジア域内における協力推進で主導的役割を果たすという意味を内包していることも重要である。二〇〇八年七月の第四一回AMMの共同コミュニケで、AC構築プロセスの文脈で「ASEANの中心的役割」に言及している[16]。

共同体形成を通じた「一体性」の確保は「中心性」を担保することと直結している。二〇一〇年一〇月の第一七回ASEAN首脳会議では、「発展する地域アーキテクチャにおけるASEANの中心性」が「ASEAN統合の加速」と「ASEANの対外関係の強化」という二面作戦で担保されることが確認された[17]。ここには、ASEANが域外国も含めた幅広いメンバーを含む諸地域制度による広域秩序形成と維持の際の「中心性」を確保するためにASEAN統合をいっそう進める必要がある、という考え方が示されている。ASEAN統合の推進が、ASEANの「一体性」を高める方向に作用することはいうまでもない。

その後も同様の論理の下でのASEANの「中心性」や「中心的役割」についてはASEANの主要な文書で

繰り返し確認されている。例えば二〇一五年一一月に開催された第二七回ASEAN首脳会議の議長声明は「発展しつつある地域アーキテクチャ、および域外諸国との連携においてASEANの中心性を維持強化する」ことへのコミットメントを再確認した[18]。

◆ASEANの「中心性」の本質

これまで見てきたように、ASEANが広域秩序形成に積極的に関わる為に域外国との連携を強化し、また域外国をも含めた広域地域制度形成を実現させていくのと並行し、ASEANが主要な役割を果たすべきことを強調する際に、「中核的役割」「推進力」といったタームが使われてきた。ASEANの「中心性」や「中心的役割」というタームの浮上もその延長線上にある。「中核的役割」、「推進力」、さらに「中心性」という言説が繰り返されたのは、ASEANが広域地域秩序形成に積極的に関わっていくという強い意思の表明でもある。他方、ASEAN諸国の指導者や政策エリートが抱く、中小国連合としてのASEANの脆弱性に関する危機感の現れでもあった。ASEAN+1の連携を強化し、域外大国を多く取り込んだ地域制度が次々と構築したことで、かえって東アジアにおける国際政治的空間でのASEANの存在の周辺化、影響力の相対化が強く懸念されるようになったことが、ASEANの「中心性」という概念を生み出したのである。

ASEANの「中心性」が、広域地域経済圏を目指す動きと絡む形でも強調されていることも見逃せない。二〇一一年一一月の第一九回ASEAN首脳会議で、ASEANと既にASEAN+1のFTAを締結している諸国やその他の経済パートナーの間で改めて地域包括的経済連携(RCEP)を進めていくことで合意された。そして、この合意がなされた際も、それが「ASEAN主導」でかつその「中心性」を維持することを前提に進められるべきことが強調された[19]。中国や韓国が支持する東アジア自由貿易圏(EAFTA)と、日本が支持する東アジア包括的経済連携(CEPEA)(ASEAN+6)という二つの広域地域経済圏構想が日中間の地域イニシアティブをめぐる主導権争いも絡み、どちらかに一本化されることなく、数年間並行して検討されてきた。それが二〇一一年、とりあえずメンバーシップについては保留にすることで日中間の「手打ち」が行われたという状況の下で、ASEANの提案として提出されたのがRCEPであった[20]。この経緯からしても、広域経済圏構築について、日本や中国といったASEAN外の大国が大きな影響を与えてきたことは明白であった。そのような状況下で、改めてASEAN諸国はRCEPにおけるASEANの「中心性」を説く必要があったのである。

「はじめに」でも述べたように、ASEANが広域地域における統合の制度的側面における中心的な位置に置かれるような状況が実現し得たのは、日本、中国、アメリカをはじめとする域外諸国がASEANの影響力と政治的意思を一定程度尊重していたことに支えられていた。一九九〇年代から二〇〇〇年代にかけて、域外諸国は自国にとって有利な形で地域秩序を構築するという観点から東南アジアへの影響力拡大を重視したが、それがASEAN+1の連携やASEANを制度的中心とする地域制度の重層的な形成という形を取ったのは、域外諸国がASEANというまとまりとその意思を尊重する必要があったことを物語っている。

また二〇〇〇年代末までは、ASEAN諸国のみならずどの域外諸国も、どこか一国が突出して東南アジアおよび東アジア地域に影響力行使するような形での地域秩序のあり方を望まなかったしそれを許す状況でもなかった。アメリカは伝統的に、特にASEAN先発国を中心として安全保障上の強い関係を維持することで、大きな影響力を行使してきたが、アメリカのみで東南アジアおよび東アジアを仕切ろうとはしていなかった。また、中国は二〇〇〇年代初頭よりASEAN諸国に対して融和的な政策を採り、関係強化を図りながら経済力の増大によって求心力を増していったが、アメリカや近隣諸国の脅威感や反発を受けるような行動を避ける政策を採っていた。日本も、中国の影響力増大を横目で見ながら、東南アジアに対する従来の影響力の維持と拡大に務めていたが、アメリカや中国との摩擦を生むような形でそれらを行うことは決してなかったし、その能力もなかった。

しかしながら二〇一〇年代に入り、中国の台頭と近隣諸国に対する外交の積極化によって、東アジアにおける各国間の一種の利害の一致による危ういバランスが崩れつつあるように見える。そしてＡＳＥＡＮが広域地域における統合の制度的側面、ひいては広域秩序形成において一定の影響力を担保するという状況が危うくなればなるほど、その「中心性」が強調されるようになってきている。

◆ASEANの「一体性」の虚実

さらにＡＳＥＡＮの「推進力」としての役割や「中心性」の議論がその「一体性」を前提としていることは前述した通りである。二〇〇三年一〇月のＡＳＥＡＮ協和宣言の採択以降、ＡＣ設立への動きが具体化していったことは、ＡＳＥＡＮの「一体性」を強固にする動きであった。しかしながら、対外戦略の側面で、ＡＳＥＡＮ諸国のスタンスはいまだ多様であり、また一部その統合を揺るがすような動きが見られることも事実である。ＡＣの重要な柱であるＡＳＥＡＮ経済共同体（ＡＥＣ）設立を目指し、経済統合への試みが進められる一方で、シンガポールとタイといった一部のＡＳＥＡＮ諸国は、ＡＳＥＡＮを越え、域外国との二国間ＦＴＡを積極的に取り結ぶ動きを見せた。また二〇〇六年一一月には、質の高い包括的な自由化を目指す環太平洋パートナーシップ協定（Ｐ４協定）が、ブルネイ、シンガポールといったＡＳＥＡＮ諸国の一部と、ニュージーランド、チリの四カ国との間で発効した。

このようなＡＳＥＡＮ内部からのＡＳＥＡＮの「一体性」への揺さぶりは、ＡＳＥＡＮ外の動きとよりいっそう連動しつつ現在でも続いている。経済統合に関しては、ＴＰＰが二〇一五年一〇月に妥結したことの影響は小さくない。現段階ではＡＳＥＡＮ一〇カ国のうち、ブルネイ、マレーシア、シンガポール、ベトナムの四カ国のみがＴＰＰに加盟している。ＴＰＰはＡＥＣを分断する可能性はある。またそれは、ＡＳＥＡＮが主導する広域地域統合へ向けた試みであるＲＣＥＰとの整合性についてもより大きな問題を突きつけている枠組みでもある。

ただ、現在ＡＳＥＡＮ先発国で未だＴＰＰに参加していないインドネシア、タイ、フィリピンから参加を希望する表明がなされている。これらの国々の経済状況や国内の経済に関わる様々な仕組みがTPPの望むレベルの高い包括的な経済自由化を推進することができるのか、またその際のコストの痛みについてこれらの国々がどれだけ「腹をくっている」かについてはまだ疑義がある。しかしながら、TPP交渉の大筋合意は、むしろAECのもとでの統合やASEAN主導のRCEP交渉を加速させる可能性もある。

また、ASEANの「盟主」たるインドネシアは、ユドヨノ政権期からASEANを越えた独自外交への関心を示していた。たとえば世界経済危機の後に新興国も含めたG20という国際的枠組みへの注目が集まった際、ASEAN諸国ではインドネシアのみがG20の参加国であった。インドネシアがASEANを飛び越え、単独で国際社会における存在感を示そうとするのではないかという懸念はG20が初のサミットを開催した当時から見られた[21]。さらに二〇一四年に発足したジョコ・ウィドド大統領のもとで、独自外交への方向性をより明確に示す動きも見られた。例えば二〇一四年末、ジョコ大統領の外交上のアドバイザーであるリザル・スクマが、ASEANはインドネシア外交にとってかつては「唯一の柱(the cornerstone)」であったが、今は「柱の一つ(just a cornerstone)」に過ぎないと明言した[22]。また二〇一五年六月には日中印およびインドネシアからなる「アジア四柱(Asian Fulcrum of Four)」による「汎インド太平洋」連携を進めるべきという新たな構想を示した[23]。ASEANの意思決定に大きな影響力があるインドネシアの独自外交への動きは、ASEANの一体性を大きく揺るがせるものとして懸念されている。ただ、インドネシアもASEANの存在を無視して行動しようとしているわけではないことには留意する必要がある。

このようにASEAN諸国間には「一体性」を揺るがしかねない様々な多様な動きがある。しかしながらASEAN設立当初からASEAN諸国が採る外交的スタンスは一様ではないことを所与とした上で「一体性」が謳われていたことに留意すべきである。ASEAN諸国が多様なスタンスを採りつつも、ASEANとしての「一体性」の希求は、一方では二〇一五年末のAC設立をもたらし、また対域外戦略においても「一体性」は一定のレベルで維持されてきた。また、それでもASEAN+1の連携やASEANを中心とする地域制度は維持され、東アジア国際政治的空間の中で一定の役割を果たしている。これらの点について、現在最も東アジア地域秩序にとってのASEANの「中心性」を揺るがせている南シナ海問題を採りあげ、次節において論じたい。

2 南シナ海の領有権問題に見る「中心性」と「一体性」

◆領有権問題の経緯と米中

中国の台頭および二〇〇九年頃を境にした中国の近隣諸国に対する強硬姿勢による東アジア戦略環境の変化は、ASEANの「中心性」や「一体性」を揺るがしつつあるように見える。国家間の国力の非対称性が如実に反映されがちな伝統的安全保障に関わる紛争である南シナ海の領有権問題は、こうした新たな戦略環境をもっとも象徴する問題である[24]。

一九七〇年代以降、南シナ海問題をめぐっての係争国間の摩擦が顕在化した。一九九二年、中国が南シナ海の大部分が中国の領域であることを明記した領海法を制定した際、危機感を募らせた当時のASEAN諸国は「南シナ海に対するASEAN宣言」を発出した。また、一九九五年に、フィリピンが領有権を主張していたミスチーフ礁に中国が建造物を構築したことを契機として、ASEAN各国の外相は同年三月にシンガポールで緊急外相会議を開催し、「南シナ海の最近の情勢に関する外相声明」を発表した[25]。

しかしその後、中国は、近隣諸国の中国に対する脅威感を払拭し、自らの経済成長にとって望ましい友好な地域環境創出の観点から、近隣諸国に対して融和的な外交政策を展開した。中国にとって東南アジアは、中国が取り組んでいた西部大開発の観点からも、関係をより良好化する必要のある地域であった。東南アジアへの融和的な政策の一環として、中国は南シナ海の領有権問題についても比較的柔軟な姿勢を採った。一九九九年一〇月には、ASEANに対して、南シナ海に関する「行動規範」の草案を提出し、ASEANとの事務レベルの交渉を始めた。そして、二〇〇二年一一月の中国ASEAN首脳会議において、「南シナ海に関する行動宣言(DOC)」が署名された[26]。また二〇〇四年からは、広西チワン族自治区の南寧で中国ASEAN博覧会が開催されるようになった。

しかしながら、こうした柔軟な姿勢は二〇〇九年頃を境にして大きく変化した。中国は南シナ海の領有権を「核心的利益」と位置づけつつ、東シナ海・南シナ海共に公船派遣を始め、活発な活動を展開するようになった。もっとも、同海域において実効支配を進め、建造物を建築しているのは中国だけではなく、台湾、マレーシア、ベトナム、フィリピンも同様の動きを見せていることにも留意すべきである[27]。

さらに現在、特に耳目《じもく》を集めているのはスプラトリー諸島における中国の大規模な埋め立ての敢行と軍事施設の建設である。同海域においては実はベトナムなど他の係争国も埋め立て作業を進めているとみられる。しかしアメリカ国防省が二〇一五年八月に公表した「アジア太平洋海洋安全保障戦略」は、中国は二〇一五年六月時点で二九〇〇エーカー以上を埋め立てており、それに対してベトナムは八〇エーカー、マレーシアが七〇エーカー、フィリピンは一四エーカー、台湾は八エーカーであると報告している。中国は他の係争国が四〇年の間に埋め立てた総面積の一七倍を二〇カ月で行ったこととなり、それはスプラトリー諸島での埋め立て地の九五%に相当すると算出している。すなわち中国と他の係争国との埋め立て規模の差は歴然としている[28]。

二〇〇九年に発足した米オバマ政権は、中国の南シナ海における活動について懸念を示し、その動きを牽制しようとする動きを見せた。二〇一〇年七月のハノイにおけるARF後の会見において、クリントン米国務長官は、「航行の自由、アジアの海洋コモンズに対する自由なアクセス、南シナ海における国際法遵守」がアメリカの国益であるという立場を明確に示した[29]。また、二〇一五年一〇月二七日、アメリカは、駆逐艦「ラッセン」

を中国の人工島やベトナムやフィリピンが実効支配する岩礁の一二カイリ内を航行させるという「航行の自由作戦」を敢行した。中国は当然のことながら同作戦に強い反発を示した。さらに米政府は、二〇一五年一一月、オバマ大統領がＡＰＥＣ出席のためにマニラに訪れたちょうど同じタイミングで、二億五九〇〇万ドル規模の海洋安全保障に関わる支援をフィリピン、ベトナム、マレーシア、インドネシアに拠出すると発表した[30]。

しかし、注意しなければならないのは、アメリカが、あくまで一般的普遍的な原理原則の問題として南シナ海の問題を取り扱うことを通じて、領有権問題そのものに関してはその立場が中立であることを示している点である。前述のクリントン発言も、「他のすべての国々と同様」、また「他のＡＳＥＡＮ諸国やＡＲＦ加盟国と同様」に、上記の航行の自由をはじめとする原理原則を国益と見なす、という立場をとっていることにもそれは現れている。すなわち、アメリカが中国の領有権主張を認めないのは、それが海洋国際法に反した主張であるからであり、他の特定の国の領有権主張の支持をしている訳ではない。そのことは、「航行の自由作戦」において、中国の実効支配する島や人工島のみならず、フィリピンやベトナムが実効支配する島の一二カイリ以内を航行したことにも現れている。

また、アメリカは南シナ海の領有権問題で中国との立場の違いを明確にはしているものの、中国との決定的な対立にまでエスカレートするのを避け、中国との良好な関係の維持には注力している。また、中国も同様の立場を採っているように見える。様々な意見の相違を抱えながらも、米中は戦略経済対話を積み重ねている。さらに、「航行の自由作戦」敢行直後には、アメリカ海軍のイージス艦「ステザム」が中国海軍との合同訓練を目的に上海に寄港するなど、両国は南シナ海で対立しつつも軍事交流を続けている[31]。アメリカ、中国、両国とも対立のエスカレーションについては抑制的な態度を取っており、米中が全面的に対立しているような状況ではない。

◆ASEAN諸国の多様なスタンス

他方、多くの論者がこれまで指摘してきたように、ASEAN諸国の南シナ海の領有権問題についての立場は多様である。ASEAN諸国における当該問題の係争国はブルネイ、マレーシア、フィリピン、ベトナムの四カ国であるが、特にフィリピンとベトナムがこの問題をめぐり、中国への批判を強めるとともに相互の協力関係強化を進めている。ASEAN関連諸会議において、これらの二つの国は、中国の南シナ海における行動について強い批判を繰り返している。また、二〇一五年一一月にAPEC首脳会議出席のためにマニラに訪れたベトナムのチュオン・タン・サン国家主席とフィリピンのアキノ大統領は、両国間の「戦略的パートナーシップに関する共同声明」を発出し、防衛・安全保障、政治、経済と幅広い分野での協力を進めていくことで合意した[32]。インドネシア、シンガポールは比較的この問題に関しては中立であると解される一方、ミャンマー、ラオス、カンボジアについては中国の意向が各国の外交姿勢に大きく影響しているとされる。

ただ、ASEAN諸国の対応が多様であるとしても、全体として以下の動きが近年見られる。一つは中国の活動の活発化と強硬姿勢の展開にともない、ASEAN諸国は係争国を中心として、アメリカとの安全保障協力関係を強化する方向に向かっていることである。二つ目に、それと同時に(国ごとに濃淡はあるが)中国との安全保障ないし経済に関する協力関係を維持、強化していることである。三つ目に、多様なスタンスを取りながらもASEAN諸国は一定のレベルでこの問題についての共同歩調を主にASEANの場で取っているということである。

フィリピンはアメリカと同盟関係を長く維持してきた。例えばフィリピンは「RIMPAC」「Pacific Partnership」「バリカタン」「CARAT」「SEACAT」といったアメリカが主導する合同演習に参加している。また二〇一四年四月、両国は「米比防衛協力強化協定」に署名した。これは、米軍のフィリピン国内における施設利用などを可能にする協定であり、米比同盟関係の再強化を象徴するものである。

他方、フィリピンと中国との関係は現在領有権問題をめぐって冷え切っているようにみえる。二〇一三年、フィリピンは、中国の領有権主張について、ハーグにある常設仲裁裁判所に提訴した。中国はこの提訴に反発を示し、仲裁裁判所の管轄権そのものも認めない立場を取っていたが[33]、二〇一五年一〇月に仲裁裁判所は管轄権を認める裁定を下した。中国は未だ仲裁裁判所に参加しない方針を繰り返しているが、同裁判所の判断は二〇一六年以降に下されるとの見込みである。同裁判所の判断は南シナ海問題の帰趨に大きく影響すると考えられる[34]。ただ、フィリピンは、ASEAN諸国のうち唯一、中国が提唱したアジアインフラ投資銀行(AIIB)の設立協定に、領有権問題を理由に署名を行っていなかったものの、二〇一五年末には結局署名し、原加盟国となった。経済的に中国への依存が比較的低く、対米傾斜が進んでいるように見えるフィリピンでさえ、中国との関係を重視する姿勢を取らざるを得ない状況だといえる。

ベトナムも中国に対して強い反発を示し、アメリカや日本との安全保障協力の協力を進めつつ、中国に対する配慮も同時に見せるという慎重なバランス外交を展開している[35]。中国とベトナムは二〇〇五年から防衛協議を開始し、特に高官交流や非伝統的安全保障分野における協力拡大などを主眼とした協力を進展させてきた。例えば二〇一四年五月に、ベトナムの排他的経済水域(EEZ)内での中国の石油掘削作業の推進による中越間の対立が激化した後、ベトナムはフィリピンと同様、国際法廷への提訴を検討することを明言した。しかしその一方でベトナムは同年六月に中国の楊潔篪《ようけつち》国務委員の訪越を受け入れた。結局この問題は、同年七月に中国が石油掘削装置を「作業は終了した」として撤去し、この問題についての事態は一応収束した。

二〇一五年に入り、南シナ海の島嶼および岩礁における中国の大規模な埋立てと港湾施設等の建造物の建設が大きくクローズアップされる中で、米越関係は再び緊張しているものの、ベトナムは中国に一定の配慮を見せている。たとえば、二〇一五年一一月、習主席はベトナムを初訪問し、グエン・フー・チョン共産党書記長らと会談した。南シナ海の領有権問題やインフラ建設などの協力強化について協議した。経済協力に関して、中国開発銀行がベトナム投資開発銀行への二億ドル規模の融資などについて合意し、両国間の友好関係の強調など緊張緩和が演出された[36]。

その一方で、アメリカとは、米越の政府および軍関係者の交流拡大により、漸進的かつ着実に関係を強化しつつある[37]。二〇一二年六月のレオン・パネッタ国防長官が訪中し、ズン首相、フン・クアン・タイン国防省らと会談した後、米越にとってベトナム戦争に絡む因縁の地であるカムラン湾を訪問し、両国間の安全保障協力の強化を謳ったことも、米越の関係強化を印象づけた[38]。二〇一四年一二月には、ケリー国務長官がベトナムを訪問し、海上安全保障分野における一八〇〇万ドルの支援を表明した。翌年にはいっそう両国の協力関係は深化し、六月に両国は、防衛機器の貿易と防衛関連産業協力を拡大することで合意した[39]。また、前述したように、同年一一月に米政府は、ベトナムも含むASEAN諸国の一部に対し海洋安全保障強化資金を提供することを発表した。

このようなベトナムの微妙なバランス外交は、他のASEAN諸国にも、程度の差はあれ見られる。マレーシアは、前述の「CARAT」「SEACAT」「バリカタン」「RIMPAC」といった合同軍事演習を通じての軍事協力を進めてきた。またマレーシアは、二〇一四年末に米軍哨戒機P8の国内の軍事基地使用の承認に踏み切った[40]。さらにマレーシアは前述のアメリカの海洋安全保障支援基金の対象国の一つでもある。他方中国とは二〇〇五年九月に「防衛協力に関する覚書」を採択して以来、安全保障分野における協力や交流が行われてきた。二〇一三年一〇月、習主席がマレーシアを訪問した際、習主席とナジブ首相は軍事も含めた関係強化で合意した[41]。二〇一四年一二月にはクアラルンプールで、中国とマレーシアの初の二国間共同机上演習「平和友誼二〇一四」が行われた[42]。また、南シナ海問題については、ナジブ首相が中国を訪問し、習主席と会談において直接対話によって処理すべきとの言及がなされたとされる[43]。

タイ、シンガポール、インドネシアといったその他のASEANの先発国も、アメリカと中国それぞれとの関係を強化してきた。南シナ海における中国への脅威感がこうした係争国以外のASEAN諸国にも広がる中で、例えばシンガポールが米軍の哨戒機の国内における配備を認めるといった、アメリカ傾斜への動きも見られる。しかし、これら三国とも、中国とも戦略的パートナーシップを締結済みであり、またアメリカ、中国双方と共同軍事演習や共同訓練を行ってきたことにも留意すべきである[44]。

なおインドネシアの南シナ海領有権問題に対する態度変化の兆しは注目される。インドネシアは、自国の領域の北端にあるナトゥナ諸島に対する中国の「領土的野心」に警戒を強めている。これは、ナトゥナ近海におけるインドネシアのEEZ内に、中国海軍および公船によって護衛された中国からの密漁船の操業により、島の漁師たちの漁獲量の激減など、実際の被害が出ていることが背景にある。

インドネシアは島の基地機能を強化すると共に、八月にはジャワ島東部において合同軍事演習を行うなど、アメリカとの軍事的協力関係強化の姿勢を見せた。さらに、第三回ADMM+会合の数日後、インドネシアのルフット・バンジャイタン調整相(政治・治安担当)は、ナトゥナ諸島の問題について、国際司法裁判所に提訴する可能性について示唆した[45]。それに対して中国の外交部報道官の洪磊は直ちに記者会見において「ナトゥナ諸島への領土的野心を抱いてはない」という立場を示した[46]。このことは、今までは南シナ海問題について中立の立場を取ってきたインドネシアの立場が、より係争国に近いスタンスに変化し得る可能性を示す。また中国も、ASEANの意思決定に大きな影響力を持つインドネシアと、事を構えることは避けたいとする姿勢も示唆している。

ASEAN後発国のうち、ベトナムを除くカンボジア、ラオス、ミャンマーは、それぞれ中国から多大な経済支援を受けるとともに、政治的にも緊密な関係にある。特にカンボジア、ラオスは政治面でも経済面でも中国への依存度は高い。ただ、後述するカンボジアが議長国であった二〇一二年のASEAN閣僚会議における采配を除くと、ASEANとして統一見解を示そうというときにそれを阻むほどの抵抗勢力になっている訳ではない。またミャンマーは二〇一一年の民政移管後、アメリカをはじめとする欧米各国は経済制裁を緩和し、また二〇一三年にはティン・セイン大統領が訪米するなど、アメリカとの関係強化の動きを見せる一方で、軍政時代からの重要なパートナーである中国との関係も維持している。二〇一四年六月にはティン・セイン大統領が訪中し、防衛実務、法執行、安全保障等の分野での協力強化で合意した。ＡＳＥＡＮ議長国としてのミャンマーが、南シナ海問題について強く言及する議長声明の採択を実現させたのをはじめとして、そつのないバランスの取れた采配を見せたことには留意すべきであろう。

このように、南シナ海問題についてＡＳＥＡＮ諸国はおおむね、それぞれが多様なスタンスに立ちつつ、アメリカへの傾斜をうかがわせる動きを一部見せながらも、総体的に見ればそれぞれが米中双方との関係について一方に極端によることなく、バランスを取る外交を展開している[47]。こうしたＡＳＥＡＮ諸国の外交姿勢と、彼らがＡＳＥＡＮとして進めてきた域外諸国を取り込みつつ相互牽制させることで自らの自立性を維持するという戦略は、二重写しにも見える。

◆ASEANとしての対応

南シナ海の領有権問題に関するＡＳＥＡＮとしての対応はどのようなものだったのだろうか。この問題にはいろいろな切り口があり得るが、本章では、ＡＳＥＡＮ首脳会議とＡＭＭなどで採択された諸文書の分析を中心として話を進める。ＡＳＥＡＮによる文書の発出は、会議における議論のみならずその裏で行われるＡＳＥＡＮ各国や場合によっては域外国によるロビーイングや取引などを含む政治プロセスを経て行われる。さらに、南シナ海問題については、しばしば米中からの頻繁なメッセージ発出や場合によっては「圧力」の行使がなされた[48]。ＡＳＥＡＮから発出された文書における南シナ海に関する言及は、当該問題について多様な意見を持つＡＳＥＡＮ諸国が、場合によってはソトからの様々な「働きかけ」がなされる中で、なんとか折り合いを付けて一致点に達したラインを示しているという意味で重要である。

一九九二年の「南シナ海に対するASEAN宣言」で強調されたのは、①平和的手段および武力不行使による領土紛争の解決、②関係各国の自制、③この地域に直接の利害関係のある諸国の主権を損なわない範囲での海洋における航行および通信の自由、海洋汚染防止、探索及び救助活動、海賊・武装した略奪集団・麻薬の違法取引の取り締まりに関する協力強化、④南シナ海における行動規範策定の際の基礎としてTACの諸原則を適用すること、であった[49]。南シナ海の領有権問題についての解決、およびこの海域に関するルール作りは、ASEANの提示する規範に則って行われるべきであるという姿勢が強く示されていた。また、一九九五年のASEANの緊急外相会議における声明では、「南シナ海の平和と安全に害を及ぼす最近の展開に対し深刻な懸念を表明する」として、ASEANとして危機的状況への言及と懸念表明を行った。この声明では、一九九二年の「南シナ海に対するASEAN宣言」に改めて言及するとともに、関係各国の自制とミスチーフ礁に関する早期解決を求めた[50]。

その後、中国の近隣諸国に対する融和的な姿勢が見られるようになる中で、二〇〇二年一一月のASEAN外相会議で採択されたDOCは、より包括的に南シナ海において各国が遵守すべきルールや規範、また領有権問題の解決に向けた取り組みのあり方を示した文書である。これにはUNCLOSなどの国際法やTACで示された諸原則の遵守、航行の自由の遵守、紛争の平和的解決や武力の不行使による領有権問題の解決とともに、DOCをより実効的にするための法的拘束力ある南シナ海の行動規範(COC)の策定などが盛り込まれていた[51]。

実際には、COCの策定作業はその後進まなかったが、南シナ海問題はASEAN関連諸会議の場では、しばらく争点化されなかった。二〇〇〇年代を通じてASEAN閣僚会議の共同声明ではDOCの重要性が確認され、さらに各国が行動を自制すべきこと、要請や紛争の平和的解決による領有権問題の解決を平和的手段で行うべきことや、またCOC策定作業の進捗への期待が示された。

しかしながら、二〇〇九年頃を境に中国が南シナ海問題についての態度を強硬化した後、ASEAN首脳会議やＡＭＭで採択される文書には、この問題についてのＡＳＥＡＮ各国の危機感を反映する文言が盛り込まれるようになった。二〇一〇年一〇月の第一七回ＡＳＥＡＮ首脳会議の議長声明では、ＤＯＣの重要性が改めて確認され、そこで示された諸原則を中国およびＡＳＥＡＮ諸国が履行すべきことと、ＣＯＣ策定作業を継続すべきことを確認した[52]。これはＡＭＭが毎年繰り返してきた内容とほぼ変わらないが、それまで数年間ＡＳＥＡＮ首脳会議の議長声明では、ＣＯＣ策定作業への言及が若干される以外の南シナ海問題に関する特別の言及がなかったことを考慮に入れる必要がある。さらに、二〇一一年七月の第四四回ＡＭＭの共同声明では、より明確に「南シナ海における最近の展開について深く議論した」とした上で、「最近の諸事件に関して深刻な懸念を表明する」との立場を明確にした[53]。

翌二〇一二年七月、第四五回ＡＭＭが、議長国カンボジアと、フィリピンおよびベトナムとの間で、どのように南シナ海問題を取り扱うか合意がなされなかったことで、共同声明が採択できなかったという前代未聞の結果になったことはよく知られている。これは、ＡＳＥＡＮの「一体性」が崩れつつあることを象徴する出来事として捉えられると共に、カンボジアにおそらく中国からの強い圧力がかかっていたと見られたことから、ＡＳＥＡＮの自立性そのものに対する疑義が投げかけられる事態となった。

この会議の後、インドネシアのマルティ・ナタレガワ外相がフィリピン、ベトナム、タイ、カンボジア、シンガポールの五カ国を訪問し、各国の外相と協議し、事態の収拾に乗り出した[54]。そして、ＡＳＥＡＮ外相声明として「南シナ海に関するＡＳＥＡＮの六原則」を発表し、ＡＳＥＡＮとしての見解を示したという体裁を整えた。「六原則」は、①ＤＯＣの履行、②二〇一一年に採択されたＤＯＣ履行のガイドライン、③ＣＯＣの早期策定、④国連海洋法条約（ＵＮＣＬＯＳ）で示された普遍的に承認された諸原則の尊重、⑤自制と武力不行使の継続、⑥紛争の平和的解決、をＡＳＥＡＮ加盟国が約していることを再確認するものであり、目新しくはなかった。しかし、ＡＳＥＡＮ諸国内の亀裂が顕在化した時期にあって一応声明の形で発出されたこの文書には、ＡＳＥＡ

N諸国の南シナ海問題への対応に関してコンセンサスが得られているという点が重要である[55]。

また、カンボジアが議長国であったときに南シナ海問題への言及を行う文書が全く採択されていなかった訳ではない。同年四月の第二〇回ASEAN首脳会議、また一一月の第二一回ASEAN首脳会議はそれぞれ議長声明の中で、第一七回ASEAN首脳会議以降繰り返されてきた、DOCの重要性の確認、そこで示された諸原則を中国およびASEAN諸国の履行、COC策定作業の継続の必要性に言及していた[56]。

このように、二〇一〇年代に入ってから南シナ海問題で関係各国の対立が緊迫化するなかで、DOCの重要性の確認、そこで示された諸原則を中国およびASEAN諸国の履行、COC策定作業の継続の必要性がASEAN関連文書の中で繰り返し言及されてきた。これは、必ずしも足並みが揃わない中でもASEAN諸国間でこの問題への対処の仕方に対する一定の合意が存在し、それを対外的に示すことについての合意もなされていたことを示している。また、ASEAN諸国が望んでいたCOC策定は、二〇一三年六月に中国との間で合意された[57]。

そして、二〇一四年以降、ASEAN関連諸会議において、最近の「事態」に対する「懸念」を表明するというパターンが見られるようになる。

二〇一四年は、ベトナムのEEZ内での中国の石油会社による掘削作業が両国間の緊張を高めたことを反映し、ASEANからの「深刻な懸念」の表明がなされた。二〇一四年五月の第二四回ASEAN首脳会議では、南シナ海における平和と安定、航行の自由の重要性が再確認されるとともに、「南シナ海において継続中の事態に対する深刻な懸念」が示された[58]。この首脳会議の直前に開催されたASEAN外相会議も、緊急声明を発出し、「南シナ海の緊張を高めている最近の展開に対して深刻な懸念」を表明した[59]。同年七月のAMMが採択した共同声明の中でも、「南シナ海の緊張を高めている最近の展開に対して深刻な懸念」の表明とこの海域における平和や安定、海洋安全保障と共に航行の自由の重要性の確認がなされた[60]。

掘削問題は前述のように七月中に中国が撤収することで収束したが、南シナ海で関係各国の公船や漁船同士の衝突などは続いた。同年一一月の第二五回首脳会議の議長声明は「南シナ海における状況に関して懸念を表明する」という形でその文言は緩和されているものの、南シナ海の状況全体に対する「懸念」を表明し続けていた[61]。

二〇一五年、中国のスプラトリー諸島における大規模な埋立ての敢行と軍事施設の建設が域内の緊張を高める中で、二〇一五年四月の第二六回ASEAN首脳会議の議長声明では、南シナ海で進められている埋立てが、この海域における相互の信用と信頼を損ない、平和と安全保障、安定を脅かす行為であることが明記された上で、一部の国から示された「深刻な懸念」をASEAN諸国が共有することが表明された[62]。八月の第四八回AMMの共同声明でも、南シナ海の埋立ての敢行について引き続き「深刻に懸念」していることが明記された[63]。

同年一一月の第二七回ASEAN首脳会議の議長声明においては、埋立ての進展に代わり、「南シナ海における軍事施設の増大や基地の更なる軍事化(militarisation)」に対する「懸念」が表明された[64]。「深刻な懸念」ではなく「懸念」としたことが中国での配慮であると一部では報道された。しかし、この共同声明における懸念の対象は「さらなる軍事化の可能性」であると明記してあるのは、単に埋立てを対象とするよりも強い文言であると解釈しうる。中国は、埋立ておよび人工島における軍事施設の建設を、自らの領土主権と合法かつ正当な海洋権益を守る権利の行使として捉えており、それを越える「攻撃的」な意図を持つ軍事化こそが軍事化であると理解しているように見える。このように中国とASEAN諸国との間では「軍事化」についての解釈がずれていることは否めない。しかしそうした中でも、ASEANが親中国派の国も含め、軍事化への懸念を合意として表明したことの意味は小さくない。

おわりに

国際政治が、結局は大国の思惑でほぼ決まるものである、との観点から見れば、ＡＳＥＡＮの「中心性」は、単なるフィクションということになる。しかしながら、一九九〇年代以降二〇〇〇年代を通じて、域外大国がＡＳＥＡＮという組織の存在、そしてＡＳＥＡＮ諸国の意向を尊重した上でそれとの関係を取り結び、広域地域枠組みにおける制度的中心としてのＡＳＥＡＮを位置づけることを受け入れてきたのも事実であった。また、よりＡＳＥＡＮの「中心性」や「一体性」が逆風にさらされている二〇一〇年代において、また伝統的安全保障に関わる南シナ海問題についても、様々な意見の相違を越え、ＡＳＥＡＮとして一致した姿勢を示す試みは一定程度の成果を見せてきた。また、ＡＳＥＡＮを中心とする地域諸制度も、地域全体の安全保障に関わる問題として南シナ海問題を位置づけた上で、様々な対立を内包しつつ、コンセンサスを示してきた。

一体性を前提としたＡＳＥＡＮの域外戦略は継続する、むしろ新たな状況下でそれが唯一でないまでも、ＡＳＥＡＮ諸国にとっての外交的手段として重要であることは変わらないだろう。もちろん、本章で述べたようにインドネシアやシンガポールなど、自国の外交戦略におけるＡＳＥＡＮの位置づけを相対化しようとする動きが見られることも事実である。しかしながら、ＡＳＥＡＮという長年培ってきた「装置」を捨て去るという選択をするほど、これらの国の国際社会における影響力が増大したとは言い切れない。

また、ＡＳＥＡＮ諸国はそもそも、ＡＳＥＡＮを通じた外交戦略のみに依拠してきた訳ではない。それぞれ多様な外交的スタンスを採りながら、緩やかにまとまれる水準でＡＳＥＡＮをそれぞれが利用してきた。この緩やかさこそがＡＳＥＡＮの「一体性」が存続し得た理由であった。

さらにＡＳＥＡＮ諸国はこれまでそれなりの域内協力および域外国との関係についての蓄積をしてきている。

域外国もまた、個々のＡＳＥＡＮ諸国とのバイの関係を重視しつつ、ＡＳＥＡＮという「まとまり」に配慮した対ＡＳＥＡＮ外交も並行して進めている。

域外諸国のＡＳＥＡＮの政治的影響力に対する尊重と配慮を示す例として、二〇一〇年代に入り、域外各国が次々とＡＳＥＡＮ常駐代表部をジャカルタに設置したことが挙げられる。ＡＳＥＡＮ憲章の発効を受けて、ＡＳＥＡＮ加盟各国は、ジャカルタに駐在する在インドネシア大使および大使館とは別に、ＡＳＥＡＮ常駐代表および代表部を別途おくようになった。そして、主要な域外国も、同様にジャカルタに常駐代表部を順次設置していったのである。最も早くジャカルタに常駐代表を派遣したのはアメリカである。アメリカは二〇一〇年六月に常駐代表部を設置、二〇一一年にデービッド・カーデンが常駐代表としてジャカルタに赴任した。日本、中国、韓国、オーストラリア、インドなども、二〇一〇年代に入って次々にジャカルタに常駐代表部を設置、また常駐代表を派遣した。二〇一五年九月にはＥＵもジャカルタに常駐代表部および常駐代表を置き、ＡＳＥＡＮ－ＥＵ間のパートナーシップの強化を印象づけた[65]。

ジャカルタへの常駐代表部設置および常駐代表の派遣は、各国政府と国際機関が、ＡＳＥＡＮ加盟国それぞれとの二国間外交に加え、それなりの予算と人員を割き、ＡＳＥＡＮという地域制度を前提とした外交を展開しようとする意思があることの現れである[66]。

ＡＳＥＡＮの「中心性」および「一体性」という概念の展開は、常に逆風にさらされながらも自らの自立性と地域ポリティクスにおける役割を模索するＡＳＥＡＮの域外戦略には二つの大きな矛盾が内包されていることを示している。すなわち大国の取り込みに成功するほど自らの影響力が低減する危険性が増すこと、多様なスタンスを許容するという柔軟性があってこそ団結が可能となること、の二つである。しかしこのような矛盾に起因する揺らぎの中にあるにも関わらず、実際にＡＳＥＡＮを中心とする地域制度は構築され、ＡＳＥＡＮ自身はＡＣの設立にまでこぎ着けた。中小国連合であるＡＳＥＡＮのしたたかな外交が、危ういバランスのもとでどう継続されるのか、それが東アジア地域秩序のあり方にどのように影響を及ぼすのか、今後も注視していく必要があろう。

註

1――構造主義的リアリスト的視点からの東アジアにおける国際関係の分析を簡潔にまとめた近年の論考として、Acharya, Amitav, "Thinking Theoretically about Asian IR", in Shanbaugh, David and Michael Yahuda eds., *International Relations of Asia*, Second Edition, Rowman & Litlefeld, 2014, pp.62-68.

2――ＡＳＥＡＮの「中心性」の政治的インプリケーションを分析したものとして、庄司智孝「ＡＳＥＡＮの『中心性』域外・域内関係の視点から」『防衛研究所紀要』第一七巻第一号、二〇一四年一一月、山影進「ＡＳＥＡＮの歩んできた道、これから作る道『新しいＡＳＥＡＮ』の浮上」山影進編『新しいＡＳＥＡＮ：地域共同体とアジアの中心性を目指して』アジア経済研究所、二〇〇九年、一四～四六頁、Ho, Benjamin, "ASEAN's Centrality in a Rising Asia", RSIS Working Paper, No. 249, September 13, 2012, Petri, Peter A. and Michael G. Plummer, "ASEAN Centrality and the ASEAN-US Economic Relationship", Policy Studies, No. 69, Honolulu: East-West Center, 2014. これらは非常に示唆に富むが、長期的視点からの分析には欠けているきらいがある。また、Petri とPlummerの論文は、アメリカの経済的利益確保の観点からの政策提言の色彩が強い。

3――Joint Communiqué of thr 47th ASEAN Foreign Ministers' Meeting, Nay Pyi Taw, Myannmar, August 8, 2014, Paragrahph 6. ＡＭＭは外相級の会議であり、一九六七年八月のバンコク宣言を根拠に、ＡＳＥＡＮの最高意思決定機関であると長年位置づけられてきた。しかしその後、一九九〇年代に入り、ＡＳＥＡＮ首脳会議が年に一回開催という形で定例化されて後、両者のどちらが上位かが曖昧になった。二〇〇八年一二月に発効したＡＳＥＡＮ憲章により、ＡＳＥＡＮ首脳会議はＡＳＥＡＮの最高意思決定機関となり、年に二回開催されるようになった。しかし、ＡＭＭにおける決定や共同声明を通じたＡＳＥＡＮとしての見解もいまだに政治的重要性を維持している。

4――大庭三枝「ハブとしてのＡＳＥＡＮ」山影進編『新しいＡＳＥＡＮ：地域共同体とアジアの中心性を目指して』アジア経済研究所、二〇〇九年、一六七頁。大庭三枝『重層的地域としてのアジア：対立と共存の構図』有斐閣、二〇一四年、二〇六～二〇九頁。また、リザル・スクマは、特にARFにおいて、大国の主導力が不在であった状況のもとASEANがその枠組みを動かす力を持ち得たと論じている。Rizal Skuma, "Accidental driver: ASEAN in the ASEAN Regional Forum" in Haacke, Jurgen and Noel M. Morada, eds., *Cooperative Security in the Asia-Pacific: ASEAN Regional Forum*, Routledge, 2010, pp.112-113.

5——初期ASEANの対外戦略についての詳細は山影進『ASEAN：シンボルからシステムへ』東京大学出版会、一九九一年、および大庭三枝『重層的地域としてのアジア』六五～七四頁。また、初期ASEANを含むASEANの域外戦略全般の展開を概観し、ASEAN共同体形成の意義を論じたものとして、大庭三枝「ASEAN政治安全保障共同体のめざす域外戦略」鈴木早苗編『ASEAN共同体：2025年に向かって』JETROアジア経済研究所、二〇一六年(近刊)。

6——西原正「アジア・太平洋地域と多国間安全保障協力の枠組み」『国際問題』第四一五号、一九九四年、六二頁。西原は、本文①の方向性を「中立地帯の設置」を目指すと指摘している。

7——大庭三枝『アジア太平洋地域形成への道程：日豪のアイデンティティ模索と地域主義』ミネルヴァ書房、二〇〇四年、二八〇～二八三頁。

8——一九九〇年代のASEANの域外戦略の変化については山影進『ASEANパワー：アジア太平洋の中核へ』東京大学出版会、一九九七年、大庭、前掲書、第三章及び第五章を参照。

9——西原、前掲書、六二頁。

10——EASの設立過程の詳細については、大庭『重層的地域としてのアジア』の第四章を参照。

11——Kuala Lumpur Declaration of the ASEAN+3, Kuala Lumpur, Malaysia, December 14, 2005.

12——AMMやASEAN首脳会議、EASで採択される文書では、二〇一〇年代に入りほとんど東アジア共同体についての言及そのものがなされなくなったが、ASEAN＋3においては、東アジア共同体構築は一貫して「長期的目標」とされ、ASEANは「発展しつつある地域アーキテクチャの推進力」として共同体構築に貢献すべき存在として位置づけられている。例えばChairman's Statement of 17th ASEAN+3, Nay Pyi Taw, Myanmar, November 13, 2014, paragraph 4.

13——Joint Communiqué The 30th ASEAN Ministerial Meeting (AMM), Subang Jaya, Malaysia, from July 24-25, 1997, paragraph 7.

14——ASEAN Charter, Article 2, 2.(m).

15——Joint Communiqué of the 42nd ASEAN Foreign Ministers Meeting, "Acting Together to Cope with Global Challenges", Phuket, Thailand, July 20, 2009, paragraph 6. Chariman's statement of 15th ASEAN Summit, Cha-Am, Hua Hin, Thailand, October 23-25, 2009, paragraph 10.

16——Joint Communiqué of the 41st ASEAN Ministerial Meeting, "One ASEAN at the Heart of Dynamic Asia", Singapore, July 21, 2008, paragraph 7.

17——Chairman's Statement of 17th ASEAN Summit, Ha Noi, Vietnam, October 28, 2010, Paragraph 2.

18——Chairman's Statement of 27th ASEAN Summit, Kuala Lumpur, Malaysia, November 21, 2015, Paragraph 19.

19——第一九回ASEAN首脳会議で採択された文書であるASEAN Framework for Regional Comprehensive Economic Partnershipや、同首脳会議の議長声明の中にもRCEPにおけるASEANの中心性の重要性への言及が見られる。Chairman's Statement of the 19th ASEAN Summit, Bali, Indonesia, November 17, 2011, paragraph 45.

20——この経緯については大庭『重層的地域としてのアジア』一七一～一七二頁および二三八～二三九頁。

21——大庭「『ハブ』としてのASEAN」一七一～一七二頁。

22——Poole, Avery, "Is Jokowi Turing his Back on the ASEAN?", The Diplomat, September 7, 2015, http://thediplomat.com/2015/09/is-jokowi-turning-his-back-on-asean/（二〇一五年九月二一日アクセス）

23——Rizal Skuma, "Insight: It's time for an Asian Fulcrum of Four", *Jakarta Post*, July 15, 2015.

24——米中の視点から南シナ海問題の最近の経緯を論じたものとして佐藤考一「米中対峙下の南シナ海紛争」黒柳米司編『「米中対峙」時代のASEAN：共同体の深化と対外関与の拡大』明石書店、二〇一四年、一八三～二一八頁。

25——Statement by the Foreign Ministers on the Recent Development in the South China Sea, March 18, 1995.

26——ASEAN and China, Declaration on the conduct of Parties in the South China Sea, Phnom Penh, Cambodia, November 4, 2002.

27——The International Institute of Strategic Studies (IISS), *Strategic Survey*, 2015, p.389.

28——The Department of Defence, The Asia-Pacific Maritime Security Strategy: Achieving U.S. National Security Objectives in A Changing Environment, August, 2015.

29——Clinton, Hillary Rodham, Remarks at Press Availability, National Convention Center, Hanoi, Vietnam, July 23, 2010, http://www.state.gov/secretary/20092013clinton/rm/2010/07/145095.htm?goMobile=0（二〇一五年一二月一日アクセス）

30——「米、東南アへ海洋安保支援を拡大：南シナ海中国牽制フィリピンなどに320億円」『日本経済新聞』二〇一五年一一月一八日。

31——「米イージス艦、中国海軍と合同訓練、上海に寄港」『日本経済新聞』二〇一五年一一月一六日。

32——“Viet Nam, Philippines issue joint statement of strategic partnership”, *Vietnam News*, November 19, 2015, http://www.vietnambreakingnews.com/2015/11/viet-nam-philippines-issue-joint-statement-on-strategic-partnership/（二〇一五年一一月三〇日アクセス）

33——中国はこの立場に立ったポジション・ペーパーを二〇一四年一二月に提出した。Tiezzi ,Shannon, “Arguments Open in Philippine Case Against China’s South China Sea Claims, *The Diplomat*, November 25, 2015, http://thediplomat.com/2015/11/arguments-open-in-philippine-case-against-chinas-south-china-sea-claims/（二〇一五年一一月二〇日アクセス）

34——フィリピンの仲裁裁判所への提訴とその帰趨についての国際法上の詳しい分析はKraska, James, “A Legal Analysis of the Philippine-China Arbitration Ruling”, *The Diplomat*, November 2, 2015, http://thediplomat.com/2015/11/a-legal-analysis-of-the-philippine-china-arbitration-ruling/（二〇一五年一一月三〇日アクセス）

35——ベトナムの軍事外交に関する「全方位性」についての詳細な考察については、庄司智孝「ベトナムの全方位「軍事」外交：南シナ海問題への対応を中心に」『防衛研究所紀要』第一八巻第一号、二〇一五年一一月。

36——「習氏、対米傾斜けん制　中国主席9年ぶり訪越：ベトナム側「軍事より開発推進を」」『日本経済新聞』二〇一五年一一月六日。

37——庄司智孝「ベトナムの全方位『軍事』外交」『防衛研究所紀要』一一五～一一六頁。

38——同上、一一六頁。

39——Strategic Survey, 2015, p.392.

40——「ＡＳＥＡＮ『中間派』中国離れも：南シナ海進出に危機感」日本経済新聞、二〇一五年九月九日。

41——「中国、マレーシアと軍事協力強化、首脳会談で合意」日本経済新聞、二〇一三年一〇月四日。

42——防衛省『防衛白書』二〇一五年版。

43——同上。

44——同上、佐藤考一「米中関係の展開とＡＳＥＡＮ」『国際問題』第六二八号、二〇一四年、三一～三二頁。

45——"Indonesia asks China to clarify South China Sea claims", Reuters, November 12, 2015, http://www.reuters.com/article/us-southchinasea-china-indonesia-idUSKCN0T10KK20151112（二〇一五年一一月一五日アクセス）および"China confirms 'maritime disputes' with RI", Jakarta Post, November 15, 2015.

46——Foreign Ministry Spokesperson Hong Lei's Regular Press Conference on November 12, 2015, Ministry of Foreign Affairs of the Piople7s Republic of China HP, http://www.fmprc.gov.cn/mfa_eng/xwfw_665399/s2510_665401/2535_665405/t1314306.shtml（二〇一五年一一月一五日アクセス）

47——このＡＳＥＡＮのバランス外交について言及し、日本のＡＳＥＡＮ戦略を策定する上でも特に考慮すべきであると指摘している論考として、大庭三枝「東アジア地域秩序の変容と日ＡＳＥＡＮ協力」木宮正史編『シリーズ日本の安全保障（編集代表：遠藤誠治・遠藤乾）第六巻：朝鮮半島と東アジア』岩波書店、二〇一五年、二九〇～二九三頁。

48——アメリカや中国といった外部からのＡＳＥＡＮへの「働きかけ」の詳細は佐藤考一「米中対峙下の南シナ海紛争」に詳しい。

49——ASEAN Declaration on the South China Sea, Manila, the Philippines, July 22, 1992.

50——Statement by the ASEAN Foreign Ministers on the Recent Development in the South China Sea, March 18, 1995.

51——Declaration on the conduct of Parties in the South China Sea, November 4, 2002.

52——Chairman's Statement of the 17th ASEAN Summit, paragraph 12.

53——Joint Communiqué of the 44th ASEAN Foreign Ministers' Meeting, Bali, Indonesia, July 19, 2011, paragraph 22.

54——防衛省防衛研究所『東アジア戦略概観二〇一三年』二一〇頁。

55——Statement of the ASEAN Foreign Ministers', Phnom Penh, Cambodia, July 20, 2012.

56——Chairman's Statement of the 20th ASEAN Summit, Phnom Penh, Cambodia, April 3-4, 2012, paragraph 91, 92, および Chairman's Statement of the 21th ASEAN Summit, Phnom Penh, Cambodia, November 18, 2012, paragraph 86-90.

57——Joint Communiqué of the 46th ASEAN Foreign Ministers' Meeting Bandar Seri Begawan, Brunei Darussalam, June 29-30, 2013, paragraph 91.

58——Chairman's Statement of the 24th ASEAN Summit, Nay Pyi Taw, Myanmar, May 11, 2014, paragraph 64.

59——ASEAN Foreign Ministers' Statement on the Current Developments in the South China Sea, Nay Pyi Taw, Myanmar, May

10, 2014.

60——Joint Communiqué 47th ASEAN Foreign Ministers' Meeting, Nay Pyi Taw, Myanmar, August 8, 2014, paragraph 149.

61——Chairman's Statement of the 25th ASEAN Summit, Nay Pyi Taw, November 12, 2014, paragraph 86.

62——Chairman's Statement of the 26th ASEAN Summit, Kuala Lumpur and Lang Kawi, April 27, 2015, paragraph 59.

63——Joint Communiqué of the 48th ASEAN Foreign Ministers' Meeting, Kuala Lumpur, Malaysia, August 4, 2015, paragraph 150.

64——Chairman's Statement of the 27th ASEAN Summit, Kuala Lumpur, November 21, 2015, paragraph 107.

65——"EU Commits to Further Strengthening Partnership with ASEAN", ASEAN Secretariat News, September 17, 2015, http://www.asean.org/index.php/news/asean-secretariat-news/item/eu-commits-to-further-strengthening-partnership-with-asean（二〇一五年一一月二〇日アクセス）

66——ジャカルタを舞台にしたＡＳＥＡＮ外交の近年の展開についての論考として、福永佳史「ＡＳＥＡＮ外交におけるジャカルタの位置づけ」『ワールド・トレンド』第二四一号、アジア経済研究所、二〇一五年一〇月、四三～四六頁。

参考文献

大庭三枝『アジア太平洋地域形成への道程：日豪のアイデンティティ模索と地域主義』ミネルヴァ書房、二〇〇四年

——「ハブとしてのＡＳＥＡＮ」山影進編『新しいＡＳＥＡＮ：地域共同体とアジアの中心性を目指して』アジア経済研究所、二〇〇九年、一三九～一七四頁

——『重層的地域としてのアジア：対立と共存の構図』有斐閣、二〇一四年

——「東アジア地域秩序の変容と日ＡＳＥＡＮ協力」木宮正史編『シリーズ日本の安全保障（編集代表：遠藤誠治・遠藤乾）第六巻：朝鮮半島と東アジア』岩波書店、二〇一五年、二六九～二九八頁

佐藤考一「米中対峙下の南シナ海紛争」黒柳米司編『「米中対峙」時代のＡＳＥＡＮ：共同体の深化と対外関与の拡大』明石書店、二〇一四年、一八三～二一八頁

——「米中関係の展開とＡＳＥＡＮ」『国際問題』六二八号、二〇一四年

庄司智孝「ＡＳＥＡＮの『中心性』域外・域内関係の視点から」『防衛研究所紀要』第一七巻第一号、二〇一四年一一月

――「ベトナムの全方位「軍事」外交：南シナ海問題への対応を中心に」『防衛研究所紀要』第一八巻第一号、二〇一五年一一月
西原正「アジア・太平洋地域と多国間安全保障協力の枠組み」『国際問題』第四一五号、一九九四年
福永佳史「ASEAN外交におけるジャカルタの位置づけ」『ワールド・トレンド』第二四一号、アジア経済研究所、二〇一五年一〇月、四三～四六頁
防衛省防衛研究所『東アジア戦略概観二〇一三年』防衛省防衛研究所、二〇一三年
防衛省『防衛白書』二〇一五年版、二〇一五年
山影進『ASEAN：シンボルからシステムへ』東京大学出版会、一九九一年
――『ASEANパワー：アジア太平洋の中核へ』東京大学出版会、一九九七年
――「ASEANの歩んできた道、これから作る道『新しいASEAN』の浮上」山影進編『新しいASEAN：地域共同体とアジアの中心性を目指して』アジア経済研究所、二〇〇九年、一四～四六頁
Acharya, Amitav, "Thinking Theoretically about Asian IR", in Shanbaugh, David and Michael Yahuda eds., *International Relations of Asia*, Second Edition, Rowman & Littlefield, 2014, pp.59-89.
ASEAN, ASEAN Declaration on the South China Sea, Manila, the Philippines, July 22, 1992.
――, Statement by the Foreign Ministers on the Recent Development in the South China Sea, March 18, 1995.
――, Joint Communiqué of the 30th ASEAN Ministerial Meeting (AMM), Subang Jaya, Malaysia, July 24-25, 1997.
――, Joint Communiqué of the 48th ASEAN Foreign Ministers' Meeting, Kuala Lumpur, Malaysia, August 4, 2005.
――, ASEAN Charter, November, 2007.
――, Joint Communiqué of the 41st ASEAN Ministers' Meeting, "One ASEAN at the Heart of Dynamic Asia", Singapore, July 21, 2008.
――, Joint Communiqué of the 42nd ASEAN Foreign Ministers' Meeting, "Acting Together to Cope with Global Challenges", Phuket, Thailand, July 20, 2009.
――, Chariman's statement of 15th ASEAN Summit, Cha-Am, HuaHin, Thailand, October 23-25, 2009.
――, Chairman's Statement of the 17th ASEAN Summit, Hanoi, Vietnam, October 28, 2010.
――, Joint Communiqué of the 44th ASEAN Foreign Ministers' Meeting, Bali, Indonesia, July 19, 2011.

———, Chairman's Statement of the 19th ASEAN Summit, Bali, Indonesia, November 17, 2011.

———, Chairman's Statement of the 20th ASEAN Summit, Phnom Penh, Cambodia, April 3-4, 2012.

———, Statement of the ASEAN Foreign Ministers, Phnom Penh, Cambodia, July 20, 2012.

———, Chairman's Statement of the 21th ASEAN Summit, Phnom Penh, Cambodia, November 18, 2012.

———, Joint Communiqué of the 46th ASEAN Foreign Ministers' Meeting, Bandar Seri Begawan, Brunei Darussalam, June 29-30, 2013.

———, ASEAN Framework for Regional Comprehensive Economic Partnership.

———, Statement by the ASEAN Foreign Ministers on the Current Development in the South China Sea, Nay Pyi Taw, myanmar, May 10, 2014.

———, Chairman's Statement of the 24th ASEAN Summit, Nay Pyi Taw, myanmar, May 11, 2014.

———, Joint Communiqué of the 47th ASEAN Foreign Ministers' Meeting, Nay Pyi Taw, myanmar, August 8, 2014.

———, Chairman's Statement of the 25th ASEAN Summit, Nay Pyi Taw, myanmar, November 12, 2014.

———, Chairman's Statement of the 26th ASEAN Summit, Kuala Lumpur and Langkawi, April 27, 2015.

———, Joint Communiqué of the 48th ASEAN Foreign Ministers' Meeting, Kuala Lumpur, Malaysia, August 4, 2015.

———, Chairman's Statement of 27th ASEAN Summit, Kuala Lumpur, Malaysia, November 21, 2015.

ASEAN and China, Declaration on the Conduct of Parties in the South China Sea, Phnom Penh, Cambodia, Novenber 4, 2002.

ASEAN+3, Kuala Lumpur Declaration of the ASEAN+3, Kuala Lumpur, Malaysia, December 14, 2005.

———, Chairman's Statement of 17th ASEAN+3, Nay Pyi Taw, myanmar, November 13, 2014.

ASEAN Secretariat, "EU Commits to Further Strengthening Partnership with ASEAN", ASEAN Secretariat News, September 17, 2015.

Clinton, Hillary Rodham, Remarks at Press Availability, National Convention Center, Hanoi, Vietnam, July 23, 2010.

The Department of Defense, The Asia-Pacific Maritime Strategy Achieving U.S. National Security Objectives in A Changing Environment, August, 2015.

Ho, Benjamin, "ASEAN's Centrality in a Rising Asia," RSIS Working Paper, No. 249, September 13, 2012.

The International Institute of Strategic Studies (IISS), Strategic Survey, 2015.

Kraska, James, “A Legal Analysis of the Philippine-China Arbitration Ruling”, The Diplomat, November 2, 2015.Petri, Peter A. and Michael G. Plummer, “ASEAN Centrality and the ASEAN-US Economic Relationship”, Policy Studies, No. 69, Honolulu: East-West Center, 2014.

Petri, Peter A. and Michael G. Plummer, “ASEAN Centrality and the ASEAN-US Economic Relationship”, Policy Studies, No. 69, Honolulu: East-West Center, 2014.

Poole, Avery, “Is Jokowi Turing his Back on the ASEAN?”, The Diplomat, September 7, 2015

Rizal Skuma, “Accidental driver: ASEAN in the ASEAN Regional Forum” in Haacke, Jurgen and Noel M. Morada, eds., Cooperative Security in the Asia-Pacific: ASEAN Regional Forum, Routledge, 2010, pp.111-123.

———, “Insight: It’s time for an Asian Fulcrum of Four”, Jakarta Post, July 15, 2015.

Tiezzi, Shannon, “Arguments Open in Philippine Case Against China’s South China Sea Claims”, The Diplomat, November 25, 2015.

第2章

ASEAN経済統合と東アジア

——AECの実現とRCEP

清水一史
SHIMIZU Kazushi

はじめに

東アジアではASEANが経済統合とFTAを牽引してきた。ASEANは従来東アジアで唯一の地域協力機構であり、一九六七年の設立以来、政治協力や経済協力など各種の協力を推進してきた。加盟国も、設立当初はインドネシア、マレーシア、フィリピン、シンガポール、タイの五カ国であったが、一九八四年にブルネイ、一九九五年にはベトナム、一九九七年にラオス、ミャンマー、一九九九年にカンボジアが加盟し一〇カ国へ拡大した。

一九七六年からは域内経済協力を進め、一九九二年からはASEAN自由貿易地域（AFTA）を目指し、二〇一〇年一月一日には先行加盟六カ国により関税がほぼ撤廃された。そして現在の目標はASEAN経済共同体（ＡＥＣ）の実現である。ＡＥＣは、二〇〇三年の「第二ＡＳＥＡＮ協和宣言」で打ち出された、ＡＳＥＡＮ単一市場・生産基地を構築する構想である。現在までＡＳＥＡＮでは、ＡＥＣの実現に向けて着実に行動が取られてきている。

ＡＳＥＡＮは、東アジアの地域協力においても中心となってきた。東アジアではアジア経済危機を契機に、ＡＳＥＡＮ＋３やＡＳＥＡＮ＋６などの重層的な協力が展開されており、その中心はＡＳＥＡＮであった。そしてＡＳＥＡＮを軸とするＡＳＥＡＮ＋１の自由貿易協定（ＦＴＡ）も確立されてきた。

世界金融危機後の変化の下で、世界経済におけるＡＳＥＡＮ経済の重要性が大きくなり、ＡＳＥＡＮ経済統合の重要性もより大きくなっている。また世界金融危機後の変化が、ＡＥＣの実現と東アジア全体の経済統合に大きな加速圧力を掛けている。

本章では、世界経済の構造変化の下でのＡＳＥＡＮ経済統合を考察する。更にＡＳＥＡＮが牽引する東アジア経済統合についても考察する。筆者は世界経済の構造変化の下でのＡＳＥＡＮと東アジアの経済統合を長期的に研究してきた。本章ではそれらの研究の延長に、現在の世界金融危機後の構造変化の下でのＡＳＥＡＮ経済統合とＡＥＣ、そして東アジア地域包括的経済連携（ＲＣＥＰ）について述べたい。

1　ＡＥＣに向けた域内経済協力の深化と東アジア地域経済協力

◆ＡＳＥＡＮ域内経済協力の過程

東アジアでは、ＡＳＥＡＮが域内経済協力・経済統合の嚆矢《こうし》であった。ＡＳＥＡＮは、一九六七年八月八日の「ＡＳＥＡＮ設立宣言（バンコク宣言）」をもとに、インドネシア、マレーシア、フィリピン、シンガポール、タイの五カ国によって設立され、当初の政治協力に加えて、一九七六年の第一回首脳会議と「ASEAN協和宣言」より域内経済協力を開始した。同年からの域内経済協力は、当時の各国の工業化を背景にして、外資に対する制限の上に企図された各国の輸入代替工業化をASEANが集団的に支援するというものであった（「集団的輸入代替重化学工業化戦略」）。しかし、①ASEAN共同工業プロジェクト（AIP）、②ASEAN工業補完協定（AIC）、③特恵貿易制度（PTA）などの政策の実践から見ても、域内市場の相互依存性の創出という視点から見ても挫折に終わった。挫折の主要な原因は、各国間の利害対立とそれを解決できないことに求められた[1]。

だが、一九八七年の第三回首脳会議を転換点として、プラザ合意を契機とする世界経済の構造変化を基に、「集団的外資依存輸出指向型工業化戦略」へと転換した。ASEAN域内経済協力の基盤が、世界経済の構造変化を基に変化したためであった。一九八五年九月のプラザ合意以降、円高・ドル安を背景にNIESそしてASEANへの日本からの直接投資の急増と言った形で多国籍企業の国際分業が急速に進行した。同時にASEAN各国は、構造変化に合わせて新たな発展・成長戦略、外資依存かつ輸出指向の発展成長戦略に転換し、外資政策もそれまでの直接投資規制的な政策から、直接投資を優遇する政策へ転換させた。新たな戦略は、八〇年代後半からはじまった外資依存かつ輸出指向型の工業化を、ASEANが集団的に支援達成するというものであった。この戦略下での協力を体現したのは、三菱自動車工業がASEANに提案して採用されたブランド別自動車部品相互補完流通計画（BBCスキーム）であった。

一九九一年から生じたASEANを取り巻く政治経済構造の歴史的諸変化、すなわち①アジア冷戦構造の変化、②中国の改革・開放に基づく急速な成長と中国における対内直接投資の急増、③アジア太平洋経済協力（APEC）の制度化等から、集団的外資依存輸出指向型工業化戦略の延長上での域内経済協力の深化と拡大が進められることとなった。諸変化の中では、特に冷戦構造の変化が大きな影響を与えた。中国やベトナムは、政治体制においては社会主義体制を維持したまま、経済においては「計画経済」から「市場経済」への移行を始めた。またインドシナ情勢も一変し、同年にはパリ和平協定が結ばれ、一九七八年にカンボジアへ侵攻したベトナム軍のカンボジアからの最終撤退とカンボジア和平が実現した。

これらの変化を受け、一九九二年の第四回首脳会議からはAFTAが推進されてきた。AFTAは、共通効果特恵関税協定(CEPT)により、適用品目の関税を二〇〇八年までに五%以下にする事を目標とした。また一九九六年からは、BBCスキームの発展形態であるASEAN産業協力(AICO)スキームが推進された。そして冷戦構造の変化を契機に、一九九五年にはASEAN諸国と長年敵対関係にあったベトナムがASEANに加盟した。一九九七年にはラオス、ミャンマーが、一九九九年にはカンボジアも加盟を果たし、ASEANは東南アジア全域をカバーすることとなった。国際資本移動による相互依存性の拡大と冷戦構造の変化による領域の拡大こそ、現在進行中のグローバル化のきわめて重要な要因である。ASEANはこれらの両方を含み、世界経済の構造変化の焦点となった。

しかしながら一九九七年のタイのバーツ危機に端を発したアジア経済危機は、ASEAN各国に多大な被害を与えた。アジア経済危機は、これまでの矛盾が噴出し近隣諸国に伝播したものであった。九〇年代に急速に成長していたASEAN各国では成長が鈍化し、更にはマイナスに落ち込んだ。一九九八年にはインドネシア、マレーシア、フィリピン、タイの四カ国はいずれもマイナス成長となった。国際資本移動の急速な拡大は、一九八〇年代後半からのASEAN各国の急速な発展・成長を基礎づけたが、他面ではアジア経済危機の要因となったのである[2]。

アジア経済危機を契機として、ASEAN域内経済協力は、更に新たな段階に入った。ASEANを取り巻く世界経済・東アジア経済の構造が、大きく変化してきたからであった。第一に、中国の急成長と影響力の拡大である。中国は一九九七年以降も一貫して七%以上の高成長を維持し、この成長の要因である貿易と対内投資が急拡大した。特に直接投資の受け入れ先としての中国の台頭は、ASEAN並びに加盟各国にとって大きな圧力となった。第二に、世界貿易機関(WTO)による世界大での貿易自由化の停滞とFTAの興隆であった。第三に、中国を含めた形での東アジアの相互依存性の増大と東アジア大の経済協力基盤・地域協力の形成であった。アジア経済危機以降の構造変化のもとで、ASEANにとっては、更に協力・統合の深化が目標とされた。

◆AECへ向けた域内経済協力の深化

ASEAN域内経済協力は、二〇〇三年一〇月に開かれた第九回首脳会議の「第二ASEAN協和宣言」を大きな転換点として、単一市場あるいは共同市場を目標とする新たな段階に入った。第二ASEAN協和宣言は、ASEAN安全保障共同体(ASC)、ASEAN経済共同体(AEC)、ASEAN社会文化共同体(ASCC)から成るASEAN共同体(AC)の実現を打ち出した。AECはASEAN共同体を構成する三つの共同体の中心であり、「二〇二〇年までに物品・サービス・投資・熟練労働力の自由な移動に特徴付けられる単一市場・生産基地を構築する」構想であった[3]。

AECにおいても依然直接投資の呼び込みは非常に重要な要因であり、AECは集団的外資依存輸出指向型工業化の側面を有している。二〇〇二年一一月のASEAN首脳会議において、シンガポールのゴー・チョクトン首相はAECを提案したが、それは中国やインドなど競争者が台頭する中での、ASEAN首脳達のASEANによる直接投資を呼び込む能力への危惧によるものであった[4]。ASEAN各国にとって依然として直接投資と輸出は発展のための切り札であった。しかし中国やインドのような強力な競争者が台頭し、そのような環境のもとで、より直接投資を呼び込むために、各国首脳達はASEANとしての協力・統合を求めたのであった。そして協力・統合の深化が目標とされるとともに、域内経済格差の是正も重要な目標とされるようになってきた。

二〇〇七年一月の第一二回ASEAN首脳会議では、ASEAN共同体創設を五年前倒しして二〇一五年とすることを宣言した。同年一一月におこなわれた第一三回首脳会議では、第一に全加盟国によって「ASEAN憲章」が署名され、第二に二〇一五年までのロードマップである「AECブループリント」が発出された。

ASEAN憲章は翌年一二月に発効した。その制定はAECとAC実現のための重要な制度整備であった。ASEANの設立の根拠はそれまで一九六七年の「バンコク宣言」に拠るのみであったが、憲章の発効によりASEANの設立基盤が法に発展したのである。ASEAN憲章はASEANの目標、基本原則、ルールを明確化・成文化することでこれまでの制度を整理し、更に新たな制度を構築した。ただし意思決定におけるコンセンサス方式等の主要な原則は維持された。ASEAN憲章は、東アジアの地域協力における初の憲章でもあった[5]。

AECの実現に直接関わる「AECブループリント」は、三つの共同体の中で最初のブループリントであり、AECに関するそれぞれの分野の目標とスケジュールを定めた。四つの特徴（戦略目標）と一七のコアエレメント（分野）が提示され、コアエレメントごとに具体的な目標と措置（行動）と戦略的スケジュールを示した。四つの特徴（戦略目標）とは、「A．単一市場と生産基地」、「B．競争力のある経済地域」、「C．公平な経済発展」、「D．グローバルな経済統合」である。「A」は、①物品（財）の自由な移動、②サービスの自由な移動、③投資の自由な移動、④資本の自由な移動、⑤熟練労働者の自由な移動、を含む[6]。

二〇〇八年からは、ブループリントの内容を確実に実施させるために、スコアカードとASEAN事務局によるモニタリングが実施されている。スコアカードは各国ごとのブループリントの実施状況の点検評価リストである。またAFTA-CEPT協定を大きく改定したASEAN物品貿易協定（ATIGA）も二〇一〇年五月に発効した。

二〇一〇年一〇月の第一七回ASEAN首脳会議では、AECの確立と域内格差の是正を後押しするために「ASEAN連結性マスタープラン」が出された。「ASEAN連結性マスタープラン」は、二〇一五年のAEC確立を確実にする意図を有した。ASEANの連結性については、①物的連結性、②制度的連結性、③人的連結性の三つの面で連結性を高めることが述べられた。①に関しては、道路、鉄道、海路・港湾、デジタルインフラ、エネルギーインフラ等に言及し、物的に欠けている部分を繋ぐ必要を強調した。②では、非関税措置（NTBs）の除去や基準の統一等を述べた。またASEAN航空市場やASEAN海運市場等を実現することも述べている。③に関しては、ASEAN内の人の移動を拡大するために、ビザの緩和や相互承認協定（MRAs）をより進めることを述べている[7]。こうしてASEANでは、AECの実現に向けて、着実に行動が取られてきた。

これまでの域内経済協力の成果としては、例えばAFTAによって一九九三年から関税引き下げが進められ、各国の域内関税率は大きく引き下げられてきた。二〇〇三年一月には先行六カ国で関税が五％以下の自由貿易地域が確立され、「第二ASEAN協和宣言」からはAECの柱のAFTAの確立も加速を迫られた。当初は各国がAFTAから除外してきた自動車と自動車部品も組み入れられた。最後まで反対していたマレーシアも、二〇〇四年一月に自動車をAFTAに組み入れ、実際に二〇〇七年一月に自動車関税を五％以下に引き下げた。二〇一〇年一月には先行加盟六カ国で関税が撤廃されAFTAが完成した。先行加盟六カ国では品目ベースで九九・六五％の関税が撤廃された。新規加盟四カ国においても、全品目の九八・九六％で関税が〇～五％となった[8]。各国のAFTAの利用も大きく増加し、たとえばタイのASEAN向け輸出（一部を除きほぼすべての品目で関税が無税のシンガポール向けを除く）に占めるAFTAの利用率は、二〇〇〇年の約一〇％、二〇〇三年の約二〇％から、二〇一〇年には三八・四％へと拡大した。また二〇一〇年のタイの各国向けの輸出に占めるAFTA利用率は、インドネシア向け輸出で六一・三％へ、フィリピン向け輸出で五五・九％に達した[9]。

域内経済協力によって国際分業と生産ネットワークの確立も支援された。その典型は自動車産業であった。輸入代替産業として各国が保護してきた自動車産業においても、AFTAやAICOスキームによって日系を中心に外資による国際分業と生産ネットワークの確立が支援されてきた。たとえばトヨタ自動車は、一九九〇年代からBBCスキームとAICO、更にAFTAに支援されながら、ASEAN域内で主要部品の集中・分業生産と部品の相互補完流通により、生産を効率的に行ってきている。二〇〇四年八月からタイで生産開始したトヨタ自

図1　トヨタ自動車IMVの主要な自動車・部品補完の概念図

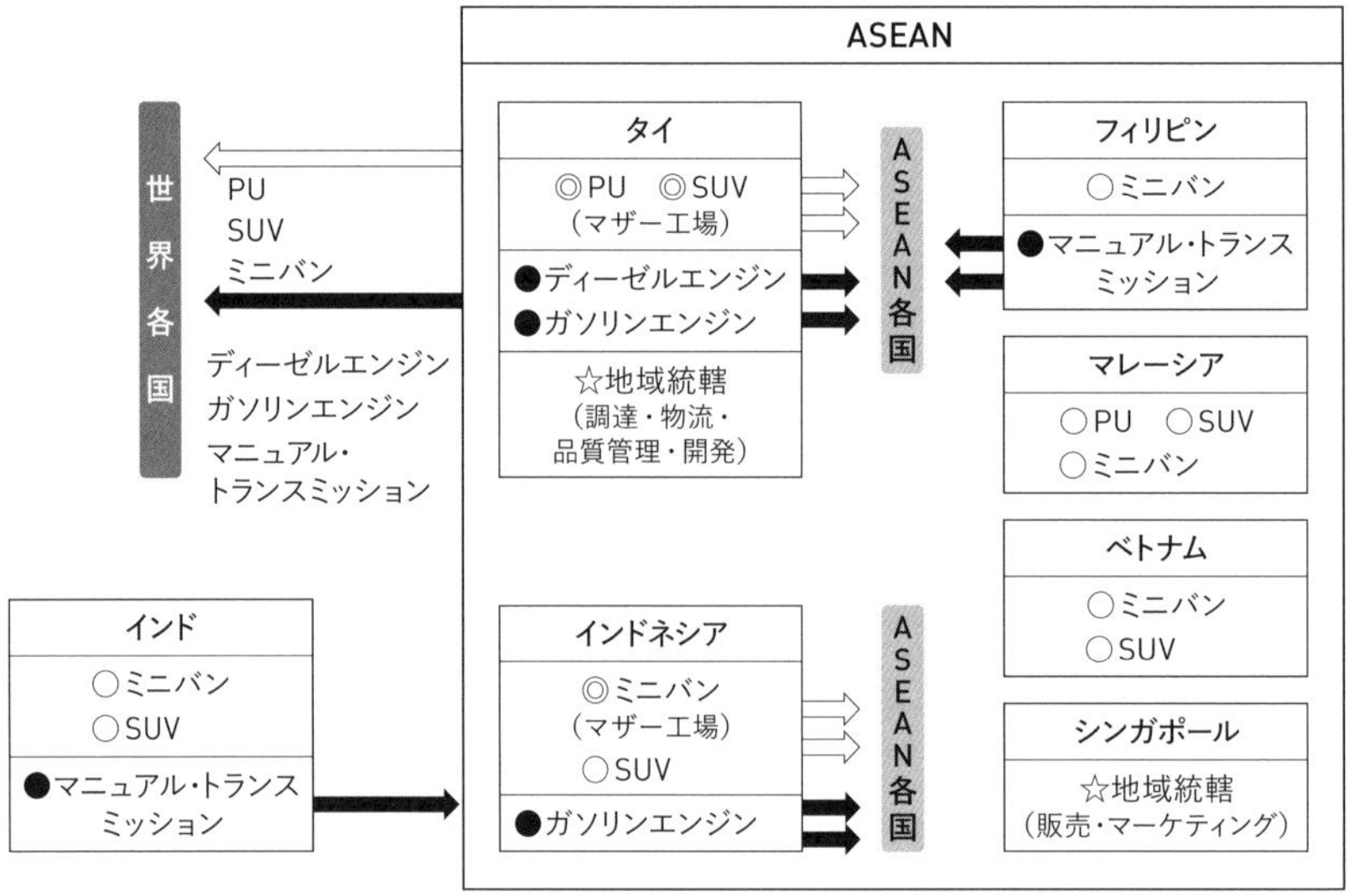

注：ヒアリングをもとに筆者作成。
出所：清水（2011）、p.73。

動車の革新的国際多目的車（ＩＭＶ）プロジェクトも、これまでの域内経済協力の支援の延長と考えられる[10]。ＩＭＶは、これまでの域内での部品の集中生産と補完を基に域内分業と現地調達を大幅に拡大し、多くの部品をタイとＡＳＥＡＮ各国で生産している。主要部品を各国で集中生産してＡＦＴＡを利用しながら補完し、同時に世界各国へも輸出している。また完成車も、ＣＫＤを含めてＡＳＥＡＮ域内で補完し、かつ世界各国へ輸出している（図1参照）。さらにＩＭＶプロジェクトは、一次部品メーカーの代表であるデンソーの部品の集中生産と相互補完も拡大し、一次・二次部品メーカーや素材メーカーを含め、ＡＳＥＡＮにおける重層的な生産ネットワークを拡大してきた。またそれらによりＡＳＥＡＮでの生産と雇用の拡大、現地調達の拡大、技術の向上も促進されてきている。ＡＳＥＡＮ域内経済協力と生産ネットワークから見ても、域内協力政策と企業の生産ネットワーク構築の合致であり大きな成果と言える。

◆ASEANを中心とする東アジアの地域経済協力

ASEANは、東アジアの地域経済協力においても、中心となってきている(図2参照)。東アジアにおいては、アジア経済危機とその対策を契機に、ASEAN+3の枠組みをはじめとして地域経済協力が重層的・多層的に展開してきた。それが東アジアの地域経済協力の特徴であるが、その中心はASEANである。ASEAN+3協力枠組みは、アジア経済危機直後の一九九七年一二月の第一回ASEAN+3首脳会議が基点であり、二〇〇〇年五月にはASEAN+3財務相会議においてチェンマイ・イニシアチブ(CMI)が合意された。広域のFTAに関しても一三カ国による東アジア自由貿易地域(EAFTA)の確立へ向けて作業が進められた。

二〇〇五年からは、ASEAN+6の東アジア首脳会議(EAS)も開催されてきた。参加国はASEAN一〇カ国、日本、中国、韓国に加えて、インド、オーストラリア、ニュージーランドの計一六カ国であった。EASはその後も毎年開催され、広域FTAに関しては、二〇〇六年の第二回EASで一六カ国による東アジア包括的経済連携(CEPEA)構想が合意された。

東アジアにおいては、FTAも急速に展開してきた。その中でもASEAN中国自由貿易地域(ACFTA)、ASEAN日本包括的経済連携協定(AJCEP)、ASEAN韓国FTA(AKFTA)、ASEANインドFTA(AIFTA)など、ASEANを軸とするASEAN+1のFTAが中心であった。二〇一〇年にはAIFTAとともに、ASEANとオーストラリア・ニュージーランドのFTA(AANZFTA)も発効し、ASEANを中心とするFTA網が東アジアを覆った。

ASEANにおいては、域内経済協力が、その政策的特徴ゆえに東アジアを含めより広域の経済協力を求める。ASEAN域内経済協力においては、発展のための資本の確保・市場の確保が常に不可欠であり、同時に、自らの協力・統合のための域外からの資金確保も肝要だからである。すなわち一九八七年からの集団的外資依存輸出

図2 ASEANを中心とする東アジアの地域協力枠組み

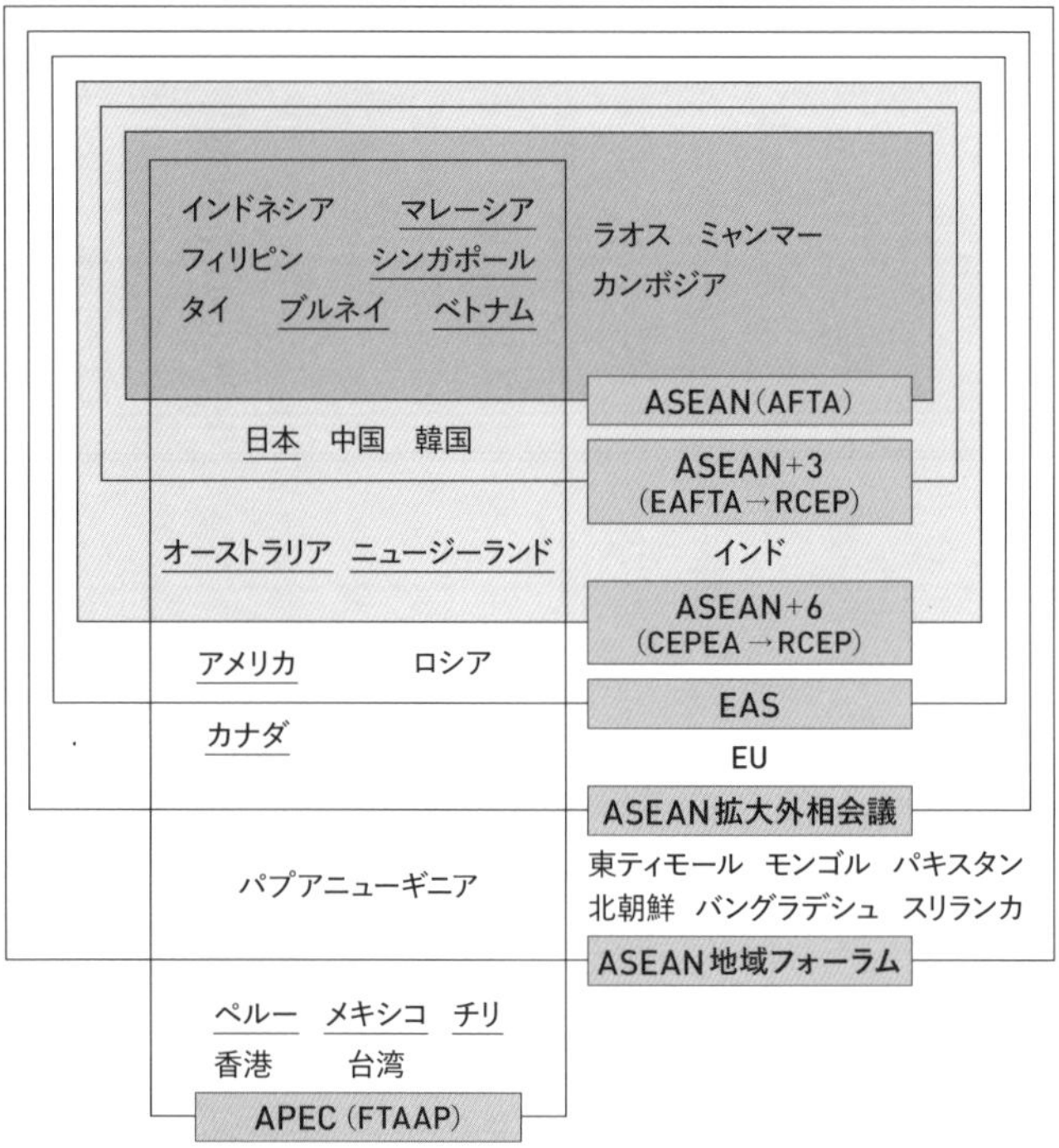

注：(　) は自由貿易地域 (構想を含む) である。
ASEAN：東南アジア諸国連合、AFTA：ASEAN自由貿易地域、
EAFTA：東アジア自由貿易地域、EAS：東アジア首脳会議、
CEPEA：東アジア包括的経済連携、RCEP：地域包括的経済連携、
APEC：アジア太平洋経済協力、FTAAP：アジア太平洋自由貿易圏。
下線は、環太平洋経済連携協定 (TPP) 交渉参加国。
出所：筆者作成。

指向型工業化の側面を有している。そしてこれらの要因から、東アジア地域協力を含めた広域な制度の整備やFTAの整備は不可避である。

これまでASEANにおいては、域内経済協力と域外経済協力が同時に展開し、域外経済協力（対外経済共同アプローチ）に関しても一貫して効果を挙げてきた。域外経済協力は、一九七二年の対EC通商交渉、翌年の対日合成ゴム交渉以来の歴史を持つが、最近ではその延長に、東アジア地域協力における重要な位置を確保している。たとえば東アジアの地域協力においては、ASEAN拡大外相会議、ASEAN＋3、EAS、ASEAN地域フォーラム（ARF）に見られるように、東アジア地域における交渉の「場」をASEANが提供し、自らのイニシアチブの獲得を実現してきた。またASEANをめぐるFTA構築競争も、こうした会議の場を主要な舞台としてなされてきた。

ASEANでの域内経済協力のルールが、東アジアへ拡大していることも重要である。たとえばASEANスワップ協定（ASA）がCMIとして東アジアへ拡大した。そしてAFTA原則が、ACFTAをはじめとするASEANを軸とするFTAへと展開してきた。相互承認や基準認証等もASEANからはじめられた。更に、EASの参加基準もASEAN基準に基づくこととなった。この参加基準とは、「ASEANの対話国」、「東南アジア友好協力条約（TAC）加盟」、「実質的な関係」の三つの条件である。ASEAN憲章が先々、東アジア憲章や東アジア共同体の方向に影響を与える可能性もある。こうしてASEANの域内経済協力・統合の深化と方向が、東アジア地域協力を方向付けてきている[11]。

2　世界金融危機後のASEANと東アジア

◆世界金融危機後の東アジアとTPP

二〇〇八年からの世界金融危機後の構造変化は、ASEANと東アジアに大きな転換を迫った[12]。世界金融危機は、アジア経済危機から回復し、その後、発展を続けてきたASEANと東アジアの各国にも打撃を与えた。危機の影響の中でも、最終需要を提供していたアメリカ市場の停滞と世界需要の停滞は、輸出指向の工業化を進め、最終財のアメリカへの輸出を発展の重要な基礎としてきた東アジア諸国の発展・成長にとって大きな制約要因となった。

世界経済は新たな段階に入り、アメリカの過剰消費と金融的蓄積に基づいた東アジアと世界経済の成長の構造は転換を迫られた。すなわち一九八二年以来のネオ・リベラリズムの四半世紀の世界経済構造が転換を迫られているとも言える。そのような構造変化の中で、新たな世界大の経済管理と地域的な経済管理が求められた。WTOによる貿易自由化と経済管理の進展は困難となり、地域による貿易自由化と経済管理が不可避となってきた。

ASEANにおいては、アメリカやヨーロッパのような域外需要の確保とともに、ASEANや東アジアの需要に基づく発展を支援することが、これまで以上に強く要請されている。ASEANと東アジアは、他の地域に比較して世界金融危機からいち早く回復して成長を持続し、現在の世界経済における最も重要な成長地域となっている。ASEANと東アジアは、主要な生産基地並びに中間財の市場であるとともに、成長による所得上昇と巨大な人口により、主要な最終消費財市場になってきている。それゆえ、域外との地域経済協力・FTAの構築とともに、ASEANや東アジアにおける貿易自由化や円滑化が一層必要なのである[13]。

一方、世界金融危機後のアメリカは、過剰消費と金融的蓄積に基づく内需型成長からの転換を迫られ、輸出を重要な成長の手段とすることとなった。主要な輸出目標は、世界金融危機からいち早く回復し成長を続ける東アジアであった。オバマ大統領は二〇一〇年一月に輸出倍増計画を打ち出し、アジア太平洋にまたがる環太平洋経済連携協定（TPP）への参加を表明した。この計画の主要な輸出先は成長を続ける東アジアであり、そのためにも各国のTPPへの参加が求められた。

TPPは原則関税撤廃という高い水準の自由化を目標とし、物品貿易やサービス貿易だけでなく、投資、競争政策、知的財産、政府調達等の非関税分野を含み、更に新たな分野である環境、労働等を含む包括的協定である。二〇〇六年にP4として発効した当初はシンガポール、ブルネイ、チリ、ニュージーランドという四カ国によるFTAにすぎなかったが、アメリカが参加を表明すると急速に大きな意味を持つようになった。以上のような状況は、ASEANと東アジアにも影響を与え始めた。東アジアの需要とFTAをめぐって競争が激しくなったのである。

世界金融危機後の変化の中で、二〇一〇年はASEANと東アジアの経済統合にとって画期となった。すでに触れたように、一月には先行六カ国によるAFTAが完成し、対象品目の関税が撤廃された。同時に、ASEANと中国、韓国、日本との間のASEAN＋1のFTA網もほぼ完成し、ASEANとインド、ASEANとオーストラリア・ニュージーランドのFTAも発効した。六月には中国と台湾の間で、経済協力枠組み協定（ECFA）が締結された。

TPPには二〇一〇年三月からアメリカ、オーストラリア、ペルー、ベトナムが、更に一〇月にはマレーシアも加わって交渉が進められた。翌一一月横浜で開催されたAPECでは、アジア太平洋全体の経済統合の目標であるアジア太平洋自由貿易圏（FTAAP）の実現に向けた道筋として、TPP、ASEAN＋3（EAFTA）、ASEAN＋6（CEPEA）の三つがあることに合意した。その中で、唯一交渉が進展しているTPPの重要性が高まった。

アメリカを加えたＴＰＰが確立しつつある中で、また日本でも参加が検討される中で、中国の東アジア地域経済協力に対する政策も変化してきた。二〇一一年八月には、ＡＳＥＡＮ＋６経済相会議において日本と中国は共同提案を行い、日本が推していたＣＥＰＥＡと中国が推していたＥＡＦＴＡを区別なく進めることに合意し、貿易・投資の自由化を議論する作業部会の設置を提案した。また従来進展の遅かった日中韓の北東アジアのＦＴＡも、三カ国による産官学の交渉が予定よりも早く、同年中に終了され、進められることとなった。これらはＡＳＥＡＮが東アジア地域包括的経済連携（ＲＣＥＰ）を提案する契機となった。

この年一一月、その後の東アジア経済統合を左右する重要な二つの会議が開催された。一二〜一三日にハワイで開催されたＡＰＥＣ首脳会議の際に、ＴＰＰに既に参加している九カ国はＴＰＰの大枠合意を結んだ。ＡＰＥＣに合わせて、日本はＴＰＰ交渉参加へ向けて関係国と協議に入ることを表明した。カナダとメキシコも参加を表明し、ＴＰＰは東アジアとアジア太平洋の経済統合に更なる影響を与え始めた。アメリカの参加と共に、日本のＴＰＰへの接近が、東アジアの経済統合の推進に向けて大きな加速圧力をかけた。

同じく一七〜一九日には、インドネシアのバリでＡＳＥＡＮ首脳会議、ＡＳＥＡＮ＋３首脳会議、ＥＡＳ等が開催された。ＡＳＥＡＮ首脳会議の席上でＡＳＥＡＮは、これまでのＥＡＦＴＡとＣＥＰＥＡ、ＡＳＥＡＮ＋１といったＦＴＡの延長に、ＡＳＥＡＮを中心とする東アジアのＦＴＡであるＲＣＥＰを提案し、「ＲＣＥＰのためのＡＳＥＡＮフレームワーク」[14]を提示した。貿易投資自由化に関する三つの作業部会も合意された。ＲＣＥＰはその後、東アジアの広域ＦＴＡとして確立に向けて急速に動き出すこととなった[15]。

一連の会議では、ＡＳＥＡＮのＡＥＣの構築を参加国全体で支援することが確認されるとともに、ＡＳＥＡＮ提案の東アジアＦＴＡ（ＲＣＥＰ）を推進することが表明された。ＥＡＳにはこの会議からアメリカとロシアが加わり、東アジアのＦＴＡをより強力に推進することとなった。オバマ大統領は、ＡＰＥＣ首脳会議に続いてアジア重視を強調した。中国は、日本のＴＰＰへの接近の影響を受け、一連の会議で東アジアの地域協力を強く支持するようになり、同時に北東アジアの日中韓のFTA構築の加速を表明した。

RCEPに関しては、二〇一二年四月のASEAN首脳会議で、同年一一月までにRCEPの交渉開始を目指すことに合意し、八月には第一回のASEAN+FTAパートナーズ大臣会合が開催された。この会合ではASEAN一〇カ国、並びにASEANのFTAパートナーである六カ国が集まり、一六カ国がRCEPを推進することに合意した[16]。同時にRCEP交渉の目的と原則を示した「RCEP交渉の基本指針及び目的」をまとめた。

プノンペンでおこなわれた第二一回ASEAN首脳会議と関連首脳会議の期間中にあたる二〇一二年一一月二〇日には、ASEANとFTAパートナー諸国の一六カ国により、RCEP交渉立上げ式が開催された。そこでは八月にまとめられた「RCEP交渉の基本指針及び目的」が承認され、RCEP交渉の立上げが宣言された。また同日、日中韓の経済貿易相が二〇一三年に三カ国でのFTA交渉を開始することに合意した。

TPPに関しては、一一月六日にオバマ大統領が再選され、アメリカのアジア重視とTPP推進の政策が継続されることとなり、交渉が更に進展した。一二月三日からのオークランドで開催された第一五回TPP交渉会議には初めてカナダとメキシコが参加し、交渉参加国は一一カ国に拡大した。

ここで、ASEANが二〇一一年にRCEPを提案した理由を考えてみたい。ASEANにとっては、常に広域枠組みに埋没してしまう危険があり、それゆえに、自らの経済統合を他に先駆けて進めなければならない。そして同時に東アジアの地域協力枠組みにおいてイニシアチブを確保しなければならない。前述したように、ASEANにおいては、域内経済協力が、その政策的特徴ゆえに東アジア地域協力を含めたより広域の経済協力を求めてきた[17]。域内経済協力においては、発展のための資本の確保・市場の確保が常に不可欠であり、同時に、自らの協力・統合のための域外からの資金確保も肝要である。すなわち一九八七年からの集団的外資依存輸出指向工業化の側面を有している。そしてこれらの要因から、東アジアを含めた広域な制度やFTAの整備は不可避である。しかし同時に、協力枠組みのより広域な制度化は、常に自らの存在を脅かす。それゆえに、東アジア地域協力の構築におけるイニシアチブの確保と自らの協力・統合の深化が求められるのである。

今日まで、ASEANはAFTAを達成して自らの経済統合を他に先駆けて進めることと、東アジアの地域協力枠組みにおいてイニシアチブを確保することで、東アジア広域枠組みへの埋没を免れ、東アジアの経済統合をリードしてきた。一九八九年からのAPECの制度化の際にも、埋没の危惧はあった。しかし、その後のAPECによる貿易自由化の停滞により、またAFTAをはじめとする自らの協力の深化によって、それを払拭してきた。一九九〇年代後半からのASEAN＋3やASEAN＋6の制度化の際には、ASEANが中心であること、それらの地域協力において「運転席」に座ることを認めさせてきた。たとえば二〇〇五年からのEASにおいては、ASEANが中心であるための三つの参加条件を付けることができた。

TPP確立への動きは、EAFTA、CEPEA、ASEAN＋1のFTA網の延長に、ASEANによるRCEPの提案をもたらし、これまで進展のなかった東アジアの広域のFTAの実現に大きな影響を与えた。ASEANにとって東アジアのFTAの枠組みは、従来のようにASEAN＋1のFTAが主要国との間に複数存在し、他の主要国が相互のFTAを結んでいない状態が理想であった。しかし、TPP確立の動きとともに、日本と中国により東アジアの広域FTAが進められる状況の中で、ASEANの中心性《セントラリティー》を確保しつつ東アジアFTAを推進するというセカンドベストを追及することとなった。そして他方では、RCEP構築の動きが、更にASEAN経済統合の深化を加速させるのである。

TPPでは、日本の交渉参加も焦点となった。日本は、二〇一二年春のTPP交渉参加を見送り、同年九月、そして一一月にも交渉参加を表明できなかった。そもそも、日本が二〇一一年に交渉参加の意向を表明したことが、メキシコ、カナダの交渉参加につながり、RCEPと日中韓のFTAに向けての動きにつながった。日本が玉を突いたことが大きな影響を与えたと言える。しかし、玉を突いた日本が躊躇している間に、各国が経済統合とFTAへ向けて進んでしまった。

二〇一二年の一二月二六日に第二次内閣を組織した安倍(晋三)首相は、就任後初の外国訪問先として翌年一月にベトナム、タイ、インドネシアを訪問してASEAN重視の姿勢を示すとともに、TPP交渉参加への道を探った。二月二二日にはワシントンでオバマ大統領と会談して「TPPに関する日米共同声明」を発表し、三月一五日に遂に日本のTPP交渉参加を正式に表明した。

日本のTPP交渉参加表明は、東アジアの経済統合とFTAに更なるインパクトを与え、交渉が急加速することとなった。日中韓は、三月二六日に日中韓FTAへ向けた第一回交渉をソウルで開催した。日中韓のFTAは中国と韓国が先行していたが、日本のTPP交渉参加表明をきっかけに三カ国のFTAへ向けて動き出した。その前日の三月二五日には、日本とEUは経済連携協定(EPA)の交渉開始を宣言した。それまで動かなかった日本とEUの交渉も、遂に動き出すこととなった。日本のTPP交渉参加は、東アジアの経済統合だけでなく、日本とEUのメガFTAをも後押ししたのである。

RCEPも五月九〜一三日にブルネイで第一回交渉会合が開催された。第一回交渉会合では、高級実務者レベルの貿易交渉委員会会合とともに、物品貿易、サービス貿易及び投資に関する各作業部会が開催された[18]。その後、八月一九日にはブルネイで第一回のRCEP閣僚会合も開催されている。

TPP交渉に関しては、七月二三日のコタキナバルでの第一八回会合において、日本は遂にTPP交渉に参加することとなった。日本の交渉参加が実現する中で、一一月二九日には韓国もTPP交渉参加を表明した。日本の交渉参加によって、TPPは世界第一位と第三位の経済大国を含む巨大なFTAとなることが予想され、RCEPと東アジアの経済統合の実現に更に圧力をかけた。ただしTPPの交渉妥結は目標となっていた二〇一三年内になされず、最終的に二〇一五年にまで持ち越された。TPPは東アジアの経済統合を後押ししてきており、TPP交渉が滞るとRCEPを含む東アジアの経済統合の動きが滞る可能性がある。またRCEPを質の高いF

TAとすることが困難となる可能性がある。

本節で見てきたように、世界金融危機後の変化は、世界経済におけるASEANの重要性を高めるとともに、ASEANと関係各国を東アジア地域での経済統合に駆り立てた。世界金融危機後のアメリカの状況の変化は、対東アジア輸出の促進とともにTPPへの参加を促し、更にアメリカを含めたTPP構築の動きが、ASEANによるRCEPの提案にもつながった。ASEANにとっては、自身の統合の深化が不可欠であり、先ずはAECの確立が必須の要件となってきた。

3　二〇一五年末のAECの状況とRCEP

◆二〇一五年末を通過点とするAEC

世界経済の構造変化がAECとASEAN経済統合を追い立てる中で、ASEANでは、二〇一五年末のAEC実現へ向けて着実に行動が取られてきた。そして同年一一月二二日の「ASEAN共同体設立に関するクアラルンプール宣言」によって、一二月三一日にASEAN共同体を正式に設立することが宣言された。

AEC実現に向けての重要な手段は、二〇〇八年から始まった「AECスコアカード」を用いた「AECブループリント」の各国ごとの実施状況の点検評価とピアプレッシャーであった。AECブループリントの実施状況に関しては、二〇一五年一〇月三一日時点で、優先主要措置のうち九二・七%が実施され、全措置においても七九・五%が実施されたと報告されている[19]。以下、AECの状況について簡単に述べておきたい。AECの進捗状況については表1も参照されたい。

「AECブループリント」の「A．単一市場と生産基地」で、その中心である物品(財)の自由な移動において、関税の撤廃に関しては、ＡＦＴＡとともにほぼ実現に向かっている。ＡＦＴＡは東アジアのＦＴＡの先駆であるだけでなく、東アジアで最も自由化率の高いＦＴＡである。先行加盟六カ国は、二〇一〇年一月一日にほぼすべての関税を撤廃した。二〇一五年一月一日には、新規加盟四カ国（ＣＬＭＶ諸国）の一部例外を除き、全加盟国で関税の撤廃が実現された（なおＣＬＭＶ諸国においては、関税品目表の七％までは二〇一八年一月一日まで撤廃が猶予されることとなっている）。二〇一五年一月には、カンボジアで約三〇〇〇品目、ラオスで約一〇〇〇品目、ミャンマーで約一二〇〇品目、ベトナムで約一七〇〇品目の関税が新たに撤廃され、ＡＳＥＡＮ十カ国全体での総品目数に占める関税撤廃品目の割合は九五・九九％に拡大した[20]。また原産地規則においても、二〇〇八年八月に従来からの「ＡＳＥＡＮ累積付加価値基準（ＲＶＣ）」に「関税番号変更基準（ＣＴＣ）」を加えてその選択制が導入され、利用しやすくなった。ＣＴＣの際のＦＯＢ価格（本船渡条件価格）の不記載も採用されてきた。また原産地証明の自己証明制度の導入や税関業務の円滑化、ＡＳＥＡＮシングル・ウインドウ（ＡＳＷ）、基準認証も進められている[21]。

非関税措置の撤廃も進められているが、その課題の達成は難しく、一部では新たに導入される例もあり、二〇一六年以降の重要な課題となる。サービス貿易の自由化、投資や資本の移動の自由化、熟練労働者の移動の自由化も進められている。「Ｂ．競争力のある経済地域」と「Ｃ．公平な経済発展」に関係する、輸送プロジェクトやエネルギープロジェクト、経済格差の是正、知的財産における協力等多くの取り組みもなされている。これらは二〇一五年を通過点として二〇一六年以降の課題となるであろう。「Ｄ．グローバルな経済統合」は、ＡＳＥＡＮ＋１のＦＴＡ網の整備やＲＣＥＰ交渉の進展によって、二〇一五年末において当初予想よりも達成された分野である。

二〇一五年末に「ＡＥＣブループリント」で述べられた目標のすべてが実現したわけではないが、ＡＦＴＡの実現によりＡＳＥＡＮにおける関税の撤廃はほぼ実現され、域外とのＦＴＡも整備された。一九九〇年代前半のＡＦＴＡが提案された状況からは、隔世の感がある。

2015年9月〜12月の追加的成果	評価	備考
11月の首脳会議においてポスト2015ビジョンを公表	○	1) 残余項目は2016年末までに実施すべく努力 2) 実施率の評価手法(スコアカード)を2014年に変更
(特になし)	◎	CLMV諸国は2018年までに関税品目表7%分を追加撤廃
①ASEAN Trade Repositoryを11月に立ち上げ ②貿易投資関連紛争の簡略解決手続き(ASSIST)を11月頃に立ち上げ	×	
(特になし)	○	統一した自己証明制度導入は、2016年にずれ込み
(特になし)	○	AFAFGIT第2議定書署名が残された課題。また、現場での施行が課題
パイロットプロジェクト第2ステージを年内に完了	△	
自動車、調整食品、建築材料、鉄鋼のMRA、伝統的薬品とサプリメントの技術要件の調和	○	協定は進展、実効性が課題
第9パッケージ署名	○	1) 第10パッケージ、新サービス協定(ATISA)は、越年の可能性大。 2) 第4モードは極めて限定。15%柔軟性規定により自由化例外が残存
(特になし)	○	当初よりブループリントで2020年までの自由化を許容している点に留意、ASEAN6は銀行を2015年までの自由化対象から除外
(特になし)	△	実効性が疑問
留保表掲載分野の削減に着手	○	留保分野の削減が課題
2020年までながら、①資本勘定の自由化、②金融サービスの自由化が提言され、さらに長期では、③決済システムの統合、④資本市場開発も推進	○	これまでの取組みは、マレーシア、シンガポール、タイの3カ国が先行実施している項目が多い
RCEP協定実質合意、ASEAN中国FTA物品協定の更新、ASEANオーストラリアNZ FTA第一議定書の発効	◎	ASEAN韓国FTA第3修正議定書が2016年1月に発効

出所：2014年9月、ASEAN事務局の資料、ERIA資料などを参考に、石川幸一・清水一史・助川成也・福永佳史が作成した表を、2015年9月に福永佳史が中心となり更新した。輸送とエネルギーは春日尚雄氏（福井県立大学）、金融サービスと資本は赤羽裕氏（亜細亜大学）の協力を得た。なお、本表は「A.単一市場と生産基地」と「D.グローバルな経済統合」の部分である。他の分野を含めた全体に関しては、「ASEAN経済共同体ブループリントの進展状況（2015年8月時点）（国際貿易投資研究所：ITIフラッシュ249）(http://www.iti.or.jp/flash249.htm）を参照。

表1 ASEAN経済共同体ブループリントの進展状況(2015年8月時点)

分野	主な目標	現在までの成果(2015年8月)
全体評価		主要優先措置506中、463措置(91.5%)が実施済
関税	関税撤廃	ASEAN6は99.2%撤廃、CLMVは90.8%(15年1月)
非関税障壁	非関税障壁撤廃	撤廃は進展なし、透明性向上の努力が継続
原産地規則	継続的改善	選択的原産地規則導入とASEAN+1FTAに拡大、FOB価額不記載
税関業務円滑化		ASEAN通関申告書、ASEAN統一関税分類(AHTN)など進展。2015年にAFAFGIT第7議定書に署名
ASW〈シングル・ウィンドウ〉	NSWの導入(ASEAN6は2008年、CLMVは2012年) 7カ国でASWを実施	フォームDとASEAN税関申告書の交換の7カ国の連結テスト
基準認証	いくつかの産品について基準の調和と相互承認協定(MRA)	化粧品統一指令の国内法制化、電気電子機器のMRAの実施、薬品製造検査のGMPのMRA策定、医療機器統一指令
サービス貿易	128分野の自由化、第3モードは外資出資比率70%	2014年に第9パッケージ妥結(104分野の自由化)
金融サービス	保険、銀行、資本市場、その他の4分野で各国別に自由化するセクターを特定し2015年までに実施、その他は2020年。	AFAS金融第6パッケージ署名。適格ASEAN銀行(QAB)制度に合意。
熟練労働者の移動	自由職業サービスのMRA	エンジニアリング、看護、建築、測量技師、会計、開業医、歯科医、観光の8分野署名。会計は新しいMRA署名 自然人移動協定(AMNP)署名 ASEAN資格参照枠組み(AQRF)採択(2014)
投資	ACIA制定、「最小限の制限」を残して自由化	ACIA制定(2012)、留保表(2012)、ACIA修正議定書(2014)
資本移動	資本市場統合	ACMFでの各種取組み:証券取引所の連携、域内のクロスボーダーでの起債のための会計基準などの共通化
域外FTA	ASEAN+1FTA締結	5本のASEAN+1FTA締結、インドとのサービス貿易投資協定締結 RCEP交渉モダリティに合意

注:◎はブループリントの想定どおりあるいは想定以上の成果をあげている、○は概ねブループリントの想定どおり施策が実施されている、△はブループリントの想定より実行が遅れているが一定の成果がみられる、×は実施が大幅に遅れている、ことを示している。ブループリントの目標達成度の評価であり、自由化・円滑化実現の評価ではないことに留意が必要。

世界金融危機後の変化は、AECの実現の加速を促した。ASEANにとっては、自身の統合の深化が不可欠であり、先ずはAECの確立が必須の要件となる。そしてTPPとRCEPの実現が、更にASEANの統合を追い立てる。ASEANにとっては、常に広域枠組みに埋没してしまう危険があり、それゆえに、自らの経済統合を他に先駆けて進めなければならない。

ただし、ASEANにおいては、そもそも利害対立が起こりやすい構造を有してきた[22]。一九九〇年代後半からは、第一に加盟国のインドシナ諸国への拡大による所得格差と産業競争力格差の拡大、第二にASEAN各国の域内経済協力に対するスタンスの乱れ、第三にASEANよりも広域の協力枠組みの構築などが、統合の遠心力となってきた。

現在においても各国の状況の違いがあり、依然いくつかの統合への遠心力を抱えている。最近では、長年ASEAN統合の遠心力であったミャンマーの民主化は進展してきたが、各国の政治の不安定、各国間政治対立、発展格差、各国の自由貿易へのスタンスの違いがあり、南沙諸島を巡る各国の立場の違い、それにも関連する各国の中国との関係の違いが、統合の遠心力となっている。

南沙諸島をめぐる各国の立場の違いと、各国の中国との関係の違いは、更にASEAN統合に緊張を与える可能性がある。二〇一二年七月のASEAN外相会議の際には、南シナ海の領有をめぐるASEAN各国の対立によって、外相会議での共同声明を出すことができなかった。中国への対応でフィリピン・ベトナムとカンボジアが対立したからであった。またTPPにおいては、ASEANの中に参加国と非参加国が存在し、今後の展開によってはASEAN統合に緊張を与える可能性があるかもしれない。

しかしながら、それらの緊張もASEANを自身の統合に追い立てるとも考えられる。南沙諸島をめぐっては、二〇一五年四月の首脳会議においては、ASEANとして「深刻な懸念」を表明した。これまでの域内経済協力の歴史においても、ASEANは、多くの遠心力を抱えながらも少しずつ域内経済協力を深化させ、AFTAを確立し、二〇一五年末のAECの実現へ向かってきたのである。

ここで、ASEANの制度についても若干触れておく。二〇〇八年に発効したASEAN憲章においても、意思決定は基本的に協議とコンセンサスによるとされ、ASEANにおいては依然国民国家の枠は固く、国家間協力というこれまでの路線が維持されている[23]。EUのような超国家機関と主権の委譲という要素は見られない。そしてASEANの措置を実施するのは各国政府であり、ASEANの措置の実施を各国に強いることは困難である。またASEAN事務局の規模と権限は依然小さい。統合に向けて制度上の問題が足かせになっている場合がある。二〇一六年以降、更に統合を進めるためには、制度上の問題の解決も必要になってくるであろう。

二〇一五年以降のAECとASEAN経済統合の目標設定についても新たな取り組みがなされている。二〇一四年一一月の第二五回ASEAN首脳会議では「ASEAN共同体ポスト2015ビジョンに関するネピドー宣言」が宣言され、二〇一五年一一月のASEAN首脳会議で、二〇一六年から二〇二五年にかけてのASEAN共同体のビジョンとなる文書が出されることとなった。同宣言では、二〇二五年に向けてのAECに関して、①統合され高度に結合した経済、②競争力のある革新的でダイナミックなASEAN、③強靭で包括的、人間本位・人間中心のASEAN、④分野別統合・協力の強化、⑤グローバルASEANの五つの柱を示した[24]。二〇〇七年の「AECブループリント」の戦略目標に、新たに④が加えられている。

二〇一五年一一月二一～二二日には、第二七回ASEAN首脳会議と関連諸会議が開催された。一連の会議では、南シナ海をめぐる議論がなされるとともに、「ASEAN共同体設立に関するクアラルンプール宣言」によって、一二月三一日にASEAN共同体を正式に設立することが宣言された。またこれまでの「AECブループリント」と『ASEAN経済統合に関する報告として『AEC経済共同体2015』並びに『ASEAN統合レポート2015』が提出され、二〇二五年に向けてのASEAN統合のロードマップである『ASEAN2025』が採択された。

『ＡＳＥＡＮ２０２５』に収められた「ＡＥＣブループリント２０２５」では、二〇二五年に向けたＡＥＣの五つの戦略目標として、「Ａ．統合され高度に結合した経済」、「Ｂ．競争力のある革新的でダイナミックなＡＳＥＡＮ」、「Ｃ．コネクティビティーと分野別統合の強化」、「Ｄ．強靭で包括的、人間本位・人間中心のＡＳＥＡＮ」、「Ｅ．グローバルＡＳＥＡＮ」が提示された[25]。前年のネピドー宣言で述べられた目標と比べると、「Ｃ」と「Ｄ」が入れ替わり、「Ｃ」の部分にコネクティビティーが付け加えられている。今後は、「ＡＥＣブループリント２０２５」に沿って、更にＡＥＣの深化が進められて行くであろう。

◆ＲＣＥＰと東アジアの経済統合

世界金融危機後の構造変化は、東アジア全体のＦＴＡであるＲＣＥＰをＡＳＥＡＮが提案することにもつながり、二〇一三年五月九～一三日には遂に第一回交渉会合が開催された。現在、ＷＴＯによる貿易自由化とルール化が、貿易円滑化の一部を除き停滞しており、ＴＰＰやＲＣＥＰのようなメガＦＴＡが世界貿易の自由化と通商ルール作りにとって不可欠となっている。アジア太平洋では二〇一〇年三月からＴＰＰの交渉が進められ、他のメガＦＴＡの交渉開始に大きな影響を与えている。そして東アジアにおいてはＲＣＥＰが交渉開始され、二〇一五年中の交渉妥結を目標とした[26]。

「ＲＣＥＰ交渉の基本指針及び目的」によると、ＲＣＥＰの「目的」は、ＡＳＥＡＮ加盟国及びＡＳＥＡＮのＦＴＡパートナー諸国の間で、現代的で包括的な質の高いかつ互恵的な経済連携協定を達成することである。ＡＳＥＡＮの中心性や、参加国間の経済協力強化も明記されている[27]。

ＲＣＥＰの「交渉の原則」では、これまでのＡＳＥＡＮ＋１を越えるＦＴＡを目指す、貿易投資を促進し国際的サプライチェーンを支援するとされている。また域内途上国への特別かつ異なる待遇とＡＳＥＡＮ後発途上国への規定があり、それはＴＰＰなどと異なる特徴である[28]。

「交渉分野」に関しては、①物品貿易（実質上全ての物品貿易についての関税及び非関税障壁を漸進的に撤廃することを目指す）、②サービス貿易（サービス貿易に関する制限及び差別的な措置を実質的に撤廃する）、③投資（自由で、円滑な、かつ、競争力のある投資環境を作り出すことを目指す。投資交渉は、促進、保護、円滑化、自由化の四つの柱を含む）とともに、④経済及び技術協力、⑤知的財産（貿易及び投資に対する知的財産権関連の障壁を削減することを目指す）、⑥競争、⑦紛争解決、⑧その他の事項（新たに生じる事項も考慮する等）についても述べた[29]。

以上のように「交渉分野」においては、物品貿易、サービス貿易、投資、経済技術協力、知財権、競争、紛争解決を含む包括的なFTAとなっている。ただしTPPと異なり、環境、政府調達、労働は含まれていない。RCEPはASEANが牽引しているとおり、AECとASEAN＋1FTAが扱う分野とほぼ重なっている。RCEPも、ASEANのルールが東アジアへ拡大する一例と言えよう。

RCEPは、成長を続ける東アジアにおけるメガFTAであり、また世界人口の約半分と世界のGDPの約三〇％を含み、東アジア経済や世界経済に大きな影響を与えるであろう。RCEPの実現は、第一に、東アジア全体で物品・サービスの貿易と投資を促進し、更に新たな通商分野のルール化に貢献することで、東アジア全体の発展成長に資するであろう。

第二に、東アジアの生産ネットワークあるいはサプライチェーンの整備を促進し、東アジア全体の発展成長に大いに資するであろう。東アジアは世界の成長地域でありその成長を生産ネットワークが支えている。RCEPは従来の五つのASEAN＋1の延長に一六カ国によるFTAとなり、これまでFTAが結ばれていなかった諸国をもつなぎ、東アジアの生産ネットワークを更に整備するであろう。原産地規則も、従来の複数の原産地規則が自由度の高い統一された原産地規則となる可能性がある。また累積付加価値を達成することも可能になるであろう。

第三に、域内の先進国と途上国間の経済格差の縮小に貢献し、東アジア全体の発展に貢献する可能性がある。

第四に、RCEPの実現は、AECの実現と深化を追い立てるであろう。そしてAECの実現と深化が、RCEPの実現と深化を可能にするであろう。第五に、RCEPがTPPの進展を後押しする可能性もあろう。

そして最後に、長期的にRCEPとTPPによってアジア太平洋全体のFTAであるFTAAPを実現することが期待され、世界貿易体制においても、WTO交渉が停滞する中で、世界大の貿易自由化と新たな通商ルール構築に貢献することが期待される。

二〇一五年末までの交渉完了を目指したRCEPであったが、計一〇回の交渉会合と計三回の閣僚会合を経ても、関税撤廃水準といった協議の前提となる枠組みでの合意も困難であった。たとえば関税撤廃品目の割合を示す自由化率についても、二〇一四年八月の第二回閣僚会議でインドは下限四〇%を提案し、八〇~九〇%を提案する他国とは大きな隔たりがあった。しかし、二〇一五年八月の第三回閣僚会議では、物品貿易に関する枠組み（モダリティー）が合意され、当初の目標の期限に交渉妥結はできなかったが、二〇一六年における交渉妥結が期待される。

今後、交渉が妥結しRCEPが実現するかどうかは、各国の事情にも大きく左右される。RCEPはASEANが提案して進めてきており、また交渉に参加する一六カ国の内一〇カ国がASEAN諸国であり、RCEP交渉が妥結できるかはASEANに大きく依存する。RCEPの規定もAECに合わせたものになるであろう。RCEPが妥結できるか、そしてRCEPがどのようなFTAとなるかは、ASEANとAECの深化に依存している。

RCEPの実現においては、日本の役割もきわめて重要である。そもそも日本のTPP交渉への接近がRCEPの実現を後押しした。日本は農業分野等を抱えながらも東アジアの貿易自由化を進める立場にあり、新たな通商ルールに関しても推進する立場にある。

今後、各国間利害を調整して早期に高度かつ包括的なメガFTAを実現することが、世界のメガFTA競争の中で不可欠となる。そして前述したように、ＡＳＥＡＮの役割は大きい。

おわりに

ＡＳＥＡＮは、世界経済の構造変化に合わせて発展を模索し、一九七六年から域内経済協力を進め、二〇一五年末にはＡＥＣを創設した。これまでＡＳＥＡＮ域内経済協力は着実な成果を上げてきた。また生産ネットワーク構築の支援も行ってきた。同時に、東アジアの地域協力とＦＴＡにおいてもＡＳＥＡＮが中心となってきた。そして世界金融危機後の変化は、世界経済におけるＡＳＥＡＮの重要性を高めるとともに、ＡＥＣの実現を追い立てている。世界金融危機後のＴＰＰ構築の動きとＲＣＥＰの提案がＡＥＣの実現を迫る。しかし他方、ＡＥＣこそがＲＣＥＰを規定し、世界のメガＦＴＡにも影響を与えるであろう。

ＡＳＥＡＮは、遅れがちではあるが、時間を掛けながら着実にＡＥＣの実現に向かってきた。一九九〇年代初期には想像も出来なかったＡＦＴＡという自由貿易地域（ＦＴＡ）をほぼ確立し、資本（投資）の自由移動、熟練労働力の自由移動という、共同市場（ＣＭ）の一部の要素を取り入れたＡＥＣの実現を目指している。ＡＥＣは、東アジアで初のＦＴＡを越えた取り組み（ＦＴＡ＋）である。また輸送やエネルギーの協力、経済格差の是正にも取り組んでいる。ＡＥＣは地域としての直接投資の呼び込みを重要な要因とし、国境を越えた生産ネットワークを支援し、常に世界経済の中での発展を目指す経済統合を目標としている。ＡＳＥＡＮは、ＥＵ的統合をいくつか参照しつつも独自の統合を進めている。多くの緊張と遠心力を抱えながらも、グローバル化を続ける現代世界経済の変化に合わせて着実にＡＥＣの実現に向かい、更には世界の成長地域である東アジアにおいて経済統合を牽引しているＡＳＥＡＮの例は、現代の経済統合の最重要な例の一つと言えるであろう。

ＲＣＥＰにおいては、二〇一五年八月の第三回閣僚会議で物品貿易に関するモダリティーが合意された。ただし二〇一五年中の妥結はできず、交渉妥結は二〇一六年に持ち越された。交渉が停滞していたＴＰＰは、二〇一五年六月にアメリカの貿易促進権限（ＴＰＡ）が上院と下院で可決され、一〇月には遂に大筋合意がなされた。今後は、日米をはじめ各国での批准が焦点となる。ＴＰＰが批准と発効へ向けて進展して行くならば、それはＲＣＥＰ交渉の進展を促し、ＡＥＣの深化を促すであろう。そしてＡＥＣの実現はＲＣＥＰの実現を加速するであろう。

ただし東アジアの地域協力においては、現在、アジアインフラ投資銀行（ＡＩＩＢ）のような中国主導でＡＳＥＡＮが中心とはならない協力も生まれて来ている。今後、ＡＳＥＡＮが東アジアの地域協力において中心性を維持しイニシアチブを握るという現在の状況には、変化が生じる可能性もある。東アジアにおいては、発展が急速であるとともに、統合への動きと重層的な協力における変化も急になるかもしれない。

現在、ＡＳＥＡＮは今後の統合に向けて重要なステップにある。ＡＳＥＡＮは、二〇一五年一二月三一日を大きな通過点として、二〇二五年に向けてＡＥＣを更に深化させて行かなければならない。そしてＡＥＣの深化が、今後の東アジアの経済統合の鍵をも握っている。

註

1——以下、ＡＳＥＡＮ域内経済協力の過程に関して詳細は、清水（一九九八、二〇〇八）、参照。またＡＳＥＡＮの歴史に関しては清水（二〇一一ａ）を参照。

2——アジア経済危機とＡＳＥＡＮに関しては、清水（二〇一一ｃ）を参照。

3——"Declaration of ASEAN Concord II," http://www.asean.org/news/item/declaration-of-asean-concord-ii-bali-concord-ii. ＡＥＣへ向けての域内経済協力の深化に関して詳細は清水（二〇一三）を参照。またＡＥＣに関しては石川・清水・助

川（二〇〇九、二〇一三）等を参照。

4——Severino (2006), pp. 342-343.

5——"Charter of the Association of Southeast Asian Nations," http://www.asean.org/archive/publications/ASEAN-Charter.pdf. ＡＥＣとＡＳＥＡＮ憲章に関しては、清水（二〇〇九）を参照。

6——"ASEAN Economic Community Blue Print," http://www.asean.org/archive/5187-10.pdf. ＡＥＣブループリント並びにスコアカードに関しては、石川（二〇一三）等を参照。

7——"Master Plan on ASEAN Connectivity," http://www.asean.org/images/2012/publications/Master%20Plan%20on%20ASEAN%20Connectivity.pdf. ＡＳＥＡＮ連結性マスタープランに関しては、石川（二〇一三ａ、二〇一五）等を参照。

8——"Joint Media Statement of the 42nd ASEAN Economic Ministers' (AEM) Meeting," http://www.asean.org/news/item/joint-media-statement-of-the-42nd-asean-economic-ministers-aem-meeting-da-nang-viet-nam-24-25-august-2010.

9——『通商弘報』二〇一一年四月二〇日号。ＡＦＴＡに関しては、助川（二〇一三ａ、二〇一五）等を参照。

10——ＩＭＶは、新興国市場の獲得を目指したトヨタ自動車の世界戦略車プロジェクトであり、二〇〇四年八月にタイではじめて生産が開始された。一トンピックアップトラックベース車を、部品調達から生産・輸出まで各地域内で完結させたプロジェクトである。清水（二〇一一ｂ）参照。

11——清水（二〇〇八）参照。

12——世界金融危機後の構造変化とＡＳＥＡＮ・東アジアに関しては、清水（二〇一一ｃ）参照。

13——清水（二〇一一ｃ）参照。

14——"ASEAN Framework for Regional Comprehensive Economic Partnership," http://www.asean.org/news/item/asean-framework-for-regional-comprehensive-economic-partnership.

15——ＡＳＥＡＮによるＲＣＥＰの提案に関しては、清水（二〇一四）を参照。

16——"First ASEAN Economic Ministers Plus ASEAN FTA Partners Consultations, 30 August 2012, Siem Reap, Cambodia," http://www.aseansec.org/documents/AEM-AFP%20JMS%20(FINAL).pdf.

17——清水（二〇〇八）参照。

18——http://www.mofa.go.jp/mofaj/press/release/press6_000199.html.

19——"ASEAN Economic Community 2015: Progress and Key Achievements," http://www.asean.org/images/2015/November/

media-summary-ABIS/AEC%202015%20Progress%20and%20Key%20Achievements_04.11.2015.pdf.

20――『通商弘報』二〇一五年三月一六日号。

21――ＡＥＣの進捗状況に関して、表1とともに、石川（二〇一三、二〇一五）、参照。物品貿易の自由化・円滑化、サービス貿易や投資の自由化に関して助川（二〇一三ａ、二〇一三ｂ、二〇一五）、参照。またＡＥＣの様々な分野における状況に関しては、石川・清水・助川（二〇一三）の各章を参照頂きたい。

22――ＡＳＥＡＮにおいては、一九九〇年代までの域内経済協力において典型的に見られたように、第一にＡＳＥＡＮ各国の利害対立を引き起こす諸要因が、常に顕在化する形で残ってきた。ＡＳＥＡＮでは、国民統合を基盤とする協力統合が、競合する国民国家によって追い求められてきた。第二に、ＡＳＥＡＮにおいては、利害対立を阻止する政策や機構が不在であり、域内経済協力の推進によって不利益を被る諸国に対する「所得の再分配・資本の再配分のための共通政策」といった共通政策（例えばＥＵにおける共通地域政策、共通農業政策のような共通政策）が不在であった。第三に、ＡＳＥＡＮ諸国の貿易投資に見られる、米国や日本への相互依存の大きさとそれゆえの自立性の欠如があった（清水、一九九八、参照）。

23――清水（二〇〇九）参照。

24――http://www.asean.org/images/pdf/2014_upload/Nay%20Pyi%20Taw%20Declaration%20on%20the%20ASEAN%20Communitys%20Post%202015%20Vision%20w.annex.pdf.

25――"ASEAN 2025: Forging Ahead Together," http://www.asean.org/images/2015/November/asean-publication/ASEAN-2025-Forging-Ahead-Together-for-webCD-FINAL.pdf.

26――ＲＣＥＰに関して詳細は、清水（二〇一四ｂ）、参照。また石川（二〇一三、二〇一五）等も参照されたい。

27――"Guiding Principles and Objectives for Negotiating the Regional Comprehensive Economic Partnership," http://www.mofa.go.jp/mofaj/press/release/24/11/pdfs/20121120_03_03.pdf（日本語訳：http://www.mofa.go.jp/mofaj/press/release/24/11/pdfs/20121120_03_04.pdf).

28――同上。

29――同上。

参考文献

ASEAN Secretariat, *ASEAN Documents Series*, annually, Jakarta.
ASEAN Secretariat, *ASEAN Annual Report*, annually, Jakarta.
ASEAN Secretariat (2008a), *ASEAN Charter*, Jakarta.
ASEAN Secretariat (2008b), *ASEAN Economic Community Blueprint*, Jakarta.
ASEAN Secretariat (2010), *Master Plan on ASEAN Connectivity*, Jakarta.
ASEAN Secretariat (2012), *ASEAN Economic Community Scorecard*, Jakarta.
ASEAN Secretariat (2015a), *ASEAN 2025: Forging Ahead Together*, Jakarta.
ASEAN Secretariat (2015b), *ASEAN Economic Community 2015: Progress and Key Achievements*, Jakarta.
ASEAN Secretariat (2015c), *ASEAN Integration Report*, Jakarta.
Economic Research Institute for ASEAN and East Asia (ERIA) (2012), *Mid-Term Review of the Implementation of AEC Blueprint: Executive Summary*, Jakarta.
"Guiding Principles and Objectives for Negotiating the Regional Comprehensive Economic Partnership."
Hew, D. (ed.) (2007), *Brick by Brick: the Building of an ASEAN Economic Community*, ISEAS, Singapore.
Sanchita Bas Das (2012), *Achieving the ASEAN Economic Community 2015*, ISEAS.
Severino, R. C. (2006), *Southeast Asia in Search of an ASEAN Community*, ISEAS, Singapore.
Intal, P., Fukunaga, Y., Kimura, F. *et.al* (2014), *ASEAN Rising: ASEAN and AEC beyond 2015*, ERIA, Jakarta.
"Nay Pyi Taw Declaration on the ASEAN Community's Post2015 Vision."
石川幸一（二〇一三ａ）「ＡＳＥＡＮ経済共同体はできるのか」、石川・清水・助川（二〇一三）。
石川幸一（二〇一三ｂ）「東アジアＦＴＡとＡＳＥＡＮ」、石川・清水・助川（二〇一三）。
石川幸一（二〇一五）「ＡＳＥＡＮ経済共同体の創設と課題」、石川・朽木・清水（二〇一五）。
石川幸一・朽木昭文・清水一史（二〇一五）『現代ＡＳＥＡＮ経済論』文眞堂。
石川幸一・馬田啓一・渡邊頼純編（二〇一四）『ＴＰＰ交渉の論点と日本』文眞堂。
石川幸一・馬田啓一・国際貿易投資研究会編（二〇一五）『ＦＴＡ戦略の潮流：課題と展望』文眞堂。

石川幸一・清水一史・助川成也編（二〇〇九）『ASEAN経済共同体：東アジア統合の核となりうるか』日本貿易振興機構（JETRO）。

石川幸一・清水一史・助川成也編（二〇一三）『ASEAN経済共同体と日本』文眞堂。

浦田秀次郎・牛山隆一・可部繁三郎編（二〇一五）『ASEAN経済統合の実態』文眞堂。

助川成也（二〇一三a）「物品貿易の自由化・円滑化に向けたASEANの取り組み」、石川・清水・助川（二〇一三）。

助川成也（二〇一三b）「サービス貿易および投資、人の移動の自由化に向けた取り組み」、石川・清水・助川（二〇一三）。

助川成也（二〇一五）「AFTAと域外とのFTA」、石川・朽木・清水（二〇一五）。

高原明生・田村慶子・佐藤幸人編・アジア政経学会監修（二〇〇八）『現代アジア研究1：越境』慶応義塾大学出版会。

福永佳史（二〇一三）「二〇一五年以後のASEAN統合の更なる深化に向けて」、石川・清水・助川（二〇一三）。

深沢淳一・助川成也（二〇一四）『ASEAN大市場統合と日本』文眞堂。

日本経済研究センター（二〇一四）『ASEAN経済統合はどこまで進んだか』。

山影進（一九九一）『ASEAN：シンボルからシステムへ』東京大学出版会。

山影進編（二〇一二）『新しいASEAN：地域共同体とアジアの中心性を目指して』アジア経済研究所。

山澤逸平・馬田啓一・国際貿易投資研究会編（二〇一三）『アジア太平洋の新通商秩序：TPPと東アジアの経済連携』勁草書房。

清水一史（一九九八）『ASEAN域内経済協力の政治経済学』ミネルヴァ書房。

清水一史（二〇〇八）「東アジアの地域経済協力とFTA」、高原・田村・佐藤（二〇〇八）。

清水一史（二〇〇九）「ASEAN憲章の制定とAEC」、石川・清水・助川（二〇〇九）。

清水一史（二〇一一a）、「ASEAN：世界政治経済の構造変化と地域協力の変化」、清水一史・田村慶子・横山豪史編『東南アジア現代政治入門』ミネルヴァ書房。

清水一史（二〇一一b）「ASEAN域内経済協力と自動車部品補完：BBC・AICO・AFTAとIMVプロジェクトを中心に」、『産業学会研究年報』、二六号。

清水一史（二〇一一c）「アジア経済危機とその後のASEAN・東アジア：地域経済協力の展開を中心に」、『岩波講座東アジア近現代通史』第一〇巻、岩波書店。

清水一史（二〇一三）「世界経済とASEAN経済統合」、石川・清水・助川（二〇一三）。

清水一史（二〇一四）「ＲＣＥＰと東アジア経済統合」、『国際問題』（日本国際問題研究所）、六三二号。

清水一史（二〇一五）「ＡＳＥＡＮ経済共同体とメガＦＴＡ」、石川・馬田・国際貿易投資研究会（二〇一五）。

第3章

ASEAN協力の新段階
——東アジアにおけるAPSCとASCCの意義

鈴木早苗
SUZUKI Sanae

はじめに

ASEAN共同体を構築する取り組みは、ASEANの協力を深化させる一大プロジェクトである。ASEAN共同体を構築しようという直接的な契機はアジア通貨危機であるため、ASEAN経済共同体（AEC）に注目が集まることが多い。しかし、政治安全保障共同体（APSC）と社会文化共同体（ASCC）も、ASEAN共同体の重要な柱であり、実際に協力が進展している。

ASEANの協力には大きく分けて加盟国間の協力（域内協力）と域外国との協力（域外協力）がある。どちらの協力に比重が置かれるかは問題領域によって異なるし、二つの協力が密接に関連している場合もある。ASEAN諸国は域内協力のための制度を基盤に域外協力を展開してきた。この点は東アジア地域協力においてもいえる。すなわち、ASEAN＋3（日本、中国、韓国）や東アジア首脳会議（EAS）などのASEAN主導の広域制度は、ASEAN諸国が域内協力のために作った制度を基盤としている。

本章では、APSCとASCCの実現に向けた取り組みの特徴と進捗状況を域内協力と域外協力の観点から捉えることで、この取り組みにおける東アジア地域協力の位置づけを明らかにする。第一節では、APSCとASCCの青写真（実施計画）において域内協力と域外協力がどう位置づけられているのかを紹介し、第二節と第三節で、APSCとASCCの各問題領域について協力の特徴や東アジア地域協力との関係について論じる。

1　ASEAN共同体のイメージ

ASEANは、当初、社会や文化などの分野で協力する組織として設立されたが、非公式なレベルで政治協力も開始され、一九七六年には不戦条約である東南アジア友好協力条約（TAC）がASEAN諸国間で締結されている[1]。一九八〇年代には、冷戦の文脈の中でベトナムのカンボジア侵攻を非難し、国連の場でその存在感を向上させた[2]。冷戦後、ベトナムとミャンマー、ラオス、カンボジアが次々と加盟し、ASEANは東南アジアの地域機構としての体裁を整えるようになった。ASEAN地域フォーラム（ARF）などの広域制度もASEAN主導でできあがった。加盟国の拡大と広域制度の構築といった動きのなかで起こったのが、一九九七年のアジア通貨危機である。アジア通貨危機によりASEAN諸国は協力を深化する必要性を認識するようになり、ASEAN共同体プロジェクトへとつながっていく。その契機から容易に想像されるように、当初ASEAN諸国の念頭にあったのは経済統合の深化であった。しかし、さまざまな力学が作用した結果、政治安全保障と社会文化の分野も統合した形でASEAN共同体が提示された。

経済統合を目指すAECの取り組みは比較的わかりやすいのに対して、APSCとASCCのイメージは捉えにくい。二〇〇九年に発表され、二〇一五年までの行動計画を収めた青写真は、APSCとASCCの全体像を把握する上で重要な資料である。APSCが目指す世界は「ASEAN加盟国および人々が、公正、民主的かつ調和的な環境のなかで平和に共存する状態」である。この状態を実現するため、APSCの青写真では三つの目標を掲げ、協力項目を提示している[3]。その基本的特徴は、域内協力とともに域外協力を強化することによってAPSCを実現しようという点にある[4]。

第一の目標は、国内政治制度の在り方に関する理解を深める政治発展協力[5]を進め、南シナ海の行動規範といった規範を形成し、共有することである。南シナ海における行動規範の策定は域外協力の一つである。第二の目標は総合安全保障の追求であり、紛争予防や紛争解決、人道支援、非伝統的安全保障などに関する協力が挙げられている。域外協力ではARFの組織改革を強化する項目などがある。第三の目標は、ARFやEASなどの広域制度におけるASEANの主導的役割を維持することだが、具体的な協力項目は掲げられていない。青写真では、APSC実現に向けた協力に必要な資金を加盟各国だけでなく域外対話国や援助国、国際機関、民間セクター、非政府団体などからも得るとしており、この点でも域外協力の重要性が認識されているといえよう。第三の目標には具体的な協力項目がないため、次節では、第一・第二目標のもとで掲げられた協力項目のなかで、人権、南シナ海問題における行動規範、紛争予防、紛争解決に関するASEANの取り組みを紹介する。

ASCCが目指す世界は「共通のアイデンティティを醸成し、人々の社会厚生が向上するような調和のとれた、思いやりと分かち合いのある社会を構築することによって、ASEAN諸国と人々が連帯を維持し、人々中心で社会的責任のある共同体が実現された状態」である。青写真は、教育の向上や人材育成などの人間開発、貧困削減や社会保障、災害管理などの社会福祉の向上、女性や子ども、移民労働者などの権利の保障、環境保全、ASEANアイデンティティの構築、格差是正といった目標を掲げている[6]。各目標のもとに列挙されている項目の多くは、ASEAN諸国がこれまで機能協力として取り組んできたものである[7]。また、ASEANアイデンティティは共同体と密接に結びついた概念で、アイデンティティの醸成に非政府団体（NGO）の参画が期待されている。この点で、人権問題を扱うAPSCと同様、ASCCでも人々から成る共同体が意識されているといえよう[8]。

ASCCの青写真に掲げられた協力項目は域内協力が中心であり、APSCに比べると域外協力に関連する項目は少ない。ASEANアイデンティティの構築において、域外対話国との文化交流を進めることなどが若干触れられている程度である。ただし、国際機関や域外対話国、民間セクターなどに資金協力を求めている点ではAPSCと同様であり、特に、越境煙害対策や格差是正のための協力において域外国から資金を得るとしている。ASCCの領域で協力が進んだとされるのは、教育、災害管理、移民労働者の権利保護と向上、越境煙害の分野である[9]。第三節では、このうち災害管理と越境煙害、移民労働者の権利保護と向上についてその取り組みを紹介する。

2　政治安全保障共同体（APSC）における協力

◆内政不干渉原則と矛盾しない政治発展協力

ASEANでは、設立以来、加盟国の内政問題に干渉しないという内政不干渉原則が重視されてきた[10]。一方、二〇〇三年以降、民主主義の推進や人権保障が新しい原則として掲げられるようになった。ASEAN諸国は内政不干渉原則と民主主義の推進や人権の保障という原則とのバランスを保とうとしている。

この点が示されたのがミャンマーの議長国問題である。ミャンマーの民主化はASEAN諸国と欧米諸国の軋轢を生んできた。二〇〇五年にASEAN諸国は、議長国就任を辞退するようにミャンマーに迫った。ミャンマーの主催する会議には出席しないと欧米諸国が表明したためである。議長国を辞退したミャンマーは、二〇一一年、二〇一四年の議長国就任を申請する。この時には、インドネシア外相がミャンマーを訪問し、民主化の進捗状況を見極めたうえで承認したことにはなっているが、欧米諸国がミャンマーの政治変化を積極的に評価したことも承認の後押しになったと考えられる。つまり、加盟諸国がミャンマーに議長国就任を認めるかどうかを判断する際には、域外諸国がミャンマーの民主化に向けた取り組みをどう評価するかが重要な指標となったのである[11]。

民主主義・人権と内政不干渉との均衡を保つ努力は、人権委員会をめぐる議論でもみられた。人権委員会の設置はAPSCにおける政治発展協力の最大の成果である。二〇一二年に同委員会によって、ASEAN人権宣言も発表された。しかし、人権委員会は、その正式名称、「ASEAN政府間人権委員会」の名が示すとおり、政府間組織であることが強調され、委員会を構成する委員も政府の官僚が多くを占めた。また、人権委員会の役割は人権侵害の監視ではなく、人権概念の普及という限られたものとなった。人権宣言も内政不干渉原則との折り合いをつける形で、「国家の安全保障、公の秩序、公衆衛生、公安、公衆道徳の必要性に応じて人権は制限される」といった規定や、「人権の実現は地域的および国家的な文脈の中で考慮されなければならない」、「多様な経済的、政治的、法的、社会的・文化的、宗教的要因が考慮されねばならない」という文言が挿入された。人権委員会のこうした取り組み対しては、近年活動を活発化しつつある市民社会団体から激しい批判が寄せられた[12]。人権委員会と人権宣言が以上のような内容のものになったのは、ASEAN内の民主主義国が非民主主義国の意向に配慮したからである。しかし、人権委員会が設置されたこと自体は、非民主主義国がASEANの対外的イメージ、ひいては良好な域外関係を維持するために妥協した結果ととらえることもできる[13]。

ミャンマーの議長国就任や人権委員会の活動をみると、その協力は内政不干渉原則と真っ向から矛盾するようなものではない。ASEAN内の民主主義国は人権保障などで実質的な協力を進めたい意向であるが、非民主主義国が存在する限りではASEANとしてそうした方向性を打ち出すのは難しい。一方、域外国の批判が高まらないよう、国内政治制度に関する協力を進める点では加盟諸国は一致しており、現時点ではこの利害の一致点をもとに政治発展協力が展開されているといえよう。

ただし、ミャンマーの政治変化もあり、同国の民主化遅延が域外関係を悪化させた一九九〇年代に比べると、域外国の民主化圧力は相対的に低下している。代わりに目立ってきているのは、域内の市民社会団体からの圧力である。特に、人権委員会の活動は、常に市民社会団体の監視の目にさらされている。このような点をふまえると、政治発展協力は域内協力として重要性を増すことはあっても、東アジア地域協力を含む域外関係の重要な議題とはなりにくいと考えられる。

◆規範形成の停滞

ASEAN諸国はTACで約束したように、武力不行使の規範を重視してきた。TACには域外国や地域機構も署名するようになり、その署名がEASの加盟条件ともなった。域外国によるTAC加入を奨励することと並んで、APSCの青写真で掲げられている協力が、南シナ海の領有権争いをめぐる問題で行動規範を策定することである。武力不行使を謳ったTACに署名した中国だが、南シナ海における諸活動が軍事的緊張を高めるものだとしてフィリピンなどの反発を受けている[14]。

ASEAN諸国と中国は二〇〇二年に「南シナ海における関係国の行動宣言(DOC)」を締結し、南シナ海の領有権問題を平和的に解決することや平和を害するような諸活動を自制すること、軍関係者の交流促進や環境共同調査などの共同作業を実施することなどを約束した。二〇一一年には、DOCのなかで謳われた共同作業を実施するためのガイドラインが策定され、行動規範策定に向けてASEANと中国の高級事務レベル会合も制度化された。高級事務レベル会合は二〇一二年以降、断続的に開かれているが、中国の消極姿勢もあり、行動規範の策定は進んでいない。

ＡＳＥＡＮ諸国は、南シナ海での活動に対して自制を求め、行動規範の早期策定を求める点では一致しているが、中国にどの程度強い態度で望むのかについて対立している。タイやカンボジア、シンガポールなど当事国でない加盟国は、中国との経済関係を重視し、この問題をＡＳＥＡＮの議題とすることに消極的である。インドネシアは対中穏健派を維持しつつも、中国の動きを警戒するようになった。領有権を主張する国のなかでもマレーシアは中国との経済関係を優先し、対中強硬派とされるベトナムは、二〇一四年後半に中国との経済関係を重視する姿勢もみせるようになり、態度が定まらない。その結果、対中強硬路線を堅持するフィリピンはＡＳＥＡＮ内で孤立している。同国は、二〇一三年、この問題を常設仲裁裁判所に提訴し、中国の主張の法的妥当性を問い、二〇一四年には、南シナ海での活動の凍結、ＤＯＣの遵守と行動規範の策定、国際的な仲裁による領有権問題の最終解決という三段階の行動計画を提案したが、この提案に他のＡＳＥＡＮ諸国は賛同しなかった。

ＡＳＥＡＮ内で対中穏健派の声が大きくなった結果、行動規範の策定に先行して、中国が望む共同作業を実施するという方針が打ち出されるようになる。二〇一四年の高級事務レベル会合では、行動規範に盛り込む要素について議論する一方で、有事の際の関係省庁同士のホットラインを設置することが合意された。また、ベトナムやタイ、マレーシアなどから共同作業プロジェクトが提案され、プロジェクト実施には中国の海洋開発基金が活用される見込みである。

以上、規範の形成と共有に関する協力では、域外国によるＴＡＣ加入や南シナ海問題など域外協力が重要な位置を占めている。域外国・地域機構によるＴＡＣ加入が相次ぐ一方で、南シナ海問題では行動規範の策定が遅れている。行動規範の策定（域外協力）が停滞するのは、中国が消極的であるからだけでなく、ＡＳＥＡＮの対中方針の策定（域内協力）が進んでいないからでもある。後述するように、南シナ海問題は、日本やアメリカも巻き込むものに発展してきている。行動規範の策定が遅延することで、周辺諸国は中国をますます警戒するようになり、東アジア地域の緊張は高まっている。

◆紛争予防協力の活発化

ＡＰＳＣの青写真にある総合安全保障の追求として、ＡＳＥＡＮ諸国は国防大臣会議（ＡＤＭＭ）において平和維持活動や防衛協力、海洋安全保障協力などの取り組みを進めている。その取り組みは紛争予防の側面が強い。

平和維持活動については、二〇一一年のＡＤＭＭで、ＡＳＥＡＮ各国の平和維持活動センターの連携を深め、情報交換や共同訓練などを実施する計画が示された。センターを設置しているのはカンボジア、インドネシア、マレーシア、フィリピン、タイであり、二〇〇九年にはこれら五カ国は、初のＡＳＥＡＮ平和維持訓練センター長官会議に参加し、連携強化を目指すことを確認している。国連の平和維持活動にＡＳＥＡＮ諸国が積極的に関与することも謳われた[15]。

二〇一三年には、青写真で計画された『ＡＳＥＡＮ安全保障概観年鑑』が発行され、各国の防衛政策が発表されるようになった[16]。二〇一四年のＡＤＭＭでは、海洋安全保障に関する情報共有や関係者の交流を活発化し、海の安全な航行や捜索、救助を実施するための手続きやルールを整備することなどが合意された。また、国防関係者の交流を促進するための方策として、全加盟国による二国間ホットラインを整備する計画も示された[17]。

ＡＤＭＭは、域外協力制度であるＡＳＥＡＮ拡大国防大臣会議（ＡＤＭＭ＋）の制度的基盤ともなっている。ＥＡＳ諸国が参加するＡＤＭＭ＋は、ＡＳＥＡＮ諸国の安全保障を高めることを目的として設置され、会議運営の手続きや原則、加盟条件などにＡＳＥＡＮの意向が反映されている。二〇一〇年の第一回ＡＤＭＭ＋では、災害救助や海洋安全保障など五分野で専門家会合を設置することが合意された。二〇一三年にはＡＤＭＭ＋加盟国による軍・部隊で初めての合同演習がブルネイで行われている。なお、ＡＤＭＭ＋は開始当初は三年に一回だったが、二〇一二年には隔年開催されることが合意された。その他、海洋安全保障に関わる問題を話し合う枠組みとして、二〇一〇年に設置されたASEAN海洋フォーラム(AMF)を基盤に、二〇一二年にEAS諸国が参加する拡大ASEAN海洋フォーラム(EAMF)が設置された。第一回EAMFでは、南シナ海問題だけでなく、海洋安全保障のためのインフラ開発や人材育成、海洋環境・資源の保全などについて意見が交換された[18]。

また、ASEAN諸国は、二〇一四年以降、アメリカ、中国、日本とASEAN+1の国防大臣会議を開くようになった。この枠組みのなかでたとえば、日本とASEAN諸国は、災害やテロ対策について技術協力を進めることで合意している。一方、特に海洋安全保障において、日本とアメリカはASEAN各国への支援を強化しつつある。二〇一四年、アメリカはフィリピンとの間で、米軍のフィリピン駐留を可能とする新軍事協定に署名し、ベトナムに対しては一九七五年以来凍結していた武器輸出を一部解除すると発表した。また、二〇一四年のオバマ大統領の訪日で発表された日米共同声明では、巡視船の提供などを通じてフィリピンやベトナムなどの東南アジア沿岸国の海洋監視能力構築を支援することが謳われた。同年一〇月には、アメリカと日本、フィリピンの三カ国で初の軍事演習が実施されている[19]。

以上からわかるようにASEAN諸国は、ADMMで域内協力を深めていきながら、域外国を関与させるという戦略をとっている。紛争予防に関する取り組みにおいては、平和維持活動センターの連携やホットラインの設置、安全保障概観年鑑の発表など、ASEAN諸国間のネットワークを強化しようとするASEANの姿勢が顕著である。こうした域内協力は、域外国に対してASEAN諸国が望んでいる協力の形態や内容を正確に伝えるという役割を担っている。特にADMMは、ADMM+やASEAN+1の国防大臣会議を通じて、東アジア地域協力においてその存在感を増しつつある。しかし、日本やアメリカはASEAN各国への個別支援も強化しつつあることから、海洋安全保障分野での東アジア地域協力がASEAN主導で進むのかは未知数である。

◆加盟国間紛争に対する紛争解決手続きの活用

紛争予防とならんで、APSCにおいて総合安全保障を追求するための協力が紛争解決手続きの構築と活用である。二〇一二年には平和的な紛争解決に関する研究を進めるため「ASEAN平和和解研究所」が設立された[20]。ASEANの紛争解決手続きには、TAC、国際司法裁判所(ICJ)などの国際的な手続き、ASEAN議長国とASEAN事務総長を仲介役とする手続きがあるが、どの手続きを活用するかは紛争当事国次第である[21]。このうち、議長国と事務総長の紛争仲介は二〇一〇年に導入された新しい手続きで、その詳細は二〇一〇年の「紛争解決メカニズムに関するASEAN憲章の議定書」に定められている[22]。

TACで定められた手続きを活用しない代わりに、ASEAN諸国は領有権問題の解決にICJを活用してきた。たとえば、リギタン島・シパダン島の領有権をめぐりインドネシアとマレーシアが、ペドラ・ブランカ(バトゥ・プテ)島と近隣岩礁の領有権をシンガポールとマレーシアがICJの判断によって解決している[23]。

また、近年ではASEAN議長国を仲介役として認める動きも出ている。カンボジアとタイの国境画定紛争がそれにあたる。二〇〇八年にプレア・ヴィヒア寺院(カンボジア領)がユネスコ世界遺産に登録されたのを機に、カンボジアとタイは寺院周辺の国境画定をめぐって対立し、軍事衝突に発展した。カンボジアは、二〇一〇年、議長国のベトナムにASEANの仲介を依頼したが、二国間で解決すべきとするタイの反対により、議長国の関与はみられなかった。しかし、二〇一一年に議長国インドネシアが調停に乗り出し、二国間対話をサポートする役割をインドネシアが担うという条件でタイは議長国の仲介に同意した。インドネシアはASEAN外相会議を開催し、その会議でインドネシアの停戦監視団を受け入れることが合意されたのである。しかし、タイ軍が停戦監視団派遣に反対し、停戦監視団派遣という合意を履行する目途が立たなくなったため、カンボジアは、ICJへ仲裁を依頼することになった。ICJは当該紛争地域を暫定的な非武装地帯とし、両国ともに部隊を撤退することとASEANの仲介を受け入れることを勧告している[24]。

以上からわかるように、ASEAN諸国は、状況に応じて様々な紛争解決手続きを活用してきた。こうした取り組みは主に域内協力として位置付けられるものであり、域外協力との直接的な連関は見いだせない。東アジアの域外国・中国が当事国となっている南シナ海の領有権紛争はここで紹介した紛争解決手続きの適用対象となりうるものだが、ASEAN諸国はこの問題にこれらの手続きを適用しようとはしていない。ただし、ICJや議長国による仲介、当事国間の協議などを通じた紛争解決を実践することを通じて、ASEAN諸国は平和的紛争解決の重要性を訴えている。二〇一四年、インドネシアはフィリピンおよびシンガポールとの間で一部の海の領有権問題を解決するに至った。シンガポールとの合意において、インドネシア外務省は「この合意はこの地域の国々が抱える海の領有権をめぐる紛争の平和的解決にとって良いモデルとなる」との声明を発表している。この声明は、南シナ海の領有権問題の当事国である中国に向けられたものと考えられる[25]。

3　機能協力

◆災害管理の制度化と支援の活発化

ASCCの青写真では、域外協力に関する協力項目は少ないものの、域外からの資金を獲得することが計画されている。この点は協力の実態にも反映された。ASCCの進捗状況を評価する中間報告によれば、二〇〇九年から二〇一二年の主に域外からの援助額は六億二四〇〇万米ドルで、このうち五五・四六%がASCCに投じられたという[26]。特に、災害管理と環境協力は域外からの資金を多く受けている分野である。

アチェの津波災害の経験から、二〇〇五年、ASEAN諸国は「ASEAN防災緊急対応協定（AADMER）」に署名し、迅速な人道支援と災害救助のため「ASEAN待機制度」の創設で合意して、加盟各国は提供可能な資源と能力を自主申告することになった[27]。AADMERは、全加盟国の批准により二〇〇九年末に発効している。

こうした取り組みもあって、二〇〇八年にミャンマーの大型サイクロンによる被害が発生した際、ASEANの対応は比較的迅速なものだった。サイクロンの被害に対して国際社会から緊急支援が呼びかけられたが、当時のミャンマーでは新憲法の是非を問う国民投票が実施されることになっており、政府は国際支援を受け入れることで内政に干渉されるのではないかと恐れた。国際支援が滞るなか、スリンASEAN事務総長(当時)の呼びかけでASEANはサイクロンの被害状況を把握するために緊急評価チームを派遣することになった。この過程でミャンマー政府もASEANを窓口にした国際支援を呼びかけることに同意したため、ASEAN諸国外相は、スリン事務総長を議長とする人道支援タスクフォースを設置し、国連との協力のもと支援を加速することで合意する。その結果、国連とASEANが主催する支援国会議がヤンゴンで開催され、五一カ国と国際機関の代表が参加して総額一億三〇〇〇万ドルの支援を表明した。この間、スリン事務総長によるタスクフォースはサイクロンの被害状況や復興状況を報告するなど情報発信の役割を果たした[28]。

サイクロン発生時にはAADMERはまだ発効しておらず、協定に盛り込まれた制度も整っていない状態だったため、サイクロン被害に対するASEANの取り組みは制度的なものというよりスリン事務総長個人のリーダーシップによるところが大きい。しかし、ASEANのこの実践はスムーズに制度化されることになる。ASEAN事務総長に災害時におけるASEAN人道支援の調整役が付され、二〇一一年にはASEAN防災人道支援調整センターがジャカルタに設置されたのである。同センターは、被害拡大を防ぐリスク管理と災害時において加盟諸国間および国際機関との連絡や支援の相互調整などの役割を担う[29]。

また、ASEAN諸国は事務レベルだけでなく軍の役割も強化しようとしている。二〇〇九年のADMMでは、人道支援と災害救助で軍の資源と能力を活用する際の原則や手続きが確認された。軍の役割としては、重労働や緊急搬送、医療サービス、避難所の設置などが想定されている。二〇一一年、ASEAN諸国の軍関係者による初の机上演習がシンガポールとインドネシアで実施された[30]。

以上のような域内協力は広域制度における協力につながっていく。二〇〇九年には防災に関するEAS宣言が出され、災害緊急対応のためのASEAN待機制度が適切なリソースおよび能力のもとに運用されるよう支援することやASEAN防災人道支援調整センターの運用を支援することなどが盛り込まれた[31]。このように、ASEANの諸制度がEASにおける協力の受け皿となっている。

また、域外各国からも具体的な支援がなされるようになった。ASEAN防災人道支援調整センターは、米国国際開発庁(USAID)による資金援助を得て、太平洋災害センター(PDC)とともに災害監視と緊急対応システムの開発に取り組んでいる[32]。また、日本は、サイクロン発生前から日本・ASEAN統合基金(JAIF)を活用し、アジア防災センター(ADRC)を通じてASEAN諸国の防災能力向上を支援している[33]。二〇一三年には、ASEAN諸国に対し、防災に五年間で三〇〇〇億円規模を支援し、一〇〇〇人規模の人材育成を実施することを表明した[34]。

以上のように、ASEAN諸国は災害管理に関する域内協力を進め、その結果出来上がった諸制度を受け皿にして、特に東アジア諸国から様々な支援を受けている。

◆越境煙害対策の課題

環境は、ASCCの青写真で多くの紙面を割いている重要な協力分野である[35]。なかには、気候変動問題への取り組みなどもあり、グローバルな問題にも取り組もうとするASEAN諸国の姿勢がうかがえる。一方で、東南アジア地域において実際に起こっている環境問題が越境煙害、いわゆるヘイズである。

ヘイズ問題は、東南アジア島嶼部、とくにインドネシアのスマトラ島やカリマンタンで発生した山火事に端を発する。山火事は泥炭湿地林におけるプランテーション開発のための人為的なものであり、煙害に悩まされたシンガポールとマレーシアは、一九九四年にインドネシアに防止策を講じるように要請した。しかし、当初インドネシアは、プランテーション開発に関与する企業を取り締まることに消極的だった。しかし、一九九七年に被害が拡大したことを受け、その年の年末、第一回ASEAN煙害対策閣僚会議が開かれ協力が開始された[36]。

二〇〇二年には、「越境煙害に関するASEAN協定」が採択され、二〇〇三年に発効している[37]。二〇一四年になって、主な発生源であるインドネシアがようやくこの協定に批准した。しかし、この批准によって新たな法整備は必要なく、インドネシアに求められるのは、協定で約束した監視や管理、取締等の約束をいかに実行に移せるかである。すでにインドネシアでは対象企業に対して罰金などの法的措置が取られているが、こうした措置は生ぬるいとの見方もある[38]。

ヘイズの拡大を食い止める具体的な方策として検討されてきたのは、野焼きの監視体制を強化することである。一九九七年に「ASEAN特定気象センター」にモニタリングと早期警戒システム機能を持たせることにASEAN諸国は合意したが、資金不足で実施されていなかった[39]。その後、二〇一三年一〇月の首脳会議で再び、森林火災の共同監視システムが採用されることになった。監視システムの導入はシンガポールが提案したものである[40]。同システムが稼働するためには、ヘイズの原因となる野焼きをおこなっている企業に関する情報をまとめた森林伐採権地図を各国が公開する必要がある。インドネシアとマレーシアは、公開を拒否したが、マレーシアが政府間の開示であれば受け入れる方針を示し、インドネシアも、森林伐採権地図を作製することを発表した。このことから、森林伐採権地図を政府間で共有する方向で検討が進められている[41]。

このほか、ASEAN諸国は、二〇〇三年に「ASEAN泥炭湿地管理イニシアティブ」、二〇〇六年には「ASEAN泥炭湿地管理戦略」などを発表して、煙害を防ぐために管理マニュアルの作成や人材育成、情報共有などの取り組みを行っている[42]。こうしたスキームのもとで実施される活動に欧州連合（EU）や国際農業開発基金などから支援がなされているが、ASEANの公式文書で確認する限り、東アジアの域外国のプレゼンスはほとんどない。環境分野において中国・ASEAN環境協力基金が活用され、インドも一定の支援を行っている模様だが、越境煙害対策との関係は明らかでない[43]。

◆移民労働者の待遇改善をめぐる域内対立

一九九〇年代以降、ASEAN域内では移民労働者の数が増加の一途を辿っている[44]。この地域では、域内の労働者移動において送出国と受入国が同居している。フィリピンやインドネシア、ミャンマー、カンボジアなどは域内の送出国であり、シンガポールとマレーシア、タイは域内の受入国である。移民労働者に対する立場の違いから、送出国と受入国は利害が対立しやすい。たとえば、マレーシアで就労するインドネシア人労働者は、賃金未払いや雇用主の暴力など劣悪な環境に置かれているとされ、この問題をめぐりインドネシア・マレーシア関係はたびたび悪化してきた。

本題に入る前に、ASEAN共同体における労働者の移動について簡単に触れておこう。AECの名の下に経済統合を深化させる必要性から、熟練労働者に関しては自由な越境移動が奨励されている。しかし、非熟練労働者は自由な越境移動の対象となっていない。移民労働者の多くは非熟練労働者であるため、移民労働者に関する協力は、AECではなくASCCの領域とされ、自由な越境移動よりもその待遇改善に焦点が当てられている。

アジア通貨経済危機以降、不法入国・滞在する非熟練労働者が急増し、そうした非正規移民労働者の劣悪な待遇に対し送出国の不満が蓄積していった。こうした状況を背景にASEAN共同体プロジェクトが始動したことから、移民労働者に関するASEANの協力が開始された。ただし、送出国と受入国の対立からその協力は、拘束力のない宣言を発表して各国に取り組みを促すという形で始められることになった。

二〇〇七年、送出国のインドネシアとフィリピンが主導して、「移民労働者の権利保護と促進に関するASE

AN宣言」が発表された[45]。ASCCの青写真ではこの宣言の履行を進めることが一つの課題として提示されている。送出国のフィリピンとインドネシアがこの宣言の発表を主導したため、その内容は、受入国により多くの取り組みを要求するものとなった。しかし、受入国の主権を尊重することや非正規移民労働者は対象にならないこと、労働者本人のみを保護の対象とすることなど、受入国のマレーシアやシンガポールの主張も反映されている。宣言を受けて具体的な取り組みが開始されたが、その多くは各国の自主的な取り組みを促すための情報共有に焦点が当てられている。加盟各国を拘束するルールを策定することも取り組まれているが、ルールに法的拘束力をもたせるのかといった問題や、非正規移民労働者も保護の対象に入れるのかなどについて加盟各国は対立しており、協議が継続中である。

経済統合が進展するなかで労働者の越境移動はますます活発化するとみられる。また、移民労働者の権利保障を求める市民社会団体の動きも活発になりつつあり[46]、ASEAN諸国は対立を抱えながらも協力を進める必要に迫られている。以上にみてきたとおり、移民労働者の待遇改善に関する協力は域内協力の性格が強い。また、これまで紹介してきた機能協力と異なり、この分野での協力には域外国からの目立った支援はみられない。

おわりに

ASEAN諸国は、APSCとASCCの構築という名の下にさまざまな協力をおこなっているが、協力の進展具合や東アジア地域協力における重要性は協力分野ごとに異なる。

APSCについては、政治発展協力と規範形成に関する協力が形式的なものにとどまるか、停滞気味なのに比べ、紛争予防や紛争解決に関する協力ではそれなりの進展がみられている。青写真で示されたとおり、多くの分野で域内協力とともに域外協力が重要な位置を占めている。南シナ海の行動規範策定においては、域内協力（対中態度の一本化）の停滞が域外協力（行動規範の策定）を遅らせている点が示された。一方、紛争予防の分野では域内協力の進展が域外協力の発展を促しており、域内協力を深化させることで域外国の関与をコントロールしようとするASEAN側の意図もうかがえる。南シナ海における行動規範の策定が進展しないことで中国に対する周辺諸国の警戒感は高まる傾向にある。この問題と関連して紛争予防では、海洋安全保障分野における東アジアの域外国によるASEANへの関与が著しく、ADMM＋などのASEAN主導の協力体制が存在感を増している。しかし、ASEAN諸国が中国に対して一致した態度をとりきれないことから、日本やアメリカはASEAN各国への支援を活発化しつつある。そのため、東アジア地域秩序を維持するスキームは、必ずしもASEAN主導の制度に限られるわけではなさそうである。

青写真で示された通り、ASCC構築に向けた取り組みは域内協力が中心である。なかでも災害管理に関する協力の進展が顕著であるが、越境煙害や移民労働者に関しても、域内の利害対立のために協力が難しいとされていた分野だけに協力が継続していること自体、注目に値する。また、これらの機能協力は域外国から多くの資金あるいは技術支援を受けており、域内協力のための制度や仕組みは域外からの支援の受け皿としても機能している。東アジア諸国は、特に災害管理においてASEANの諸制度を活用する形でさまざまな支援を行っている。EASの枠組みとは別に、アメリカと日本は個別に防災関係の支援を実施している。また、環境協力では中国やインドが支援の枠組みを持つ。域外国による支援は戦略的な意味合いが強いことから、東アジアの域外国はそれぞれの利害に沿って支援を差し伸べる協力分野を選んでいると考えられる。

東アジア地域協力においてASEANは、制度形成アクターとしてその存在感を誇示してきた。制度形成アクターとしてのASEANの重要性は、APSCとASCCの構築に向けた協力でも示されており、東アジア地域秩序の変容を前にしても基本的には維持されるとみられる。日本やアメリカ、中国といった域外大国が互いを牽制しあう状況のなかで、ASEAN主導の制度がそうした牽制状態をコントロールする側面も期待できる。一方で、ASEANが域外協力を強化したい分野においてASEANの制度が重視されるかは、域外大国の思惑次第である点も否めない。この点において東アジア地域秩序の変容は、ASEANによる制度形成の仕方に変化を迫る可能性を秘めている。

以上、二〇一五年までの行動計画を収めた青写真をもとに、APSCとASCCの協力および東アジア地域協力との関係をみてきた。二〇一五年末の首脳会議でASEAN共同体の設立が宣言された[47]。しかし同時に、二〇二五年までの行動計画を収めた新たな青写真が発表されたことから、ASEAN諸国は二〇一五年を共同体構築の一つの「通過点」とみなしているようである[48]。二〇二五年までの青写真は、二〇一五年までの青写真と比べて、ASEANの制度や組織の強化が謳われるとともに、「人々中心（people-oriented, people-centred）のASEAN」が強調されている。このほか、APSCでは海洋安全保障協力と核不拡散体制の構築が、ASCCでは人権の保障が重点分野として登場した。

ASEANの組織や制度の強化は、東アジア地域協力に代表される域外協力と密接に関係する。すなわち、APSCにおいては、ASEAN主導の地域制度の優位性を維持、高めていくために、ASEAN自身の組織能力を強化しなければならないというASEAN側の認識があると考えられる。この点は、重点分野となった海洋安全保障協力において特にあてはまる。ASCCにおいても、支援の受け皿としてのASEANの制度の実効性を高めていくことが求められている。一方、人権保障は、APSCとASCCに共通する問題となってきており、「人々中心のASEAN」を目指して活発化する市民社会団体の要求に対し、加盟諸国がどの程度協力を進められるかが試される。

註

1——ＡＳＥＡＮの政治協力の歴史については、山影進『ＡＳＥＡＮ：シンボルからシステムへ』東京大学出版会、一九九一年、第四章を参照。

2——鈴木早苗『合意形成モデルとしてのＡＳＥＡＮ：国際政治における議長国制度』東京大学出版会、二〇一四年、第三と第四章。

3——ASEAN, Roadmap for an ASEAN Community 2009-2015, October, 2009, pp. 5-19.

4——山影進「『不戦レジーム』を超えて：ＡＳＥＡＮの政治安全保障協力をどう捉えるか」『国際法外交雑誌』第一一三巻第一号、二〇一四年、一〇〇～一〇一頁、菊池努「ＡＳＥＡＮ政治安全保障共同体に向けて：現況と課題」山影進編『新しいＡＳＥＡＮ：地域共同体とアジアの中心性を目指して』アジア経済研究所、二〇一一年、六三～六九頁。

5——協力内容の詳細は、鈴木早苗「ＡＳＥＡＮは東南アジアに民主主義をもたらすか？」『アジ研 ワールド・トレンド』第一六六号、二〇〇九年ａ、三〇～三七頁を参照。

6——ASEAN, Roadmap for an ASEAN Community 2009-2015, October, 2009, pp. 67-92.

7——首藤もと子「ＡＳＥＡＮ社会文化共同体に向けて：現況と課題」山影進編『新しいＡＳＥＡＮ：地域共同体とアジアの中心性を目指して』アジア経済研究所、二〇一一年、一一三頁。

8——Collins, Alan, “Forming a Security Community: Lessons from ASEAN”, *International Relations of the Asia-Pacific*, vol. 7, no. 2, 2007, pp. 203-225. は、ＡＳＥＡＮが共同体となるためには、安全保障分野だけでなく社会文化の分野で人々の参画が恒常的になされ、我々意識が醸成されなければならないと指摘する。ＡＳＥＡＮの公式文書に基づくと、ＡＳＥＡＮ共同体を構成する人々は、国境を越えて一つにまとまった東南アジアの人民ではなく、加盟一〇カ国の各々においてまとまった人民、すなわち一〇の国民を指すと考えられる。山影進「ＡＳＥＡＮの変容と広域秩序形成」渡邉昭夫編『アジア太平洋と新しい地域主義の展開』千倉書房、二〇一〇年、一七七頁。

9——ASEAN, Mid-Term Review of the ASEAN Socio-Cultural Community Blueprint (2009-2015), Annex 1, February, 2014.

10——Jones, Lee, “ASEAN’s Unchanged Melody? The Theory and Practice of ‘Non-Interference’ in Southeast Asia”, *The Pacific Review*, vol. 23, no. 4, 2010, pp. 479-502. は、ＡＳＥＡＮでは内政不干渉原則は公式には維持されてきたが、実際には他国への干渉がみられてきたと主張する。しかし、この論考では、ＡＳＥＡＮ加盟国間の内政干渉と、ＡＳＥＡＮ諸

国による非加盟国への内政干渉とが区別されていない。

11——鈴木早苗「ＡＳＥＡＮ共同体に向けて：政治安全保障協力の現状と課題」『海外事情』第六〇巻四号、二〇一二年ａ、一〇五〜一〇六頁。

12——鈴木早苗「ＡＳＥＡＮ政治安全保障共同体：域内協力と域外協力の連関」『海外事情』第六三巻四号、二〇一五年ａ、二〇〜二一頁。ＡＳＥＡＮの協力において市民社会団体の役割は限定的だとしばしば指摘される。たとえば、Gerard, Kelly, "ASEAN and Civil Society Activities in 'Created Spaces': The Limits of Liberty", *The Pacific Review*, vol. 27, no. 2, 2014, pp. 265-287. を参照。

13——Ryu, Yongwook and Maria Ortuoste, "Democratization, Regional Integration, and Human Rights: The Case of the ASEAN Intergovernmental Commission on Human Rights", *The Pacific Review*, vol. 27, no. 3, 2014, pp. 357-382; Munro, James, "The Relationship between the Origins and Regime Design of the ASEAN Intergovernmental Commission on Human Rights (AICHR)", *The International Journal of Human Rights*, vol. 15, no. 8, 2010, pp. 1185-1214.

14——南シナ海の領有権問題をめぐる以下の記述は、鈴木、前掲論文、二〇一五年ａ、二一〜二四頁に基づく。

15——鈴木、前掲論文、二〇一二年ａ、一一〇〜一一一頁。

16——ASEAN, The ASEAN Security Outlook 2013.

17——鈴木、前掲論文、二〇一五年ａ、二四頁。

18——鈴木、同、二四〜二五頁。

19——鈴木、同、二三頁。

20——ASEAN, Chairman's Statement of the 21st ASEAN Summit, Phnom Penh, November 18, 2012.

21——なお、この三つの手続きで解決できない場合にはＡＳＥＡＮ首脳会議の決定に委ねられる。鈴木早苗「ＡＳＥＡＮにおける組織改革：憲章発効後の課題」山影進編『新しいＡＳＥＡＮ：地域共同体とアジアの中心性を目指して』アジア経済研究所、二〇一一年ａ、一八五頁、鈴木早苗「ＡＳＥＡＮ：連結性強化と米ロの東アジアサミット参加」『アジア動向年報二〇一一』アジア経済研究所、二〇一一年ｂ、一八五頁。

22——ASEAN, Protocol to the ASEAN Charter on Dispute Settlement Mechanisms, Ha Noi, April 8, 2010.

23——山影、前掲論文、二〇一四年、九五頁。

24——鈴木、前掲論文、二〇一二年ａ、一〇八〜一一〇頁。

25――鈴木、前掲論文、二〇一五年a、二七〜二八頁。
26――ASEAN, Mid-Term Review of the ASEAN Socio-Cultural Community Blueprint (2009-2015), February, 2014, p. 26.
27――ASEAN, ASEAN Agreement on Disaster Management and Emergency Response, Vientiane, July 26, 2005.
28――鈴木早苗「ＡＳＥＡＮ：ＡＳＥＡＮ憲章の発効」『アジア動向年報二〇〇九』アジア経済研究所、二〇〇九年b、一九〜二〇頁。
29――ASEAN, Agreement on the Establishment of the ASEAN Coordinating Centre for Humanitarian Assistance on Disaster Management (AHA Centre), Bali, Indonesia, November 17, 2011.
30――鈴木、前掲論文、二〇一二年a、一一〇頁。
31――EAS, Cha-am Hua Hin Statement on EAS Disaster Management, Cha-am Hua Hin, Thailand, October 25, 2009.
32――ASEAN Disaster Monitoring and Response System, (http://www.pdc.org/about/projects/DMRS/（二〇一五年五月一日アクセス）
33――ADRC, Asian Disaster Reduction Center Monthly News, vol.182, May, 2008; vol. 212, November, 2010.
34――外務省『外交青書二〇一四』二〇一四年、第三章第二節。
35――ＡＳＥＡＮの環境協力の歴史についてはElliott, Lorraine, "ASEAN and Environmental Governance: Strategies of Regionalism in Southeast Asia", *Global Environmental Politics*, vol. 12, no. 3, 2012, pp. 38-57. を参照。
36――山影進「ＡＳＥＡＮの基本理念の動揺：内政不干渉原則をめぐる対立と協力」山影進編『転換期のＡＳＥＡＮ：新たな課題への挑戦』日本国際問題研究所、二〇〇一年、一三一〜一三四頁。
37――ASEAN, ASEAN Agreement on Transboundary Haze Pollution, Kuala Lumpur, June 10, 2002.
38――鈴木早苗「ＡＳＥＡＮ：海洋安全保障協力の活発化と経済協力の停滞」『アジア動向年報二〇一五』アジア経済研究所、二〇一五年b、二二三頁。
39――山影、前掲論文、二〇〇一年、一三四頁。
40――湯川拓「ＡＳＥＡＮ：米中競合の下での一体性と中心性の模索」『アジア動向年報二〇一四』アジア経済研究所、二〇一四年、二二四頁。
41――鈴木、前掲論文、二〇一五年b、二二二〜二二三頁。
42――ASEAN, ASEAN Peatland Management Initiative, 2003; ASEAN, ASEAN Peatland Management Strategy, 2006.

43 ——ASEAN, Mid-Term Review of the ASEAN Socio-Cultural Community Blueprint (2009-2015), 2013, pp. 51-54.

44 ——以下の記述は鈴木早苗「移民労働者問題をめぐるＡＳＥＡＮのジレンマ」『アジ研 ワールド・トレンド』第二〇五号、二〇一二年ｂ、三九～四四頁に基づく。

45 ——ASEAN, ASEAN Declaration on the Protection and Promotion of the Rights of Migrant Workers, Cebu, the Philippines, January 13, 2007.

46 ——首藤、前掲論文、一二四～一二七頁。

47 ——ASEAN, Kuala Lumpur Declaration on the Establishment of the ASEAN Community, Kuala Lumpur, 22 November, 2015a.

48 ——ASEAN, ASEAN 2025: Forging Ahead Together, November, 2015b.

参考文献

外務省『外交青書二〇一四』二〇一四年

菊池努「ＡＳＥＡＮ政治安全保障共同体に向けて：現況と課題」山影進編『新しいＡＳＥＡＮ：地域共同体とアジアの中心性を目指して』アジア経済研究所、二〇一一年、四七～七五頁

首藤もと子「ＡＳＥＡＮ社会文化共同体に向けて：現況と課題」山影進編『新しいＡＳＥＡＮ：地域共同体とアジアの中心性を目指して』アジア経済研究所、二〇一一年、一一一～一三八頁

鈴木早苗「ＡＳＥＡＮは東南アジアに民主主義をもたらすか？」『アジ研 ワールド・トレンド』第一六六号、二〇〇九年ａ、三〇～三七頁

——「ＡＳＥＡＮ：ＡＳＥＡＮ憲章の発効」『アジア動向年報二〇〇九』アジア経済研究所、二〇〇九年ｂ、一七～二四頁

——「ＡＳＥＡＮにおける組織改革：憲章発効後の課題」山影進編『新しいＡＳＥＡＮ：地域共同体とアジアの中心性を目指して』アジア経済研究所、二〇一一年ａ、一七五～二〇七頁

——「ＡＳＥＡＮ：連結性強化と米ロの東アジアサミット参加」『アジア動向年報二〇一一』アジア経済研究所、二〇一一年ｂ、一八四～一九三頁

——「ASEAN共同体に向けて：政治安全保障協力の現状と課題」『海外事情』第六〇巻四号、二〇一二年a、一〇四～一一六頁

——「移民労働者問題をめぐるASEANのジレンマ」『アジ研 ワールド・トレンド』第二〇五号、二〇一二年b、三九～四四頁

——『合意形成モデルとしてのASEAN：国際政治における議長国制度』東京大学出版会、二〇一四年

——「ASEAN政治安全保障共同体：域内協力と域外協力の連関」『海外事情』第六三巻四号、二〇一五年a、一八～三一頁

——「ASEAN：海洋安全保障協力の活発化と経済協力の停滞」『アジア動向年報二〇一五』アジア経済研究所、二〇一五年b、二一七～二三〇頁

山影進『ASEAN：シンボルからシステムへ』東京大学出版会、一九九一年

——「ASEANの基本理念の動揺：内政不干渉原則をめぐる対立と協力」山影進編『転換期のASEAN：新たな課題への挑戦』日本国際問題研究所、二〇〇一年、一一五～一四二頁

——「ASEANの変容と広域秩序形成」渡邉昭夫編『アジア太平洋と新しい地域主義の展開』千倉書房、二〇一〇年、一五五～一七九頁

——「『不戦レジーム』を超えて：ASEANの政治安全保障協力をどう捉えるか」『国際法外交雑誌』第一一三巻第一号、二〇一四年、八五～一一一頁

湯川拓「ASEAN：米中競合の下での一体性と中心性の模索」『アジア動向年報二〇一四』アジア経済研究所、二〇一四年、二一七～二三〇頁

ADRC, Asian Disaster Reduction Center Monthly News, vol.182, May, 2008; vol. 212, November, 2010.

ASEAN, ASEAN Agreement on Transboundary Haze Pollution, Kuala Lumpur, June 10, 2002.

——, ASEAN Peatland Management Initiative, 2003.

——, ASEAN Agreement on Disaster Management and Emergency Response, Vientiane, July 26, 2005.

——, ASEAN Peatland Management Strategy, 2006.

——, ASEAN Declaration on the Protection and Promotion of the Rights of Migrant Workers, Cebu, the Philippines, January 13, 2007.

———, Roadmap for an ASEAN Community 2009-2015, October, 2009.

———, Protocol to the ASEAN Charter on Dispute Settlement Mechanisms, Ha Noi, April 8, 2010.

———, Agreement on the Establishment of the ASEAN Coordinating Centre for Humanitarian Assistance on Disaster Management (AHA Centre), Bali, Indonesia, November 17, 2011.

———, Chairman's Statement of the 21st ASEAN Summit, Phnom Penh, November 18, 2012.

———, The ASEAN Security Outlook 2013.

———, Mid-Term Review of the ASEAN Socio-Cultural Community Blueprint (2009-2015), February, 2014.

———, Kuala Lumpur Declaration on the Establishment of the ASEAN Community, Kuala Lumpur, 22 November, 2015a.

———, ASEAN 2025: Forging Ahead Together, November, 2015b.

Collins, Alan, "Forming a Security Community: Lessons from ASEAN", *International Relations of the Asia-Pacific*, vol. 7, no. 2, 2007, pp. 203-225.

EAS, Cha-am Hua Hin Statement on EAS Disaster Management, Cha-am Hua Hin, Thailand, October 25, 2009.

Elliott, Lorraine, "ASEAN and Environmental Governance: Strategies of Regionalism in Southeast Asia", *Global Environmental Politics*, vol. 12, no. 3, 2012, pp. 38-57.

Gerard, Kelly, "ASEAN and Civil Society Activities in 'Created Spaces': The Limits of Liberty", *The Pacific Review*, vol. 27, no. 2, 2014, pp. 265-287.

Jones, Lee, "ASEAN's Unchanged Melody? The Theory and Practice of 'Non-Interference' in Southeast Asia", *The Pacific Review*, vol. 23, no. 4, 2010, pp. 479-502.

Munro, James, "The Relationship between the Origins and Regime Design of the ASEAN Intergovernmental Commission on Human Rights (AICHR)", *The International Journal of Human Rights*, vol. 15, no. 8, 2010, pp. 1185-1214.

Ryu, Yongwook and Maria Ortuoste, "Democratization, Regional Integration, and Human Rights: The Case of the ASEAN Intergovernmental Commission on Human Rights", *The Pacific Review*, vol. 27, no. 3, 2014, pp. 357-382.

第4章

「メコン・サブ地域」の出現

――域内国の模索と域外大国の関与

青木まき

AOKI Maki

はじめに

カンボジア紛争が終結した一九九一年以降、インドシナ半島では多くの広域開発協力構想が提唱されてきた。大メコン圏協力（GMS）、インドシナ・ミャンマー産業協力ワーキンググループ、日・メコン・パートナーシップ・プログラム（以下、日・メコン協力と略記）、ASEANメコン流域開発協力（AMBDC）やASEAN統合イニシアティブ（IAI）、エーヤーワディー・チャオプラヤー・メコン経済協力戦略（ACMECS）やメコン・ガンガー協力（MGC）、ベトナム、ラオス、カンボジアによる「発展の三角地帯」（CLV）、メコン下流域イニシアティブ（LMI）、瀾滄江－メコン川対話協力メカニズムなど、その数は現在活動中の制度だけで一〇件以上になる。

先行研究は、類似の制度が併存する状況を、関係国が相互調整することなく自国の利益を追求した結果起きた「制度の乱立」と説明してきた。援助事業の実務面からも、開発制度の重複に伴うドナーの増加は望ましくないと言われる。例えばT・J・ペンペルは、アジア太平洋における重層的な地域協力制度にかんする論考の中で、現存する重層的な制度群が効率性とメンバーからの支持次第で将来的には淘汰されていく可能性を指摘しており[1]、実際にインドシナ半島でもFCDIやエメラルド三角形構想のように活動を停止した構想がある。しかし、その一方でLMIや瀾滄江－メコン川対話協力メカニズムのように新たな枠組みが提唱されているのも事実である。

興味深いのは、これらの制度が叢生する過程で、タイとカンボジア、ラオス、ベトナム、ミャンマーを中心に「メコン」という地域的まとまりが国際的に認知されつつあるという事実である。その周縁は必ずしも明確ではなく、「メコン」の名を冠する複数の制度が、微妙にメンバーを違えて別個に設立されたり、他の制度の下部構造となるなどしながら併存しているのが現状である。しかしながら、つい三〇年ほど前までインドシナ半島では関係国がイデオロギーや国家の独立をめぐって争い、互いに分断されていた事実を想起すると、インドシナ半島に位置する国々が「メコン」という地域的まとまりを形成しつつあること自体が、国際関係上きわめて画期的な事件といえるだろう。

本章は、このようにメコン広域開発をめぐる協力制度が、「乱立」の様相を呈しながらもその過程で「メコン」という下位地域《サブ》を形成してきた経緯に着目し、その成立の経緯を探る。

1　問題の整理と分析枠組み

表1は、これまでに提唱されたメコン広域開発協力制度を列挙したものである。表からは、まずタイとラオス、カンボジア、ベトナム、ミャンマーの五カ国が最も多くの制度に参加していることが分かる。そして、中国、アメリカ、日本、韓国やインド、そしてASEANの非メコン川流域諸国であるブルネイ、インドネシア、マレーシア、フィリピン、シンガポールは、上記のインドシナ半島に位置する東南アジア五カ国と「メコン」の名を冠した制度を共有している。日米中や非メコン川流域ASEAN諸国の間では、二〇〇八年に始まった「日中メコン政策対話」のように二国間で情報交換を行う枠組みも存在するものの、全ての国を正式メンバーとして包括するものは目下不在である。また中国はMRCでミャンマーと共に「上流対話国」として準加盟国になっている他、GMSやAMBDCでは「メコン下位地域」あるいは「メコン川流域」として参加している[2]。しかし一方で、日・メコン協力やLMI、MGCが言うところの「メコン諸国」には含まれていない。つまり現在「メコン流域」と言った場合には中国が含まれるものの[3]、それとは別に「メコン」というグループが国際的に認知されつつあり、その構成国としてタイ、カンボジア、ラオス、ベトナム、ミャンマーの五カ国が想定されていると考えられる。以下、本章ではインドシナ半島の東南アジア五カ国をメコン諸国、その領土の範囲を「メコン地域」あるいは「メコン」と呼ぶこととする。

「メコン」の名を冠した制度としては、国連極東アジア経済委員会(ECAFE)のもとに設置された「メコン川下流域調査調整委員会」(通称メコン委員会)が一九五七年から存在していた。しかしそのメンバーはカンボジア、ラオス、タイ、南ベトナムといった「メコン川下流域」諸国であり、冷戦後に中国、ミャンマーの「上流域」諸国を準メンバーとして加えMRCへ発展改組している。本章の言う「メコン地域」が広く認知されるようになるのは、二〇〇〇年代以降に日米中といった域外大国との「メコン+1」形式の制度が設立された後である。

一方メコン諸国間でも、一九九〇年代後半からCLV、エメラルド三角形(カンボジア、ラオス、タイ)、ACMECSといった協力制度が相次いで提唱されている。当時既にGMS(一九九二年設立)やAMBDC(一九九六年発

8	9	10	11	12	13	14	
エメラルド三角形	メコン・ガンガー協力	ASEAN統合イニシアティブ	エーヤーワディー・チャオプラヤー・メコン経済協力戦略	日・メコン・パートナーシップ・プログラム	メコン下流域イニシアティブ	瀾滄江-メコン川対話協力メカニズム	
	MGC	IAI	ACMECS		LMI		
2000.6～	2000.10～	2000.11～	2003.11～	2006.12～	2009.1～	2014	
カンボジア	タイ	シンガポール	タイ	日本	米国	中国	合計参加枠組数
○	○	○	○	○	○	○	13
○	○	○	○	○	○	○	13
○	○	○	○	○	○	○	14
×	○	○	○	○	○	○	12
×	○	○	○	○	オ	○	9＋オ×3
×	×	○	×	×	×	×	4
×	×	○	×	×	×	×	4
×	×	○	×	×	×	×	4
×	×	○	×	×	×	×	4
×	×	○	×	×	×	×	4
×	×	×	×	×	×	○	5＋オ
×	×	○	×	○	×	×	4＋オ
×	×	○	×	×	×	×	2＋オ
×	×	×	×	×	○	×	1
×	○	×	×	×	×	×	1
3	6	12	5	6	5＋オ	6	
ストゥントラエン、プレアヴィヒア、オッドーミアンチェイ州(カンボジア)、ウボンラチャタニー、シーサケット県(タイ)、チャンパサック、サラワン県(ラオス)が参加。外相会議、実務レベル会合を開催するが事業実績なし						2014年11月の第17回中国・ASEAN首脳会議で李克強首相が提案。2015年4月に高級官僚会議ののち、2015年11月に第1回外相会議開催。	

表1　メコン広域開発協力枠組み一覧

		1	2	3	4	5	6	7
正式名称		北の発展四角形	大メコン圏協力	インドシナ総合開発フォーラム	AEM-MITIインドシナ産業協力ワーキンググループ	メコン川委員会	ASEANメコン流域開発協力	発展の三角地帯
名称(略称)		四角形経済圏	GMS	FCDI	AMEICC	MRC	AMBDC	CLV
活動開始時期		1989.7〜	1992.10〜	1993.12〜1999	1994.9〜	1995.4〜	1995.12〜	1999.10〜
提唱主体		タイ・チェンライ県商業会議所	ADB・タイ	日本(外務省)	日本(通産省)	UNDP	マレーシア	カンボジア
参加国	タイ	○	○	○	○	○	○	×
	カンボジア	×	○	○	○	○	○	○
	ラオス	○	○	○	○	○	○	○
	ベトナム	×	○	○	○	○	○	○
	ミャンマー	○	○	オ	○	オ	○	×
	インドネシア	×	×	○	○	×	○	×
	シンガポール	×	×	○	○	×	○	×
	マレーシア	×	×	○	○	×	○	×
	フィリピン	×	×	○	○	×	○	×
	ブルネイ	×	×	○	○	×	○	×
	中国	○	○	○	×	オ	○	×
	日本	×	×	○	○	×	オ	×
	韓国	×	×	○	×	×	オ	×
	米国	×	×	×	×	×	×	×
	インド	×	×	×	×	×	×	×
合計参加国数		4	6	12＋オ	11	4＋オ×2	11＋オ×2	3
備考		チェンライ、チェントゥン、チェンルンと昆明市の商業会議所間で合意。後に4カ国の協力に拡大		他の第1回会議参加者としてUNDP、ADB、ESCAP、豪州、NZ、ロシア、欧州諸国、EC、IMF、世銀、メコン事務局。オブザーバとして米国、ILO、OECD。ミャンマーは1996年からオブザーバ参加。1999年の大メコン圏開発シンポジウムが最後。	ミャンマーは1995年に正式参加。1997年10月より日・ASEAN経済産業協力委員会(AMEICC)に発展改組。	1957年ECAFE創設のメコン委員会が前身。ミャンマーと中国はオブザーバ参加。	日本と韓国は2001年1月からオブザーバ参加。	2004年11月にCLV諸国と日本の首相間でCLV支援について合意。

×＝不参加　○＝参加　オ＝オブザーバー参加
出典：青木まき「メコン広域開発協力をめぐる国際関係の重層的展開」『アジア経済』2015年6月第52巻2号を加筆修正。

足）が存在し、一九九八年までにはインドシナ三カ国とミャンマーがＡＳＥＡＮ加盟を果たしているが、ＣＬＶやＡＣＭＥＣＳはこうした既存の制度のメンバーの一部が構成している。またこれらメコン地域内にある枠組みのうち、ＣＬＶについては二〇〇四年以降日本が支援を行なっており、メコン諸国の一部と域外国による「＋１」型の協力のひとつともなっている。

近年、メコン諸国と域外国との間で車軸型の協力制度が重層的に構築されている様子に注目し、これを日・中・米による「メコン地域」での権益の奪い合いとみなす論調がみられる。また開発援助の観点から、中国やタイといった従来の援助供与国とは異なる志向や手法を持つ「新規ドナー」が参入することで、援助事業が細分化し被援助国の発展にとって望ましくない結果をもたらすと指摘する論者もある〔4〕。

しかしながら、こうした見方は大国やドナーの動きの一部に注目するあまり、援助対象となるメコン諸国の主体性を看過している。現実をみれば、メコン広域開発協力のなかにはタイやカンボジアといったメコン諸国の呼びかけによる制度も存在する。援助の細分化問題についても、Satoらによるカンボジアの事例研究が、援助の受け手にとってむしろ選択肢拡大の機会として肯定的に受容されている一面を報告している〔5〕。こうした事実や実証研究は、援助の受け手であるメコン諸国の側にも制度の併存状況を受け容れる合理的な理由があることを示唆している。つまりメコン広域開発協力をめぐる国際関係を考察するためには、メコン諸国の呼びかけによる制度と大国が提唱した制度の双方について矛盾無く説明できる分析枠組みが必要となる。

メコン地域開発協力に関する先行研究は、個々の枠組みの組織的特徴を解明する研究〔6〕と、地域諸国の広域開発戦略を整理し、メコン広域開発をめぐる国際関係を明らかにした研究〔7〕、そしてメコン地域における地域的な経済相互依存関係の深化＝地域化とその担い手である企業に着目し、地域化と制度の相互作用を検討した研究〔8〕に大別できる。

中央政府による国際関係に焦点を当てた研究は、メコン広域開発枠組みの併存を「域内および域外諸国の国益追求、ライバル的構想、パワー・バランスへの配慮が表出」した結果とし、調整機能を欠いた「乱立状態」と表現する[9]。一方地域化とその担い手に着目する研究群は、タイのメコン地域主義の事例から、国内における諸アクターがそれぞれ異なる外交戦略を追求した結果、複数のメコン広域開発制度が成立したと説明する[10]。ただし、これらの研究は、諸アクターの構想がなぜ多国間からなる「制度」として成立し、併存してきたのかについては多くを語っていない。むしろこの点については、近年の地域主義研究の議論が多くの示唆を含んでいる。

国際関係論の中でも複数の国家からなる「地域(region)」の成立に着目する研究は、地域協力の主体に着目し、「諸『地域』の重層的な併存状況は、アジアにおける地域主義の展開に関わる諸国間において、場合によってはそれぞれの諸国内においても、あるべき『地域』像についての不一致が存在したことの表れ」[11]だとする点で、上述した地域化とその担い手に関する研究の主張と共鳴する。例えば大庭三枝による研究は、地域を主体間で構築される間主観的な社会構成物だとする近年の研究成果を踏まえ[12]、制度を地域成立のメルクマールであると同時にそこで行われる行為を介して地域的な「われわれ意識」を醸成する装置として位置付けた[13]。とりわけアジア・太平洋地域では、ASEAN諸国が域外大国と対峙する装置としてASEANという枠組みを重視し、ASEANを介して広域地域制度の「推進力」としての地位を築いた。一九九〇年代以降はこうしたASEAN諸国の意向を無視して単独で秩序を構築しうる大国は存在せず、米中日豪といった国々とASEAN諸国との駆け引きの結果として重層的な地域制度が構築されたと、これらの研究は指摘する[14]。

一九九〇年代以降のインドシナ半島でもこうした「われわれとしての地域」形成をめぐる国際関係が展開し、重層的な枠組みはその軌跡であると同時に関係を操作するための装置だと考えられる。ただし注意したいのは、一九九〇年代にインドシナ半島の全域がASEANに覆われた後も、GMSやMRC、その他「メコン」の名称を冠した協力は存続しており、その中でAMBDCのようにASEANのなかの「メコン」が顕在化してきたという点である。つまり、「メコン地域」とは、アジア・太平洋でサブシステム化することにより中核をなしてきたＡＳＥＡＮの、さらに下位《サブ》地域として位置付けられる。ではなぜメコン五カ国は、ＡＳＥＡＮという「地域」の中にさらなる「地域」を形成したのだろうか。以下ではメコン広域開発制度の発展過程を辿り、これらの問いを検証する。

2　基盤としてのＧＭＳ

メコン地域では、二〇世紀の大半を通じてカンボジア、ベトナム、ラオスの旧仏領インドシナ諸国、中国、ソ連、ＡＳＥＡＮ原加盟国、アメリカといった国々が対立を繰り返してきた。これらの国々の間では、一九九〇年代以前にも政治体制の差異を越えて協力制度が構築されたことがあったものの、いずれも域外国の介入や当事国同士の相互不信に振り回されてきた。一九四七年にタイ、ラオス、ベトナムの代表者が提唱した「東南アジア連盟」、一九五七年に設立されたメコン委員会はそうした例である。植民地秩序からの脱却を目指し連帯を唱えた東南アジア連盟は、アジアにおける共産主義勢力の拡大を恐れたアメリカとタイが反共政策に転じたことで消滅した。国際河川の共同開発を謳ったメコン委員会も、一九七五年以降に続いたインドシナ三カ国での共産主義政権樹立や、その後のメンバー国同士の関係悪化によって活動を縮小せざるを得なかった[15]。その傍らで、社会主義を掲げるミャンマーは一九六〇年から鎖国を続けていた。その結果、一九九〇年代に入るまでインドシナ半島全域を覆う制度は不在であり、日本など域外諸国は、旧仏領三カ国を「インドシナ」と総称しつつ、個々の国々と対話のチャンネルを有するに留まっていた[16]。

こうした分断状況の転機は、一九八〇年代末に訪れた。八〇年代半ばに中ソ対立が宥和し、ソ連が他国への支援を縮小すると、その影響を受けたベトナム、ラオスが相次いで経済開放路線に転換した。一九九一年にはカンボジア紛争当事勢力が和平協定に合意し、インドシナ半島での武力紛争は終息に向かう。これによって、東アジア諸国はインドシナ諸国との関係を定義し直すこととなった。

その中でも最も早期にインドシナ諸国への接近を試みたのがタイである。同国は一九八〇年代末にベトナム、ラオスとの経済善隣路線へ転換するが、この当時の構想はあくまでも二国間の貿易投資拡大に主眼を置いていた。それが多国間制度に発展したのは、一九八〇年代末から九〇年代初頭にかけてADBが水面下でラオスに対し働きかけていた地域協力構想に依るところが大きい。ADBの中でラオスを中心に近隣諸国との連繋をめざす構想を提示したのが、森田徳忠プログラム局長であり、この案を積極的に支持したのが当時のタイ国家経済社会開発事務局の総裁と、ラオスの経済担当副首相であった[17]。三者はインドシナ半島における平和共存と経済開発を焦眉の課題と考える点で一致していた。その際、森田らはメコン委員会の活動の経緯を考慮し、メコン川下流域四カ国に中国とミャンマーの上流域二カ国を加えることが必須と考えていた[18]。メコン委員会が「メコン」という枠組みの反面的な先例となっていたのである。

ADBは、一九八四年からラオス南部で水力発電所のプロジェクトに着手していた。タイ政府はこの計画に興味を示し、ADB事業で生産した電力を輸入したいと申し出たところ、ラオス政府は難色を示した。そこでADBがこの計画を他のインドシナ諸国も含む多国間制度とすることを提案したことでラオス政府は最終的に合意し、GMS発足に繋がった[19]。またGMSと平行して、タイ政府は当時カンボジア紛争後の復興協力構想を温めていた日本の外務省に対し三角協力を呼びかけ、FCDI構想の契機を作った[20]。こうした経緯を見る限り、インドシナ半島における開発協力が多国間制度という形をとったのは、関係国が第三者を介在させることで特定の国の存在を突出させず、政府間の猜疑心を取り除こうとしたことの帰結だといえよう。

こうして成立したGMSは、外務省ではなく運輸やエネルギーなど個別分野の高級実務者による作業部会を中心に運営されており、特別の協定や組織の設置を伴わず、各国の開発計画の中から二カ国以上によって共同提案された案件を実施するという形式を採る。さらに一九九六年には、GMS閣僚会議で加盟国がGMSをメコン地域開発の「マスタープラン」として国内や他の制度による開発計画の参照点とすることで合意した[21]。「マスタープラン」のうちでも重要なのが、六カ国を縦横に連結する経済回廊構想である。GMSでは、一九九四年四月の第三回閣僚会合以降、三つの回廊計画を推進してきた。ベトナム、ラオス、タイ、ミャンマーを繋ぐ東西回廊（二〇〇六年開通）、昆明からバンコクを結ぶ南北回廊（二〇一三年開通）、二〇一五年に完成予定の二つの南部回廊（ホーチミン－プノンペン－バンコク－ダウェー路線と、プノンペンから分岐するシアヌークヴィル－レムチャバーン路線）は、ADBの他に日本や中国などの資金援助によって建設が進められており、ACMECSやCLVといった他の制度によるインフラ開発もGMSの回廊計画を前提として実施されている（後述）。

以上の経緯から、GMSがその後のメコン広域開発協力をめぐる国際関係にもたらした影響は以下のようにまとめられる。まず、全会一致方式を採らず実務者間の協議に基づくGMSの運営ルールは、迅速な意思決定を可能とし、同時に実務者間のネットワーク構築を促した。二国間以上の案件を採択する方式は各国に「共通の課題」を探す契機をもたらし、GMS内でさらにローカルな協力を触発した。そして新たに「メコン」という地域的グループを提示し、それまで複雑な対立軸によって分断されていた六カ国が、平和と貧困削減という目標を共有することを内外に示したのである。

3 ASEANのインドシナ半島包摂

インドシナ半島諸国が孤立していた間、ASEAN原加盟国は外資主導型の輸出産業を介して世界経済に組み込まれ、めざましい経済発展を遂げた。メンバー拡大直前の一九九二年、ASEAN諸国はASEAN自由貿易地域構想を掲げ経済統合に向けて舵を切った。原加盟国は、やがて来る新規加盟国のために関税削減スケジュールを別に設けるなど弾力的な自由化推進措置をとったが、最終的には全ての国が貿易投資規制を同様に撤廃しなければならないことに変わりはなかった。統合のモメンタムを維持するためには、原加盟国とは異質の政治機構と経済制度を抱える新規加盟国との格差を縮小することが不可避となったのである。そのための方策としてASEANが用意したのが、AMBDCやIAIといった協力計画であった。こうしたASEANの動きに域外諸国も呼応し支援した。例えば日本は一九九四年からAMEICCなどを通じて協力してきた他、韓国もIAIの支援国として二〇〇一年から資金協力を行っている。

AMBDCは、シンガポールのゴー・チョクトン、マレーシアのマハティール両首相によって、一九九五年一二月の第五回ASEAN首脳会議（バンコク）で提唱され、翌年六月に発足した。AMBDC第一回閣僚会合（マレーシア）には、ASEAN原加盟国六カ国に新しくASEANに加わったばかりのベトナム、当時まだ非加盟国だったカンボジア、ラオス、ミャンマー、域外国である中国の一〇カ国が参加し、新規加盟（予定）国の持続可能な開発と、ASEAN新旧加盟国間との連携強化と共通利益の模索のために、運輸、通信、エネルギー、貿易投資、農業、人材育成など八つの分野で協力を行うことで合意した。その旗艦プロジェクトが、シンガポール・昆明鉄道計画（SKRL）である。しかし同計画は、資金上の問題により二〇〇〇年代までルートが決まらず、二〇〇一年の調査の結果、可能な限り既存の軌道を利用する形で、シンガポールからバンコク、プノンペン、ホーチミン、ハノイを経て昆明に至る複数のルートが採用された[22]。

さらに最後の加盟国であるカンボジアが正式加盟を果たした後、二〇〇〇年一一月の第四回ASEAN非公式首脳会議でシンガポールのゴー・チョクトン首相がASEAN内の格差解消とASEAN全体の競争力強化を訴え、IAIを提唱した。そしてキックオフ事業として、シンガポール政府は新規加盟国に対しては貿易投資や観光面での人材開発プログラムを、他のASEAN加盟国に対してはIT人材開発支援や青年交流、奨学金制度の

表2 SKRLの出資主体一覧(2008年現在)

路線	対象国	出資国
ポイペト－シーソポン間	カンボジア	マレーシア、タイ
カンボジア国内の鉄道ネットワーク構築(線路修復、改善、鉄道局改革)	カンボジア	ADB
プノンペン－ロクニン鉄道未敷設地域の初期調査	カンボジア、ベトナム	中国
ロクニン－ホーチミン	ベトナム	ベトナム
ナムトック－スリーパゴダ・パス線	タイ、ミャンマー	韓国
スリーパゴダ・パス－タンピュザヤ線	ミャンマー	韓国
東西線(ルート3)SKRLをラオスから繋ぐブンアン－タンアプ－ムギア間の未敷設路線	ベトナム	ベトナム
蒙河鉄道　玉渓－蒙自間141kmの修復	中国	中国
タイ・ラオス第1友好橋からバンタナレン間3.5kmの線路建設	タイ、ラオス	タイ

出典：ASEAN事務局およびADB－GMSウェブサイトより筆者作成。

表3 ASEAN6カ国によるIAIおよび新規加盟4カ国への支援状況(2005年現在)

国	IAI全体への貢献		CLMVへの二国間支援	
	出資額(ドル)	件数	出資額(ドル)	件数
ブルネイ	1,500,000	5	358,605	4
インドネシア	599,000	5	135,054	18
マレーシア	1,529,140	29	4,362,151	50
フィリピン	30,932	3	261,833	31
シンガポール	1,942,092	8	52,495,275	9
タイ	430,881	11	100,358,255	97
合計	6,032,045	61	157,971,173	209

出典：ASEAN, Progress of IAI Work Plan: Status Update (http://www.asean.org/archive/17947.pdf　2015年5月5日最終確認) より筆者作成。

提供を約束した[23]。AMBDCがメコン流域諸国を対象とする活動であったのに対し、IAIは対象をASEAN全体に広げた点が特徴であった。しかしIAI提唱の翌年、二〇〇一年の第三四回ASEAN閣僚会議で加盟諸国は、外相らが「ASEAN統合強化のための発展格差是正に関するハノイ宣言」を発表し、運輸、通信、エネルギーなどのインフラ、人材開発、情報通信分野でASEAN原加盟国が新規加盟国へ「特別な支援とそのための資源を提供する」ことを宣言し、IAIはCLMVを重点とする事業に変質していったのである[24]。

このように域内格差の是正を謳うAMBDCとIAIだが、実際には加盟国の間で関与の程度に差がみられる。表2はSKRLの各計画について、出資国を列挙したものである。これを見る限り、原加盟国で出資しているのはタイとマレーシアのみであり、新規敷設部分についてはADBが受け入れている。さらに表3では、IAI出資国の間でフィリピン、インドネシアの関与は低いこと、一方で新規加盟国に対する二国間ベースでの援助についてはタイが飛び抜けて大きな存在となっていることが示されている。

つまり、ASEANによる新規加盟国統合の試みは、SKRLを介したメコン流域＋マレーシア・シンガポールの連携強化に留まっており、二国間支援の状況はその利害関係の差を如実に示しているのである。

4 下位地域化する「メコン」

GMSとASEANがインドシナ半島を覆ったにもかかわらず、一九九〇年代末になるとその内部に別の制度が現れる。これらの制度はGMSの中でも特に地域性の強い事業を実施するための補完的制度として位置づけられるが、協力の志向性に大きな違いが見られる。

◆ACMECS――タイを中心とする地域構想

タイ政府はすでに一九九〇年からインドシナの近隣諸国向けの二国間援助を実施していた。借款による事業も二国間ベースで行われていたが、二〇〇三年に近隣諸国経済開発協力基金（NEDA）を設置したことを契機に、多国間ベースでも実施されるようになる。この多国間援助のために設けられたのがACMECSであった。

ACMECSは、二〇〇三年四月にASEAN首脳会議の場で当時のタクシン・チンナワット首相が、ミャンマー、カンボジア、ラオス、タイからなる「経済協力戦略」を提唱したのを端緒とする。同構想はベトナムが二〇〇四年に加わってACMECSに改称するが、提唱直後の二〇〇三年一一月に行われた第一回ECS首脳会議では「国境地帯にさらなる経済成長をもたらすべく、競争力を強化する」ことを目的として掲げている[25]。具体的には貿易障壁の撤廃、農・畜産業の契約栽培飼育、近隣諸国とタイを繋ぐ交通インフラ連繫推進、そしてタイと近隣三カ国とのそれぞれの国境に経済特区を設立し、特区へのタイにおける労働集約的製造業の移転と近隣諸国からの労働者の利用を企図していた[26]。

タイの政策担当者は、一九九〇年代初頭からタイの経済発展のためにメコン広域開発が不可欠だと認識していたが、実際には二〇〇三年までにGMS事業における中国の影響が拡大していた。例えば末廣昭は、一九九四年から二〇〇七年の間に行われたGMSのプロジェクトの出資国を分析した結果、中国政府の出資割合が伸張してきたことを指摘している[27]。こうした状況はタイ側の関係者も強く認識していた[28]。またACMECS設立に際してタイ商業会議所やタイ工業連盟といった経済団体、とりわけ農産品加工業からの強い要望があったというNEDA関係者の証言からは、当時タイ国内でGMSとは別にタイ企業に有利な協力制度が希求されていた様子がうかがわれる[29]。実際、NEDAによるACMECS事業はドルでなくバーツで実施されており、融資額のうち半分以上をタイ企業の製品やサービスに用いることを義務付けるなど、タイ企業に有利な条件になっている[30]。またタイでは借款事業の他、無償援助や技術協力を含む援助政策全般について技術協力政策委員会で審議、検討しており、そこにはNEDAなど政府機関の他、タイ商業会議所やタイ工業連盟、タイ銀行協会といった経済団体の代表が加わる[31]。

以上の考察から、ACMECSとはタイが、近隣諸国と自国経済との相互依存を独自に強化するために設立した制度として位置付けられよう。

◆CLV――ASEANを介した域外連繫

ACMECSがASEANと直接関係の無い枠組みであったのに対し、ASEANを前提として始まったのが、ベトナムが提唱した「西東回廊計画」(WEC)とカンボジアの提案によるCLVである。

カンボジア、ラオス、ベトナムは、一九九〇年代の終わりになるまで自ら枠組みを提唱することはなく、提唱された制度で積極的役割を担うこともなかった。白石昌也は、ベトナムを例に、当時新規加盟国にとってASEAN加盟とそこでの義務履行が最優先課題であり、限られた人員を他の活動に振り分けることは難しかったという事情を指摘する[32]。他のASEAN諸国との経済格差を埋めるためにも、ASEANへの加盟と協力の推進が必須であるとの認識は、既に一九九〇年にはベトナム政府の基本方針となっていた。またベトナムが独自の地域構想を呼びかけることで、カンボジアをはじめ他のASEAN諸国から新たな覇権への意図を疑われることをベトナム政府関係者は危惧していた[33]。新たな協力制度の提唱は、インドシナ三カ国がASEAN加盟を果たし、ベトナムが議長国となって開催した一九九八年一二月のASEAN首脳会議でなされている。この時にベトナムが提案したWECは「ハノイ行動計画」の中でASEAN局地経済圏のひとつとして位置付けられた[34]。

一方、翌年一〇月にカンボジアのフン・セン首相が、WECの一部であるインドシナ三カ国の国境地帯を対象に開発による貧困撲滅のための枠組みとして提唱したのが、CLVであった。CLVは、二〇〇〇年九月の国連サミットで「ミレニアム開発目標」が採択され、世界各国の開発援助が貧困削減や社会開発に傾斜していく動きに乗る形で注目を集める。その結果、CLVは国家的な貧困削減戦略の一部という側面を強調する形で具体化が進み、二〇〇三年一一月には「包括的貧困削減・成長戦略」という文書にまとめられた。現在CLVでは、この文書に基づき国別経済援助事業として日本をはじめとするドナー国からの支援が行われている。さらにCLV事業の一部は、IAIの一環として、二〇〇六年に設置された日本・ASEAN統合基金を利用している[35]。具体的事業としては、三カ国の国境隣接省を連結する越境交通網の新設と改善、交易拡大、観光協力、三国間の送電網建設が二〇〇二年一月に第二回CLV非公式首脳会議で掲げられた。二〇〇四年一一月にはCLVの首脳が「開発の三角地帯の設立に関するヴィエンチャン宣言」と「CLV開発の三角地帯のための社会・経済発展マスタープラン」を正式に採択し、翌日に来訪中の日本の小泉純一郎首相との間で協力に合意した[36]。

このように、CLVはASEANの「局地経済圏」として明確に位置付けられ、GMSの補完的事業としてADBの支援を受けつつ、域外大国である日本とも直接連繫している。このように複雑な連繫関係にあるCLVは、加盟国にどのような効果をもたらしているのだろうか。ここで想起したいのが、援助の細分化をめぐる議論である。CLVはメコン地域の被援助国の中でも援助への依存率が高く、特にラオスとカンボジアは一九九五年から二〇〇四年までの一〇年間で、ODA受入の対GNI比率が一〇%台を越えていた。二〇〇五年以降は一桁台に留まっているものの、依然ベトナムやタイに比べると割合が高く[37]、近年は中国からの援助が増加しているといわれる。

中国政府は対外援助や経済合作にかんする統計を十分に公表していないが、先行研究によれば、二〇〇一年から二〇〇八年までの期間に実施されたGMSを含むメコン地域で実施された開発事業の応札・入札は、いずれの国でも中国の国有企業、民間企業、地方企業が主な事業を請け負っている[38]。また二〇〇七年以降にタイを除くメコン四カ国に対し無償援助や無利子による大規模な建築や病院、工場の建設を提供している[39]。さらに二〇〇〇年以降、中国雲南省とメコン地域諸国の間で工事請負と労務提携という形での協力が増加したことも確認されている。末廣によれば、工事請負と労務提供に設計コンサルティングを加えた「対外経済合作」のうち他のメコン地域諸国に向けて実施されたものは、二〇〇〇年に五一三万ドルだったものが二〇〇七年には約五倍の二五六八万ドルに拡大したという[40]。Satoらの研究はこうした状況を踏まえてカンボジアにおける中国の援助を分析し、中国の援助がそれまで伝統ドナーとカンボジア政府との間で生じていた援助需給のミスマッチを埋め、カンボジア政府関係者にとって望ましい形での援助事業を可能にしていると指摘する[41]。これは被援助国が中国をはじめとする新興ドナーの援助を積極的に評価しているという説を裏付けると同時に、依存先を多様化することで被援助国も選択肢を拡大できる可能性を示唆している。

CLV諸国にとって政治的安定のためには経済発展が必須であり、発展の機会を提供してくれる中国との関係強化は望ましい。しかしながら、過度の依存は従属的関係をもたらしかねない。さらに中国との関係をめぐっては、CLV諸国間でも領海問題を抱えるベトナムと中国への政治的支持を示しつつあるカンボジアとの間で温度差が生じており、再び国家間での分裂をもたらす恐れもあった[42]。実際に、中国と同等に日本やアメリカといった他の国との関係を強化する必要があることを、CLV側の政府要人は認識している[43]。つまりCLV諸国は、大国による協力の申し出についてはこれを受け入れる一方、出来るだけ多くの国と関係を結ぶことで特定の国の影響を相殺するという行動を取っていると考えられる。CLVは、こうした小国の全方位的関与戦略のツールとして機能しているといえよう。

5　域外大国による「メコン」との連繋

◆中国による「周辺外交」と「メコン」

中国が一九九二年にGMSに参加した背景には、一九九〇年前後から雲南省政府が辺境貿易の拡大による発展を目指して東南アジアへの経済開放を打ち出し、中央政府レベルでもこうした動きを積極的に支持しつつあったという経緯があったと言われる[44]。中国はAMBDCでも「核心的地域」に位置づけられているが、一九九〇年代まで地域協力に対しては受動的な立場にとどまっていた。中国が多国間制度に前向きになったのは、二〇〇〇年前後に起きた二つの決定が契機であったと言われる。ひとつは二〇〇一年三月の「第一〇次五カ年計画要綱」を採択して対外投資拡大と資源開発を決定したことであり、この中でASEAN諸国は重要な投資先として位置づけられた(同年一一月には中・ASEAN首脳会議で包括的自由貿易協定の締結を合意している)。そしてもうひとつは、二〇〇二年一一月に中国共産党代一六回党大会で胡錦濤国家主席が「周辺国」である東南アジアとの善隣友好と協力強化を打ち出したことである[45]。こうした方針を受け、中国政府は二〇〇三年にADBの副総裁として元財務次官を派遣し、同時にADBへの出資を開始した[46]。

中国では既に一九九〇年代の初頭から内陸地域開発を求める動きが存在していたが、二〇〇〇年全国人民代表大会における「西部大開発」計画を契機に、GMSの一部である雲南や広西を含んだ非沿海部一〇省市区におけるインフラ建設や産業振興と構造改革に乗り出した[47]。その中でも、国際交通網開発と水力エネルギー資源開発は、中国のメコン広域開発の根幹をなす計画であった。国際交通網開発の一部には雲南省昆明市からシンガポールを結ぶ鉄道建設計画が含まれ、後にAMBDCやGMSの事業として実施されている。また水力エネルギー資源開発は、メコン川やサルウィン川といった国際河川の中国国内にある源流を対象として実施されたほか、

表4 中国とメコン諸国の2国間経済制度

	カンボジア	ラオス	ミャンマー	タイ	ベトナム
経済貿易協力委員会設置	2000年	1997年	1997年	1985年	1994年
会議のレベル	副大臣	副大臣	副大臣	担当大臣→2004年から副首相	副大臣・副首相
2012年までの会議開催状況	3回（2001、04、07）	5回	2回（2005、08）	85年より毎年開催。2004年からは2回	大臣レベルで7回、副首相レベルで5回

出典：北野尚宏「アジア諸国への経済協力——メコン地域・中央アジアを中心に」、下村恭民・大竹秀夫『中国の対外援助』日本経済評論社、2013年、86頁より。

中国の国有電力企業改革を促し、分割化された五つの電力企業グループによる電力開発事業の国際的展開をもたらした[48]。これらの電力グループは工事請負と労務提供に設計コンサルティングを加えた「対外経済合作」を介してカンボジア、ミャンマー、ラオスでのダム建設に深く関わっている[49]。このように中国にとってメコン地域開発協力とは、内陸部の経済発展の手段としての意味が大きいと考えられる。

しかしながら、そのことは中国政府がメコン諸国に対し一方的かつ一枚岩的に開発事業を推し進めていることを意味しない。上述した中国によるASEAN諸国への「対外経済合作」では、中央国有企業の他に地方の国有企業、民間企業も契約を請け負っている[50]。また、一九九〇年代、中国は多国間協力への関与強化に先んじて、二国間レベルでメコン諸国と経済関係を強化するための制度作りを進めている（表4参照）。中国によるメコン地域開発は、基本的に二国間関係の延長上にあり、相手との関係によってその内容には相違がある。こうした多様な主体による二国間ベースでの協力は、中国とメコン各国との経済的相互依存を深化させる一方で、GMSやASEANなどの多国間枠組みを相対化しつつある点に留意が必要である。

一方で近年、中国の「周辺外交」は中国外交の方針転換に伴ってその性格を変えつつあるといわれる。二〇〇八年頃から中国指導部の間でそれまでの胡錦濤による経済交流重視路線の見直しが始まり、従来の発展重視路線から「主権と安全」を重視する路線へと転換したといわれている[51]。二〇〇九年三月には南シナ海でベトナム漁船を拿捕し、ベトナムを始め同様に中国と領海問題を抱えるフィリピン、マレーシアといった国を中心にASEAN諸国の反発を招いた。さらに中国は二〇一〇年のASEAN地域フォーラムで南シナ海における領海問題が国際問題となることに反対するなど、その姿勢を硬化させている。このように、中国はメコン諸国を含むASEAN諸国にとって巨大な経済パートナーでありながら、一部の国にとっては軍事的脅威として立ち現れつつある。このことが、日本やアメリカといった他の大国による「メコン」への関与をより複雑なものにしている。

◆日本によるASEAN統合支援と「メコン」

日本は、一九八〇年代のカンボジア紛争の和平プロセスから、インドシナ半島における二国間ベースでの復興・開発支援を構想していた。そして一九九三年の外務省によるFCDI提唱を皮切りに、通産省によるインドシナ産業協力ワーキンググループ提唱(一九九四年)を経て、一九九八年からは日ASEAN産業協力委員会(AMEICC)が活動を続けている。また二〇〇四年からは、ASEAN+3関連会合を利用する形で「日本・CLV対話」が開かれ、日・メコン協力開始後の二〇〇八年まで継続している。

FCDIは、初めてインドシナ三カ国を「インドシナ」という集合的単位としてその戦後復興支援を謳い、日本が中心となってASEANをはじめとする各国との関係構築を媒介しようという試みだった。しかし、類似の制度としてGMSの活動が先行したこと、肝心のインドシナ諸国がASEANの一部となり「媒介者」としての日本の活躍の余地が消滅したことなどから、一九九五年に活動を停止した。このようにFCDIがASEAN原加盟国とインドシナ諸国の断絶を前提としていたのに対し、一九九四年に提唱されたインドシナ産業協力ワーキンググループの根底には、アジアで産業レベル別に重層的な国際分業体制を構築しようとする通産省の地域構想があり、インドシナ諸国をその分業体制の一部に組み込むことを目指していた[52]。インドシナ産業協力ワーキンググループは、その後のASEAN拡大を経てAMEICCに改組される過程で、「ASEAN域内格差の是正」というASEAN内の統合支援に目的を変換し、産業育成、高度化支援を中心に活動を継続してきた。

ASEANの側面支援としてのAMEICCに続く形で、二〇〇三年一一月に行われた日・CLV外相会談でCLV側から支援を要請されたことを契機に、日本とCLV、そしてメコン地域を直接結ぶ試みが始まる。産業発展支援に重点を置くAMEICCに対し、日・CLV協力ではCLV側の要請を反映し、灌漑や医療、教育などの社会インフラ開発、保健衛生支援に重点を置く[53]。

さらに二〇〇七年一月の日・CLV首脳会議で、日本政府は「日・メコン地域パートナーシップ・プログラム」を発表し、今後日本のメコン地域に対する支援が、①地域経済統合促進、②貿易・投資の拡大、③民主主義・法の支配など普遍的価値観の共有と地域共通の課題への取組を三つの柱として掲げ、メコン地域諸国および他の開発パートナーの連携を宣言した。これに基づいて二〇〇八年一月に東京で開催されたのが第一回日・メコン外相会議であり、これ以後日本はASEAN新規加盟国にタイを加えた「メコン諸国」との協力を推進していく。二〇〇七年に掲げられた日・メコン協力の三つの柱のうち、「民主主義」という言葉はその後の公式文書から姿を消すが、「法の支配」については領海問題をめぐる「国連海洋法条約の遵守」という形で継続して触れられている。この一文は二〇一二年四月の第四回首脳会談で採択された「日メコン協力のための東京戦略二〇一二」の中で「南シナ海に関する行動宣言への支持を確認し、国際法に従った形で行動規範（COC）の策定に期待する」という文言に発展し、中国を意識した表現となっている[54]。

この事例が示すように、日本の対メコン協力構想の中では中国の位置づけに大きなブレが見られる。一九九四年当時の通産省の構想では、インドシナにミャンマーを加えた「CLMV」のみならず、中国もまた経済的潜在力を有する国として組み込むことが「アジア地域の持続的・安定的な成長にとって有効」[55]だとされていた。それにもかかわらず、日中間でのメコン開発をめぐる協議は、二〇〇八年六月から外務省高級実務者レベルで始まった日中メコン政策対話まで実現していない。日中メコン政策対話は二〇一一年の第四回会合まで例年開催されてきたが、日中間で首脳会合が開催されなかった状況を反映し、二〇一四年一二月まで休止状態にあった。この間、日・メコン協力では実務者の間で日中間の調整と対話を求める声が上がっている。先にふれた「日メコン協力のための東京戦略二〇一二」は、中国の南シナ海における行動を制する文言を含んでいたにもかかわらず、日本とメコン諸国の双方が「開かれた地域を目指し、メコン河下流域開発イニシアティブ（LMI）、日中メコン政策対話等の取組や、GMS……（中略）……といったメコン域内の取組を通じ、様々な地域的制度や第三国との連携を強化する」ことを確認している[56]。つまり実務者レベルでは、日中間の調整の必要が強く認識されていたと考えられる。日中の対話が二〇一四年一一月に安倍晋三首相と習近平国家主席の間で会談がもたれたのを経てようやく再開されたという経緯からは、両国政府間の対話が時局の変化に左右されがちである様子がうかがわれる。日中両国は、実務者レベルでは相互に連絡調整、協力する必要を認識していたものの、政治レベルではお互いの動向について長らく不透明な状態が続いていたのである。

◆アメリカによる「共通の課題」解決のための「メコン」支援

日本と中国が「メコン地域」への積極的な関与を続ける傍らで、アメリカは二〇〇〇年代に入っても具体的な構想を示さなかった。しかし二〇〇九年七月、東南アジア友好平和条約に加入と同時にアメリカはカンボジア、ラオス、ベトナム、タイとLMI設立に合意する。これらの国々はメコン下流域諸国であり、上流域国である中国、ミャンマーは含まれていない。設立当初に重点分野として挙がったのは保健、環境、教育、インフラ開発だったが、二〇一四年現在は農業・食料安全保障、コネクティビティ、教育、エネルギー安全保障、環境問題と水質保全、保健の六分野に加え、分野横断的なテーマとしてジェンダー問題が上がっている[57]。さらにLMIが二〇一一年に「行動計画」（二〇一一−一五年）を策定したのに合わせて、ドナー国や関係機関のフォーラムとしてメコン下流域フレンズ会合(LMF二〇一一年七月第一回会合)が設けられた。LMFにはLMI諸国の他、オーストラリア、EU、ニュージーランド、日本、韓国、ADB、世界銀行、ASEAN事務局代表者、そしてオブザーバーとしてミャンマーが参加しており、二〇一四年までに四回の閣僚級会合が開かれた。会合は各国の援助担当省庁や機関の間での情報共有と、各国の外相による非伝統的安全保障分野に関する対話からなる[58]。

オバマ政権は発足当初からアジア太平洋地域への関与強化を打ち出しているが、二〇一一年一一月頃から「アジア太平洋へのリバランス」あるいは「アジア・ピボット」という表現を用いるようになった。これは単にアジア太平洋地域を重視するということに留まらず、開発援助や外交も動員して地域におけるアメリカの影響力を維持していくという二〇一〇年の国家安全保障戦略の延長上にあるといわれる[59]。中山俊宏はオバマ政権の外交政策担当者の言説から、オバマ政権の外交は、現在アメリカがテロ、感染症、越境的犯罪、気候変動などアメリカ単独では解決困難な脅威が存在する世界にいるという世界観に基づき、問題解決のためにイシュー毎に形成される様々な連合を利用し、対話を通じてアメリカ的な価値観を浸透させ、協調行動を促していくことでしか国益は確保されないという理念に裏打ちされていると説明する[60]。LMI・LMFはこうしたオバマ政権の理念を如実に反映している。

しかしながら、そうしたLMI・LMFに中国は含まれていない。「メコン地域」をめぐる米中関係をアメリカがどう認識しているかを示す資料として、ここでは戦略国際問題研究所が二〇一三年に発表した保健衛生分野でのメコン協力にかんする調査報告書を参照したい。「大メコン保健衛生安全保障パートナーシップ」と題するこの報告書は、アジア太平洋地域における保健衛生分野でアメリカが果たしうる役割と課題について、アメリカ政府内外の保健衛生事業従事者(国軍を含む)へ調査を行ったものである。

報告書はアメリカの人道的支援における歴史的な強みを確認し、中でも文民機関と国軍による公衆衛生支援の機能を強調する。そうした強みを発揮しうる機会としてメコン地域に目を向ける[61]。興味深いのは、報告書が東南アジアを米中の力関係が競合する場とみなしつつ、防疫を共通の課題として同地域で中国を巻き込んだ協力の可能性を示唆している点であろう[62]。中国とアメリカは二〇〇九年から国軍の保健衛生機関で交流を行っており、こうした二国間での協力を地域レベルに拡大するという構想は、アメリカが将来的な中国の包摂と協力を企図していることを示している。ただし、中国政府がこれをどう受け止めているかは明らかではない。

おわりに――下位地域としての「メコン」

一九九〇年代以降、冷戦構造が消失して見通しがきかなくなった世界のなかで、インドシナ半島では関係国がそれぞれ試行錯誤しつつ自国にとって望ましいと考えられる地域的グループを模索し、重層的な制度を構築してきた。「メコン地域」はそうした重層的な制度の中で、各国が共通する利益を互いに探り合う過程から立ち現れつつある。その過程では、自国を含む新たな広域経済圏を構築しようとするタイ、タイの影響を他国の存在で相殺しようとするラオスやカンボジア、多国間枠組みの中で自国と近隣国との関係を安定させようとするベトナムといった国々の思惑が影響してきた。

実際には、「メコン」の名を含み、カンボジア、ラオス、ミャンマー、タイ、ベトナムの五カ国のみで構成する組織はACMECSのみである。「メコン」の名を冠した組織は、むしろ上記五カ国と域外大国との間、あるいはASEANの中で形成されつつある。こうした事実を踏まえると、「メコン」の実体とは、明示的な制度それ自体というよりも、むしろ重層的な制度を介して生じる実務者間の頻繁なコミュニケーションにあるといえよう。Satoらは、タイの援助実施体制において担当省庁がカンボジアの担当省庁と直接、日常的な接触を持つことを指摘した[63]。実務レベルでの接触は、メコン諸国間のみならず、これらの国々への援助をめぐって開催されるドナー同士の会合を通じ、中国、マレーシア、インドネシアといった国々の間でも試みられている[64]。こうした実務レベルでの接触は、あくまで開発協力を目的としたものであり、国家間の政治安保上の対立を阻止するほどの影響力は持たない。しかし、接触を通じて互いについての情報を蓄積し、共通の利益を模索し、共有していくことの意義はもっと大きく評価されるべきだろう。例えば筆者がタイの援助担当機関で行ったヒアリングでは、カンボジアとの国境紛争が激化した二〇〇八年から二〇〇九年に、タイとカンボジア間で協力事業が滞ったことはあったものの、実務レベルでの接触は続いていたことを確認した[65]。このように、実務者間のネットワークは対立が沈静化したのち速やかに協力事業を再開することを可能としており、対立の長期化やエスカレーションを防いできたと考えられる。

こうした実務者のコミュニケーション網を「メコン」と名付けて提示したのは、「メコン」5カ国ではなく、日本や中国、アメリカといった大国やASEANの中の非メコン川流域諸国であった。「メコン」を冠する地域協力制度に中国が含まれたり含まれなかったりするのは、これらの「メコン」域外諸国の地域戦略のズレが反映されているためである。しかしながら、「メコン」は単なる域外大国の戦略の帰結ではない。メコン諸国は、重層的に展開する制度の一部を使って大国間関係の操作を試みていた。二〇一二年の日・メコン首脳会議の宣言が日中間対話の再開を促していたことは、その例として位置づけられるだろう。中小国の集合であるメコン諸国にとって、最も望ましくないシナリオとは、日本や中国、アメリカから二者択一でパートナーシップを迫られることである。こうした事態を避けるべく、メコン諸国は複数の大国とそれぞれ別の関係を結んだり、大国を含まない制度を構築したりすることで、大国の影響を制御している。中小国にとって、依然として先行きの不透明な国際関係に対応していくためには、「メコン地域」が可変的なグループである方が好都合だと考えられる。

中小国が「中小国の集団＋1」型の制度を積み重ねて「＋1」部分の国の行動に影響を及ぼすというパターンは、ASEANが一九九〇年代に展開した戦略を想起させる。ASEAN諸国は、域外大国との関係を再定義する中で一九九〇年代にASEANのより高度な組織化に踏み切り、内部の結束を高めようとした。一方「メコン」は、日米中や島嶼部ASEAN諸国との関係構築の過程で形成されつつあるが、その周縁は可変的なままであり、独立した地域として組織化しようとする動きも現在のところ見られない。「メコン地域」は、ASEANを含む多数の制度の下位に位置する非公式なネットワークとして、当面のあいだ存続していくだろう。

註

1——Pempel, T. J., "Soft Balancing, Hedging, and Institutional Darwinism: The Economic-Security Nexus and East Asian Regionalism", *Journal of East Asian Studies*, May-August, 2010, Vol. 10, No. 2, pp. 209-238.

2——第一回AMBDC閣僚会議(一九九六年六月一七日)では、核心的グループとして、中国と当時まだASEAN未加盟だったカンボジア、ラオス、ミャンマーの名を挙げている。ASEAN, *Highlights of the First Ministerial Meeting on ASEAN-Mekong Basin Development Cooperation Kuala Lumpur*, June 17, 1996, p. 6.

3——ただし、中国は二〇一四年一一月の第一七回ASEAN中国首脳会議で「瀾滄江－メコンサブ地域」(Lancang-Mekong subregion)という表現を用いて自国と他のメコン流域諸国を含む地域を提示している。ASEAN, *Chairman's Statement of the 17th ASEAN-China Summit*, Nay PyiTaw, Myanmar, November 13, 2014. この新たな名称が意味するところについては、さらに詳細な分析が必要であろう。

4——Naim, M. Rogue Aid., *Foreign Policy*, March/April, 2007, pp. 95-96.

5——Sato, Jin, et.al., "Emerging Donors' from a Recipient Perspective: An Institutional Analysis of Foreign Aid in Cambodia", *World Development*, Vol. 39, No. 12, 2011, pp. 2091-2104.

6——例えば野本啓介「メコン地域開発をめぐる地域協力の現状と展望」『国際金融研究所報』第一二号、二〇〇二年、七三～一〇〇頁。森園浩一『インドシナ地域(拡大メコン圏)協力の現状とわが国の地域開発協力の視点から　平成一四年三月』国際協力事業団国際協力総合研修所、二〇〇二年。

7——白石昌也「日本の対インドシナ・メコン地域政策の変遷」『アジア太平洋討究』第一七巻、二〇一一年、一～三九頁。

白石昌也「カンボジア、ラオス、ベトナム「開発の三角地帯」構想の成立経緯と概観」『アジア太平洋討究』第一九巻、二〇一三年、一～四四頁。

8——末廣昭他『現代中国研究拠点研究シリーズ 3 大メコン圏(GMS)を中国からとらえなおす』東京大学社会科学研究所、二〇〇九年。末廣昭『現代中国研究拠点研究シリーズ 7 中国の対外膨張と大メコン圏(GMS)・CLMV』東京大学社会科学研究所、二〇一一年。

9——白石昌也「メコンサブ地域の実験」山本武彦・天児慧編『東アジア共同体の構築』第一巻(新たな地域形成)、岩波書店、二〇〇七年、七二～七四頁。

10——末廣昭「タイはインドシナ開発の中心たりえるか? チャーチャイ政権とタクシン新政権」地球産業文化研究所『ASEAN統合と新規加盟国問題』地球産業文化研究所、二〇〇一年、一三～三八頁。Glassman, Jim, *Bounding the Mekong: The Asia Development Bank, China and Thailand*, United States of America: University of Hawaii Press, 2010.

11——大庭三枝「重層的地域としてのアジア：対立と共存の構図」有斐閣、二〇一四年、一六頁。

12——こうした議論の例として、Grugel, Jean and Wil Hout eds., *Regionalism across the North-South Divide: State Strategies and Globalization*, London: Routledge, 1999.

13——大庭、前掲書、ならびに大庭三枝「アジア太平洋地域形成への道程：境界国家日豪のアイデンティティ模索と地域主義」ミネルヴァ書房、二〇〇四年。

14——大庭、前掲書、二〇一四年、一八～二三頁。

15——山影進「メコン河流域諸国の開発協力とASEAN」『政経研究』第三九巻第四号(二〇〇三－〇三)、二〇〇三年、一五八九～一六一九頁。

16——白石、前掲論文、二〇一一年、七頁。

17——森田徳忠「二〇年一昔」『アジ研 ワールドトレンド』第一七二巻、二〇一〇年一月号、一頁。

18——元ADBプログラム局長である森田徳忠氏への筆者によるヒアリング(二〇〇八年八月一九日バンコク、クイーンズ・ホテル)。

19——森田、前掲論文、二〇一〇年、および森田氏に対するヒアリング。

20——石井梨紗子「ポスト冷戦期インドシナにおける日本の援助外交：地域政策構想具現化に向けた援助の活用と限界」『国際関係論研究』第二〇号、二〇〇三年、八三～一一三頁。

21——野本、前掲論文、七七頁。
22——森園、前掲書、二〇頁。
23——ASEAN , *Press Statement by Chairman, 4th ASEAN Informal Summit*, Singapore, November 25, 2000.
24——ASEAN, *Ha Noi Declaration on Narrowing Development Gap for Closer ASEAN Integration Hanoi*, Vietnam, July 23, 2001.
25——NESDB, *Kanjat Rabop Sethakij Tam Neu Chaidaen (Economic Cooperation Strategy), Economic Cooperation Strategy, Regional Development Office*, National Economic and Social Development Board Office 2003.
26——ACMECS, Bagan Declaration, Bagan, November 12, 2003.
27——末廣、前掲書、二〇〇九年、三五〜三六頁。
28——青木、前掲論文、二〇一五年、注20。
29——二〇〇六年三月六日に恒石隆雄氏と共同で行ったＮＥＤＡ総裁（当時）へのヒアリング。
30——二〇一三年一〇月三〇日に筆者がＮＥＤＡプログラムオフィサーに対し行ったヒアリング。この条件は無償協力にも同様に適用されるとのこと。
31——Glassman, op.cit., pp. 76-81.
32——白石、前掲論文、二〇〇一年、五二〜五三頁。
33——古田元夫「ベトナムの対東南アジア政策」岡部達味編『ポスト・カンボジアの東南アジア』日本国際問題研究所、一九九二年、五三〜七八頁、六二頁。
34——ASEAN, *Hanoi Plan of Action*, December 5, 1998.
35——白石、前掲論文、二〇一三年、八頁。
36——日本国外務省「日ＣＬＶ共同新聞発表（仮訳）」二－（一）－（八）、二〇一四年。
37——青木、前掲論文、二〇一五年、表5参照。
38——末廣、前掲書、二〇〇九年、四九〜五一頁。
39——末廣、前掲書、二〇一一年、八二頁。
40——末廣、前掲書、二〇〇九年、五九頁。
41——Sato, et.al., op.cit., p. 2100.
42——二〇一二年七月のＡＳＥＡＮ外相会議（プノンペン）では、南シナ海問題を共同宣言に入れるか否かをめぐってフィリピン、ベトナムという係争国と議長国であるカンボジアの間で折り合いがつかず、ASEAN史上初めて共同声明が見送られるという事態が起きた。アジア動向年報二〇一三年版、一八五頁。

43――青木、前掲論文、二〇一五年、注30。二〇一三年一一月二七日にカンボジア外務省にて行った筆者のヒアリングに対し、カンボジア外務省高官は「出来るだけたくさんの国と友好関係にあるのがいい。どこかの国が自分だけと仲良くしてくれと来るのが一番困る」という見解を示したのは、その選好を良く物語っている。

44――朱振明「中国とメコン地域開発：雲南と広西の参画」石田正美・工藤年博『情勢分析レポート 4 大メコン圏経済協力：実現する3つの経済回廊』アジア経済研究所、二〇〇七年、九六～九七頁。

46――人民日報英語版、二〇〇三年七月一〇日。

47――Glassman, op.cit., pp. 118-119.

48――Glassman, op.cit., pp. 124-126.

49――末廣、前掲書、二〇一一年、七七～七九頁。

50――中国雲南省政府関係者の話によると、メコン諸国とのビジネスをめぐり、地元雲南の県や市といった下位の地方政府、雲南省の国有企業や国境地帯で活動してきた商人の他、沿海部の企業や他地方の同郷会などが競い合いながら事業を展開しており、中央政府がそれを追認するという事態も観察されるとのことだった。二〇一五年一〇月二日に行った雲南大学GMS研究所でのヒアリング。

51――川島真「『韜光養晦』と『大国外交』の間：胡錦濤政権の外交政策」『国際問題』第六一〇巻、二〇一二年、四頁。

52――石井、前掲論文、九八～九九頁。

53――日本外務省「日本のCLV（カンボジア、ラオス、ベトナム）支援の新たなイニシアティヴ」平成一七年一二月一三日。

54――日本国外務省「日メコン協力のための東京戦略二〇一二（仮訳）」平成二四年四月二一日。

55――通産省貿易振興局『経済協力の現状と問題点平成四年版』通商産業調査会、一九九二年、一二一～一三一頁。

56――日・メコン協力では、高級官僚レベルでもメコン側から日中間の対話と情報交換の必要性を指摘する声が上がったという。二〇一四年一二月一一日に筆者が行なった日本外務省南アジア局南東アジア一課でのヒアリングによる。

57――USAID、http://www.usaid.gov/asia-regional/lower-mekong-initiative-lm（二〇一四年九月二日アクセス）およびLMIウェブページ、http://www.lowermekong.org/about/lower-mekong-inititative-imi（二〇一四年九月三〇日アクセス）

58——ＬＭＦウェブページ、http://www.lowermekong.org/partner/background-and-approach（二〇一四年九月三〇日アクセス）

59——The White House, *National Security Strategy*, May, 2010.

60——中山俊宏『介入するアメリカ　理念国家の世界観』勁草書房、二〇一三年、二〇四～二〇九および二三三～二三六頁。

61——Morrison, J. Stephen Thomas Cullison, J. Christopher Daniel Murray Hiebert, *A Greater Mekong Health Security Partnership A Report of the CSIS Task Force on Health and Smart Power in Asia*, 2013, pp. 2-3.

62——Morrison, et.al., op.cit, p. 2, 5.

63——Sato, et.al., op.cit., pp. 2097-2098.

64——前出のタイ国際協力機構でのヒアリングによれば、タイはインドネシアとマレーシアと二国間で調整会議を定期的に開いている。またカンボジア、ラオスとは一年に一度、援助に関する協議会議を開いている他、ミャンマーとは現状一八か月に一回の会議を一年に一度にするよう交渉中とのことであった。

65——二〇一三年一〇月二九日タイ国際協力機構、一〇月三〇日ＮＥＤＡでのヒアリング。青木、前掲論文、二〇一五年参照。

参考文献

ASEAN, *Highlights of the First Ministerial Meeting on ASEAN-Mekong Basin Development Cooperation, Kuala Lumpur*, June 17, 1996.

————, *Hanoi Plan of Action*, December 5, 1998.

————, *Press Statement by Chairman, 4th ASEAN Informal Summit,* Singapore, November 25, 2000.

————, *Ha Noi Declaration on Narrowing Development Gap for Closer ASEAN Integration Hanoi,* Vietnam, July 23, 2001.

Glassman, Jim, *Bounding the Mekong: The Asia Development Bank, China and Thailand*, United States of America: University of Hawaii Press, 2010.

Grugel, Jean and Wil Hout eds., *Regionalism across the North-South Divide: State Strategies and Globalization*, London: Routledge,

1999.
Morrison, J. Stephen Thomas Cullison, J. Christopher Daniel Murray Hiebert, *A Greater Mekong Health Security Partnership A Report of the CSIS Task Force on Health and Smart Power in Asia*, 2013, pp. 2-3.
Naim, M. Rogue Aid, *Foreign Policy*, March/April, 2007, pp. 95-96.
NESDB, *Kanjat Rabop Sethakij Tam Neu Chaidaen (Economic Cooperation Strategy)*, *Economic Cooperation Strategy*, *Regional Development Office*, National Economic and Social Development Board Office 2003.
Pempel, T. J., "Soft Balancing, Hedging, and Institutional Darwinism: The Economic-Security Nexus and East Asian Regionalism", *Journal of East Asian Studies*, Vol. 10, No. 2, May-August 2010, pp. 209-238.
Sato, Jin, et.al., "Emerging Donors' from a Recipient Perspective: An Institutional Analysis of Foreign Aid in Cambodia", *World Development*, Vol. 39, No. 12, 2011, pp. 2091-2104.
The White House, *National Security Strategy*, May, 2010.

LMI http://www.lowermekong.org/about/lower-mekong-inititative-imi
LMF http://www.lowermekong.org/partner/background-and-approach.
USAID http://www.usaid.gov/asia-regional/lower-mekong-initiative-lmi

青木まき「メコン広域開発協力をめぐる国際関係の重層的展開」『アジア経済』第五二巻二号、二〇一五年六月、二～四〇頁
青山瑠妙『現代中国の外交』慶應義塾大学出版会、二〇〇七年、三四〇～三四二頁。
石井梨紗子「ポスト冷戦期インドシナにおける日本の援助外交：地域政策構想具現化に向けた援助の活用と限界」『国際関係論研究』第二〇号、二〇〇三年、八三～一一三頁
大庭三枝「アジア太平洋地域形成への道程：境界国家日豪のアイデンティティ模索と地域主義」ミネルヴァ書房、二〇〇四年
――――「重層的地域としてのアジア：対立と共存の構図」有斐閣、二〇一四年
川島真「『韜光養晦』と『大国外交』の間：胡錦濤政権の外交政策」『国際問題』第六一〇巻、二〇一二年、四頁

朱振明「中国とメコン地域開発：雲南と広西の参画」石田正美・工藤年博『情勢分析レポート4 大メコン圏経済協力
——実現する3つの経済回廊』アジア経済研究所、二〇〇七年、八一〜一一五頁
白石昌也「メコンサブ地域の実験」山本武彦・天児慧編『東アジア共同体の構築』第一巻（新たな地域形成）、岩波書店、二〇〇七年、六七〜九二頁
——「日本の対インドシナ・メコン地域政策の変遷」『アジア太平洋討究』第一七巻、二〇一一年、一〜三九頁
——「カンボジア、ラオス、ベトナム「開発の三角地帯」構想の成立経緯と概観」『アジア太平洋討究』第一九巻、二〇一三年、一〜四四頁
末廣昭「タイはインドシナ開発の中心たりえるか？ チャーチャイ政権とタクシン新政権」地球産業文化研究所『ASEAN統合と新規加盟国問題』地球産業文化研究所、二〇〇一年、一三〜三八頁
——『現代中国研究拠点研究シリーズ 7 中国の対外膨張と大メコン圏（GMS）・CLMV』東京大学社会科学研究所、二〇一一年
——他『現代中国研究拠点研究シリーズ 3 大メコン圏（GMS）を中国からとらえなおす』東京大学社会科学研究所、二〇〇九年
通産省貿易振興局『経済協力の現状と問題点 平成四年版』通商産業調査会、一九九二年
中山俊宏『介入するアメリカ 理念国家の世界観』勁草書房、二〇一三年
日本国外務省「日本のCLV（カンボジア、ラオス、ベトナム）支援の新たなイニシアティヴ平成一七年一二月一三日」、(http://www.mofa.go.jp/mofaj/kaidan/s_koi/ASEAN05/CLV.html（二〇一五年四月二三日アクセス）
——「日メコン協力のための東京戦略 二〇一二平成二四年四月二一日（仮訳）」、http://www.mofa.go.jp/mofaj/area/j_mekong_k/s_kaigi04/index.html（二〇一五年四月二三日アクセス）
——「日CLV 共同新聞発表（仮訳）」二〇一四年、http://www.mofa.go.jp/mofaj/kaidan/s_koi/ASEAN+3_04/CLV_ky.html（二〇一五年四月一三日アクセス）
野本啓介「メコン地域開発をめぐる地域協力の現状と展望」『国際金融研究所報』第一二号、二〇〇二年、七三〜一〇〇頁
古田元夫「ベトナムの対東南アジア政策」岡部達味編『ポスト・カンボジアの東南アジア』日本国際問題研究所、一九九二年、五三〜七八頁、六二頁

森園浩一『インドシナ地域（拡大メコン圏）協力の現状とわが国の地域開発協力の視点から　平成一四年三月』国際協力事業団国際協力総合研修所、二〇〇二年
森田徳忠「二〇年一昔」『アジ研　ワールドトレンド』第一七二巻、二〇一〇年一月号、一頁
山影進「メコン河流域諸国の開発協力とＡＳＥＡＮ」『政経研究』第三九巻第四号（二〇〇三‐〇三）、二〇〇三年、一五八九〜一六一九頁

第5章

中国の対東南アジア・ASEAN外交

――胡錦濤・習近平政権期を中心に

川島真
KAWASHIMA Shin

はじめに

本章は、昨今つとに話題になる中国の対東南アジア・ASEAN外交について考察したい。時期としては一九九〇年代から習近平政権期を対象とする。現在、中国と東南アジアの関係はひとつの転換期にさしかかっているとも言えるし、その変容がひとつの帰結を見せつつある、とも言えるだろう。二〇一五年には中国・ASEAN－FTA（ACFTA）が事実上完成し、またASEAN経済共同体も形成された。また、メコン開発を含め、中国と大陸部東南アジアの関係も、鉄道や高速道路建設などのインフラ面、あるいはこの地域の開発や海賊（河賊）取り締まりなどの面で、少なからず問題を抱えながらも、一定の進展が見られている。雲南省、広西チュワン族自治区とベトナム、ラオス、ミャンマーなどとの陸路の関係も、基本的に進展してきている。また中国と東南アジア諸国の二国間関係を見ても、経済面を中心に関係が深化していることは疑いがなかろう。そうした意味で、中国と東南アジアの、また中国の南部、西南部の国境に面する各省と大陸部東南アジアの地続きの関係も強化されてきていると見られる。

しかし、南シナ海の領土問題や安全保障をめぐる諸問題をはじめ、中国とＡＳＥＡＮ、東南アジア諸国との問題も少なくない。従来、こうした領土をめぐる問題は、中国とＡＳＥＡＮの特定の国との関係に限定されていたが、中国と領土問題をかかえているわけではない国々からも、次第に、中国の強硬な対外政策への懸念が呈されるようになってきている。そして、中国が一帯一路やアジアインフラ投資銀行（ＡＩＩＢ）などの新たな問題提起をおこなうなかで、中国との二国間関係が従前とは異なる局面を迎えている国も、東南アジアにはある。

中国・ＡＳＥＡＮ、東南アジア関係が注目を集める中で、日本の学界でもこの関係に関して少なからぬ業績が積み重ねられている。たとえば、近年公刊された著作だけを見ても、大庭三枝『重層的地域としてのアジア——対立と共存の構図』（有斐閣、二〇一四年）は中国とＡＳＥＡＮの関係も客観的に考察しているだけでなく、中国との関係次第では東アジアで地域統合の牽引役であったＡＳＥＡＮの役割が変わる可能性を指摘しているし、佐藤考一『「中国脅威論」とＡＳＥＡＮ諸国——安全保障・経済をめぐる会議外交の展開』（勁草書房、二〇一二年）は大国中国に対して東南アジア諸国がＡＳＥＡＮを通じていかに効果的に向き合ってきたのかという点と、その限界点、問題点について考察を加えている。また、末廣昭ほか編著『南進する中国と東南アジア——地域の「中国化」』（東京大学社会科学研究所現代中国研究拠点、現代中国研究拠点研究シリーズ、二〇一四年）は、中国と大陸部東南アジアのボーダー地域の一体化、関係の強化に着目している。このほか、産業研究や経済研究、軍事安全保障面での研究、また各国別の中国との関係に関する研究など、枚挙に暇がないほどである。他方、中国の対東南アジア外交という観点で見ると、青山瑠妙《るみ》『中国のアジア外交』（東京大学出版会、二〇一三年）が日本語での代表的著作だと言えるだろう。青山の著作は、必ずしも中国と東南アジアの関係に特化したものではないが、第二章第二節「東南アジア・南アジアと東南アジア諸国連合・南アジア地域協力連合」や、第三章第二節「大メコン川流域開発と汎トンキン湾経済協力」、第四章「アジアをめぐる中国の安全保障」の各節では、中国側の対外政策全体から見た対東南アジア外交の位置づけを適確に捉えている[1]。

本章は、こうした諸研究を踏まえ[2]、主に一九九〇年代から習近平政権期の中国の対東南アジア政策について、首脳の発言や公開されている文書のほか、北京、ハノイ、ジャカルタ、シンガポール、昆明、南寧、中国／東南アジア国境地域などでおこなった現地調査を踏まえ、考察を加えたい。具体的には、第一節で中国の対ASEAN、東南アジア関係を捉える上での観点をまとめ、第二節で一九九〇年代以降の中国の対ASEAN、東南アジア関係の展開を時系列に把握し、第三節で習近平政権下での状況について検討したい。

1　中国から見るASEAN・東南アジア

中国の対ASEAN、東南アジア政策を検討する前に、本節では中国にとってのASEAN、東南アジアの「見え方」について述べておきたい。中国の対ASEAN、東南アジア外交を見るに際して、軍事安全保障や経済関係の実態が重要であり、その変化に応じて政策が変化するのは言うまでも無いし、また韜光養晦《とうこうようかい》にせよ、一帯一路にせよ、大きな戦略やスローガンなどを含む対外政策の一部に位置づけられていることも言うまでも無い。青山瑠妙の『中国の対アジア外交』は中国の周辺外交を描くことをモチーフとしているが、実際、胡錦濤政権は江沢民政権からの周辺諸国との外交の成果を基礎に、〝周辺外交〟という理念を生み出し、習近平政権がそれを強化して〝一帯一路〟などへと昇華させようとしている。ASEAN、東南アジア諸国はまさにその周辺外交の中心的な領域であった。

だが、そうした実態を踏まえた理念や「枠組み」の形成過程とは別に、中国の対ASEAN、東南アジア外交を見る上で留意すべき諸事項がある。ここではまずその点を検討しておきたい。

◆ASEANと東南アジアの別

第一に指摘すべきは、中国から見た場合、東南アジアという地域、あるいは東南アジア諸国と、ASEANという国際組織が明確に弁別されている点である。つまり、中国は一方でASEAN＋1（中国）の枠組みや、ASEAN＋3といった枠組みを重視し、日本の制度を参考にしながら、ジャカルタにASEAN向けの大使館を設置したほどであるが［3］、他方で東南アジア諸国との二国間関係を個別に重視している、あるいは基本的に二国間関係を第一に考えている、と考えられるということである［4］。ASEANと中国は、北京に中国－ASEANセンターを設置しているものの、そこでの活動は広報活動に限定され［5］、決してASEANを代表して中国政府と交渉をおこなったりする機関ではない。北京の東南アジア諸国の大使館、あるいは南寧や昆明の東南アジア諸国の総領事館から聞き取りをおこなっても、そこにASEAN諸国の大使や総領事が大使会議や総領事会議をもち、中国側に一致して対応しているのではないことがわかる［6］。中国外交部内部の組織も、基本的に（一定程度まとめられた）国別に科が設けられており、ASEAN諸国との関係と、ASEAN関連業務は組織的に弁別されている［7］。それだけに、中国は東南アジア諸国それぞれの状況、対立軸等を把握し、個別に必要な支援などをおこなっている。これは、日本もアメリカも同じことであろうが、ASEANがあくまでもマルチの枠組みの組織として位置づけられ、中国と二国間関係の束としては位置づけられているわけではない、ということには留意が必要だろう。

このような傾向は特に胡錦濤政権後半期から顕著になっている。後述のように、一九九九年から二〇〇〇年にかけて中国は対東南アジア諸国外交を全体として積極的に位置づけ直したが、この段階では対ASEAN外交と、対東南アジア諸国外交との足並みは比較的揃っていた。だが、領土問題や中国の対外姿勢の変容によって、対ASEAN外交と中国とASEAN諸国との二国間外交が次第に離れていった、とも言える。

なお、中国が二国間関係を重視すればするほど、東南アジア諸国のそれぞれの中国の政策への反応が重要となることは言うまでも無い。たとえば、中国側が陸路国境をまたぐ関係を重視し、雲南や広西とベトナム、ラオス、ミャンマーなどとの交通インフラを整備して、コネクティヴィティを高めようとしても、それに対するこれらの国々の対応はまちまちである。つまり、中国側の姿勢だけで関係が決まるわけではなく、東南アジア諸国の反応いかんによって、多様な関係が形成されるということである。たとえば、筆者が二〇一五年夏におこなった現地調査では、中国との国境地帯において、ラオスはきわめて熱心に中国系企業を誘致しようと経済特区を形成し、ラオスの国境内でも、中国の車のナンバープレートが使用でき、中国の通貨や電話が使用できた。それに対して、ベトナムはベトナム側の商人が日々越境して中国側で商売をしていたものの、中国側からベトナム側への商人の流れは決して多くない。ミャンマーでは少数民族問題もあって交流は国境地域に限定されていた[8]。中国側の政策は政策としてあるのだが、そのもつ意味や実態は相手国によってそれぞれ異なるのであり、それはその国の対応次第ということである。これは中国にとり二国間関係が重視される理由であろう。中国がASEANを重視して、ASEAN構成国の間の矛盾や相違を利用して、政策をおこなうことは確かにありえる。中国に不利なアジェンダや決定事項を変更させたり、阻止したりさせることは頻繁に見られる。だが、日常的な往来はASEANを通じて各国となされるわけではなく、二国間で個別に展開されているのである。

◆中国の周縁地域と東南アジア[9]

次に中国の周縁地域と東南アジア諸国との関係についてみたい。ここで述べる中国の周縁とは、広西チュワン族自治区、雲南省などの中国の疆域の中の周縁を意味する。

現在の中国は一帯一路構想などを提唱しているが、その基礎に周辺外交があることはいうまでもない。中国は胡錦濤政権期からその対外政策に周辺外交というカテゴリーを設けるようになったが、二〇一三年一〇月の周辺外交工作会議に見られるように、習近平政権になってもいっそうそれは重視されている。周辺という概念はもともと国境を接している小周辺と、およそその国境を接する国と接している国を併せた大周辺といった区分があった。周辺外交の基礎には、中国がとりわけみずからの陸上国境を接する国々、すなわち中央アジア、東南アジア大陸部、ロシアなどと、一九九〇年代以降、積極的に国境画定作業をおこなってきたという経緯がある[10]。この周辺外交の領域で中国は、主に経済面での関係強化を最優先しつつ、上海協力機構（SCO）との関係に見られるように、国境線の安全を図ろうとした。この点で、周辺外交の内容は、経済協力とともに国境をめぐる安全保障を含むなど多元的であり、さらに内外情勢により変化してきた[11]。

また、中国は東アジア、東南アジア、中央アジア、北アジア、南西アジアなど多様なアジアに接しているので、中国自身は「東北／北東アジアの国」として一元的に自らを位置づけているわけではない。中国の広西チュワン族自治区や雲南省は東南アジアに接し、東南アジアとの密接な協力関係を築き、また新疆ウイグル自治区は中央アジアとそうした関係をもつ。それだけに中国は一元的にどこかの地域に属しているというよりも、東南アジアや中央アジア、北アジア、南西アジアとも国内の一部周縁地域が深い関係をもつようになっているということができる[12]。

それだけに、周辺外交は単に国境地域での安定的な国際環境の創出や、多国家間のマクロな地域協力という側面だけで描かれるものではなく、中国の周縁の諸省、自治区の経済開発と密接に結びついていた。ASEAN、とりわけ大陸部東南アジア諸国やSCO加盟諸国との関係の緊密化は、とりもなおさず中国の周縁の諸地域の経済発展とリンクしていた。二〇〇〇年に正式に開始された西部大開発は、中国の対ASEAN、東南アジア諸国との積極的な経済関係構築と結びついたと考えていい。「西部」という地域概念は、新疆ウイグル自治区やチベット自治区などの「西」の地域だけを指すのではなく、雲南や四川、広西なども含んだ、広範な辺縁地域概念であったのである。そのため、中国の周辺政策というものは、その国境内における対周縁政策と密接に関連づけられていた。だからこそ、中国の対ASEAN、東南アジア外交において、中央政府はもちろんのこと隣接する地方政府の役割が重要となるのである。そして、胡錦濤政権下では、孫文が述べたという「民がその国を興さんと欲すれば、必ず先んじて其の路を修める（民欲興其国、必先修其路）」[13]という言葉がスローガンにされ、中国の周縁の諸省、自治区と周辺国との交通インフラの整備（やパイプライン敷設）が特に重視されるようになった。こういったコネクティヴィティの整備、拡大は中国の周縁地域と国境の向こう側にある周辺地域とのヒトやモノの流れを促進する基礎となると目されている。

◆ASEANとの距離感

中国は、そのASEAN政策において、必ずしもASEANの主要国であるインドネシアやタイ、シンガポールなどだけを重視しているわけではない。無論、主要国は外交の重点的な対象ではある。特に地域大国たるインドネシアとの関係は重視されているし、タイとは軍事演習をおこなったり、王室に接近するなどして、その関係を強化してきている。

だが、中国は常にASEAN議長国との関係も重視している。その議長国が主要国でなくとも、さまざまな声明のとりまとめやアジェンダセッティングに影響力をもつからである。議長国との関係を強化することによって、中国がASEANの対中政策に一定の影響を及ぼそうとしていることは周知のとおりである。とりわけ、カンボジアがそうであったように途上国が議長国となる場合には、二国間関係の場において経済支援を積極的におこなって、中国側の要請がASEANで通りやすくする環境作りをおこなおうとしている[14]。

ASEAN内部でも原加盟国と新加盟国との間で経済発展の度合いなどを背景に立場の相違がある。豊富な外貨とインフラ建設のノウハウをもち、かつ国内需要が限界に達しつつある中国にとって、大陸部東南アジアの途上国はインフラ支援をおこなうのに格好の対象である。とりわけ、中国にとっては大陸部諸国との関係は、雲南や広西の経済発展と深く結びついており、ラオス、カンボジアなどとの経済関係はいっそう強化されている[15]。前述のように、中国・ラオス国境地帯では、ラオス側に経済特区が設けられ、中国ナンバーの自動車の出入り、中国の電話の使用、人民元の使用などが認められていた[16]。他方、ミャンマーとはパイプライン建設が進められているものの、ミャンマー北部の民族紛争やミャンマー政府の外交政策の変化によって、中国・ミャンマー間の関係は一時ほどの緊密さがあるわけではない[17]。ベトナムと中国の経済関係もきわめて緊密ながら、領土問題などによってベトナムの中国に対する国民感情は悪化している。またベトナム政府も西沙はもとより、南沙での中国の動向には神経を尖らせている。しかし、留意すべきことは、中越関係はあくまでも社会主義国同士の関係であり、二国間関係も政府間の外交関係だけでなく、党際関係、また軍どうしの関係が緊密な点だ。この点は同じく領土問題で中国と対立するフィリピンとは異なる点であろう。

◆ASEANとAPEC

中国は、地域枠組みや国際的な枠組みについてまったく同じ比重で対応しているわけではない。たとえば、G20とBRICSでは後者の方を重んじており、前者では経済についてのみ議論し、後者では政治問題と経済問題を取り扱うといった具合である。東アジア地域について見る場合、ASEANに比して、中国のAPECへの関与は決して積極的ではないといえるだろう。中国はASEANのメンバーではなく、あくまでもASEAN+1(中国)の枠組み、およびASEAN+3など、その発展形態でASEANに関与している。他方、中国はAPECのメンバーである。従って、中国はAPECの開催国になっても、ASEANの議長国にはならない。それにもかかわらず、中国のAPECへの関与には一定の消極性がある。

その原因は、APECにはアメリカが参加しているのみならず、日米豪が比較的優位にあること、そしてその日米豪関係が昨今強化されていること、TPPなどの新たな構想が提起され、中国がそれに十分に対応できないこと、そしてAPECに「チャイニーズ・タイペイ」（台湾）が参加していることなどがある。だが、ASEANとの決定的な相違点は、中国の対外政策にとっての重要な枠組みである、周辺外交の対象にASEAN諸国がほぼ含まれている、という点である。それに対して、APECは周辺外交の対象である国もあれば、そうでない国もある。またアメリカやロシア、日本などの大国外交の対象もAPECに含まれている。中国から見た場合、この広大なアジア太平洋という場は、戦略上の場ではあっても、東南アジアや中央アジアのような周辺外交、あるいは昨今の一帯一路構想などの、中国にとっての地域戦略にきっちりとあてはまる場ではないのである。そして、先進国も含まれるAPECは途上国外交の対象ではなく、挑戦的な、マルチ外交の場として中国の目には映るのであろう。

◆領土問題

昨今、中国の対ASEAN、東南アジア政策の面で南シナ海の領土問題が注目されている。一九九〇年代前半には、おそらく米軍のフィリピンからの撤退にあわせて中国で所謂領海法が制定されるなどの動きがあったもの の[18]、陸路の面では一九九〇年代に前述のように領土問題、国境線をめぐる問題の解決が中国と周辺諸国との間で進んでいた。中国が一九九〇年代に採用していた韜光養晦政策においては、対外政策の面で経済発展が重視され、主権や領土問題は必ずしも最重要課題ではなかった。一九九〇年代半ばに台湾海峡問題が生じるなど、中国は海の境界線には厳しい姿勢を示すこともあったが、陸の国境ではロシア、中央アジア諸国、ベトナムなどと国境問題を解決し、時には領土問題で譲歩する姿勢を示した。

このような政策の延長上に、二〇〇二年の南シナ海行動宣言があるとみていいだろう。この南シナ海行動宣言で中国は事実上領土問題を「棚上げ」にして、ＡＳＥＡＮとの協力を優先した。中国が経済重視外交を行っていたこの段階では、領土問題が中国の対ＡＳＥＡＮ、東南アジア政策の大きな障害となっていた、というわけではないのである。しかし、このような対外政策のスタイルは、二〇〇五年九月の胡錦濤の和諧世界演説あたりまでは期待されたが、その後、次第に変化していった。二〇〇六年八月、中央外事工作会議で胡錦濤国家主席が「中国の外交は国家の主権、安全、発展利益の維持擁護のためにおこなわれるべき」との発言をしてから、中国の外交政策の根幹には調整が加えられるようになったと見られている。すなわち、中国の外交は経済発展のためにあるとされていたのに、主権と安全が加えられたのである。そのため、この頃から、経済(発展)重視型から安全(保障)や主権(領土)を重視する傾向へと、中国外交の重心が転換しはじめたと見られていたのである[19]。二〇〇六年から〇八年は対外政策の調整期間であったと思われるが、二〇〇九年七月の駐外使節会議では、鄧小平以来の中国外交の基本方針と言われた「韜光養晦、有所作為」の八文字に「堅持」と「積極」が加えられ、「堅持韜光養晦、積極有所作為」とされたという。以後、中国の領土や主権をめぐる姿勢はいっそう厳しくなり、胡錦濤政権期には南沙諸島などにも核心的利益という言葉が用いられたことがあった[20]。核心的利益については妥協しないという政策が胡錦濤政権後半、あるいは末期に形成され、それが習近平政権に継承されていった。これは中国自身の経済発展や、リーマンショックによってアメリカの勢力が衰えるように中国から見えたこと、そして軍事力や政治力、外交力などの総合国力の上昇によって中国の自己認識が変わったということもあるだろう。このようにして、南シナ海問題には次第に妥協の余地がなくなっていったのである。習近平は、国家主席就任後、韜光養晦という語を用いないし、アメリカが何度警告をしても南シナ海での行動を変えないという状況になった[21]。中国の南シナ海での拡張政策は戦後一貫しているとも言えるのだが、胡錦濤政権期にこのような主権や領土をめぐる中国の姿勢の変化があったことには留意しておいていいであろう。

◆歴史的な関係と華僑

中国の対東南アジア、ＡＳＥＡＮ政策を考えるに際して、華僑要因や、冊封朝貢関係などの歴史的な関係が言及されることもある。実際、中国からの新華僑が東南アジアで増大し、現地社会で経済的にも大きな役割を果たすようになっている。そこには、広州、福建、潮州、海南、客家という伝統的な地縁集団だけでなく、大陸部であれば雲南からの移民、さらにはより広範な地域からの移民が東南アジアに移動してきている。また、中国と東南アジア諸国間との相互留学生数も急速に増している[22]。中国から東南アジアに留学する人々は現地語を学ぶようになっており、また東南アジアの人々にとって中国語の習得がビジネスチャンスの拡大に結びついていると考えられているのだろう。留学生の増加は、将来的に中国と東南アジア諸国との関係を支えるであろう。

また、中国の対外政策では、東南アジア諸国をはじめ周辺諸国からの支持をいかに得るかという議論の下で、あるいはいかに新たな秩序を構築するかという点で、ここ数年、かつての冊封朝貢関係が参照される傾向にある[23]。これはかつて中国の諸王朝と冊封朝貢関係があった、と中国側に理解されている東南アジアの諸国、地域からすれば、心地よい話ではない。冊封朝貢が国家間の対等を前提としていないこともその一因であるが、中国側では、武力によらずに周辺国からの尊敬を獲得することに成功した事例として冊封朝貢が議論されることにも留意が必要だろう。中国では、力による国際秩序の変更、あるいは帝国主義的な侵略とは異なる国際秩序として、あるいは欧米の論理とは異なる秩序を模索する中で、冊封朝貢に注目が集まっているのである。だが、中国でこうした議論がおこなわれるに際して、周辺国の目線が等閑視されていることもまた確かである[24]。中国にとって周辺諸国と宥和的な関係を作ろうと議論しても、その議論が相手からいかに見えるのかという目線に欠けている面がある。冊封朝貢をめぐる昨今の議論はまさにその一例なのである。

2　中国の対ASEAN、東南アジア外交の展開

第二節、第三節では、中国の対ASEAN、東南アジア外交を時系列的に整理し、検討したい。中華人民共和国の外交は、成立当初、主権や統一を第一の外交目標にすえつつも、社会主義陣営に属する一国としての外交という側面とともに、南側の国、あるいは発展途上国としてのアジア・アフリカ外交という側面も備えていた[25]。中華人民共和国と東南アジアとの関わりもまた、こうした大枠の下にあった。北ベトナムなどの社会主義国への支援や、一九五〇年代のバンドン会議に見られるように、アジア諸国との連帯もまた対外政策の主眼に据えられていた。アジア・アフリカ連帯の中心にいた中印が衝突した中印紛争や、同じ社会主義国どうしの中越戦争にみられるように、中国の対外政策はしばしば大きな問題に直面したが、政策の基調はその後も変わらなかった。また、戦後、中華人民共和国は中華民国との間で承認獲得合戦をくり拡げた。その対象は外国政府だけでなく、華僑も含まれていた。東南アジアに多数の華僑・華人がいたこともあって、中華民国との間で政府承認だけでなく、華僑からの支持をめぐって争われたことも留意しておかねばならない。

東南アジアを含め、中国と周辺諸国との関係が変化するひとつのきっかけは天安門事件であったが、それ以前、たとえばソウルオリンピックに際しての対韓国外交に見られるように、一九八〇年代半ばから、中国の周辺諸国への政策には、変化が見られ始めていた[26]。つまり、中国は一九八〇年代後半には台湾の中華民国を承認していた韓国などの「反共国家」などとの関係を次第に強化していたのである。これは、アメリカがそうした反共国家に対して、経済発展を背景にした民主化を求め、それまでの「反共」国家が「反共」だけでは国家のアイデンティティを維持できなくなっていたことにも由来していた。

天安門事件によって、中国が西側先進国から経済制裁をうけ、国際的に孤立すると、中国は周辺諸国のうち中

華民国を承認していた国との関係改善、国交正常化を積極的に進めた。シンガポール、インドネシア、ブルネイ、韓国との国交正常化がその表れであった。これらの動きは、欧米での冷戦が終結に向かい、またソ連が解体する中で、〝反共〟国家がその反共という旗幟を下げ始めたこととも関係していた。そして、ソ連の崩壊後は、中央アジア諸国とも相次いで国交を樹立し、国境線の安全維持を主眼とする上海ファイブを設けたのも一九九〇年代前半の中国外交として注目できるだろう[27]。

その一九九〇年代、中国は一九九二年に既に大メコン（GMS）のプロジェクトを開始するなどしていたが、一九九五年にベトナムが、翌九六年にカンボジア、ラオスがASEANに加盟すると、中国は次第にASEANへの関心を高めた。無論、この時期の中国は、フィリピンからの米軍撤退を横目にミスチーフ礁を事実上の支配下におき、一九九六年には台湾沿岸地域へのミサイル発射実験など、海上方面での活動を活発化させていた。また、一九九六年七月、銭其琛《せんきしん》外相がASEAN地域フォーラム（ARF）ではじめて「新安全観」を提起した[28]。だが、これは協調的な安全保障、あるいは非伝統領域の安全保障に中国が注目し始めた転換点であるとされ、特に前者については武力行使や内政干渉を嫌い、協議方式による問題解決をおこなうというASEANの基調とも基本的に共鳴するものであったと評価された。なお、一九九〇年代半ばにはアジア的価値論など、〝アジア〟がさまざまなかたちで議論されたが、中国はその議論の中心にあったわけではない。まだ、中国がアジアの秩序や枠組みについて議論する時期にはなかったと思われる[29]。

一九九七年のアジア通貨危機がアジアにおける地域協力を促進させたことは言を俟たない。この点は中国についても言えることだろうが、中国の場合、アジア通貨危機が無ければASEANとの協力を進めなかったということでもないだろう。前述の通り、既にASEANへの積極政策を採り始めていたからである。一九九七年には中国－ASEAN間の「21世紀に向けた善隣・相互信頼のパートナーシップ」が締結されるなど、九〇年代後半になると急速にASEANとの関係が強化された。二〇〇〇年になると、アジア諸国のアメリカとの軍事同盟について、その存在が東アジア諸国による共同の安全保障追求の妨げにはならないとの認識が中国でも出始め、東南アジア諸国もそのような認識を歓迎した、とされる[30]。これは、前述のような韜光養晦の路線、あるいは中国の周縁諸省の開発と周辺諸国への外交を連動させるという方針と基本的にかみ合ったものであった。

このように、一九九〇年代半ばから二一世紀初頭に中国とASEANとの関係は強化されたが、これは二国間関係においても同様だった[31]。たとえば、インドネシアについては、一九六七年に国交が断絶していたが、一九八九年に国交回復への事務的交渉が始まり、一九九〇年に李鵬首相がインドネシアを訪問して国交が回復した。そして両国は一九九九年から二〇〇〇年にかけて未来の協力枠組みのための共同声明を発表して協力関係を強化した。国交正常化が一九七四年になされたマレーシアとは、すでに一連の協力関係があったが、一九九九年に未来の協力枠組みのための共同声明が発せられている。タイやブルネイも一九九九年に同様の声明があり、シンガポールやフィリピンとは二〇〇〇年にそれがなされている。中国はASEANの原加盟国とは一九九九年から二〇〇〇年にかけて、一連の声明を発して関係強化を図っていたことがわかる。このような傾向はASEANへの新加盟国にも見られる。ベトナム、ラオス、カンボジアとも二〇〇〇年に新世紀に向けての全面的協力に関する共同声明が発せられている。このようにして、中国は対ASEAN、対東南アジア外交を一九九〇年代末から二一世紀初頭にかけて積極化させ、個別的な関係性も一定の方向性にリセットし、強化したことがうかがえるだろう。また、この段階では中国の対東南アジア諸国との二国間外交の諸枠組みは、むろん多様性をもちながらも、ほぼ同一の傾向を有しており、中国の対ASEAN外交ともかみ合うものであったと言える。

二〇〇二年になって中国はASEANとの間で非伝統的安全保障面での協力を呼びかけ、また「南シナ海行動宣言」を締結して南シナ海の領土問題を一旦棚上げにし、ASEAN、東南アジア諸国との関係強化を重視した。そして二〇〇三年には東南アジア友好協力条約(TAC)への加盟も果たした[32]。二〇〇四年一一月二九日、温家宝総理はASEAN諸国に対して政治経済文化にわたる包括的な関係強化の九提案をおこなった[33]。ここでは、まずTACの精神が確認され、安全保障対話を促進すること、また「南シナ海行動宣言」を実行すること、「非伝統的安全保障領域協力に関する了解事項についての備忘録」の調印によって方向づけられた諸協力を有効におこなうこと、などがうたわれていた。この「南シナ海行動宣言の実行」の難易度の高さは以後の経緯が物語るが、少なくとも二〇〇四年の段階での中国は同宣言の実行に前向きであったし、非伝統的安全保障領域における協力を強く推進する用意があったということであろう。前述のように、こうした傾向は少なくとも胡錦濤が国連において「和諧世界」を唱えた二〇〇五年までは継続していた、といえよう。それどころか、中国外交が変化の局面に入るとされる二〇〇六年以降であっても、平和五原則や内政不干渉などといった対外政策の大原則には大きな変更はなく、また韜光養晦というスローガンも、原則として維持されていた。ASEAN、東南アジア諸国に対する外交においても、一定の原則、たとえばASEANウェイに対する支持などは維持された。二〇〇六年一〇月、温家宝総理は広西において次のように述べた。

アセアンが話し合いによる一致、内政不干渉というアセアン・ウェイを唱えることによって、自らの団結を強固にし、またこの地域の各国の関係が発展していくことに対してそれは積極的な貢献をしてきた。アセアンは活発で実務的であり、秩序だった漸進主義を採り、堅実に共同体建設を推進し、発展途上国の協力の展開に成功例を提供している[34]。

しかし、中国は次第に南シナ海の南沙諸島や、東シナ海の尖閣諸島について、それらが核心的利益であり、「自古以来の固有の領土」だと強調するようになった[35]。中国の対外政策は、前述のように二〇〇六年から変化が見られていたが、政府内部で様々な政策調整がなされていた。その後、国際情勢認識の変化と自己認識の変容の双方が相まって、二〇〇九年から一〇年にかけて、中国の対外政策は、言葉やスローガンのレベルにとどまらず、実質的にも大きく変化したとされる。その変化の契機となったのは直接的にはリーマンショックであったと思われる。これによってアメリカの威信、あるいは欧米経済が大きく揺らぐ、と判断されたのであろう。自己認識の変容は中国経済の堅調な伸びもさることながら、北京オリンピックや上海万博を大きな問題なく終えたこと、そして世界第二の経済大国へと躍進することなどが背景にあったものと思われる。実際、このころには国内世論においても、主権や安全保障を重視する言論が目立っていた。そのような時期に、二〇〇八年のチベット暴動、四川大地震をめぐるメディア騒動、さらには二〇〇九年の海洋問題などが相次いで発生した[36]。中国外交は対外政策を調整するとともに、新たな課題にも直面するようになったのである。

このような中国の外交政策の変化が直ちに中国と東南アジア諸国、ASEANとの関係に緊張をもたらしたわけではない。二〇一〇年一月一日には、中国・ASEAN自由貿易圏完成が宣言され、同年中国・ASEAN間で「平和と繁栄の戦略パートナーシップ共同宣言、第二次五カ年計画」も調印された。しかし、二〇一〇年七月のARFでは、中国が核心的利益を南シナ海にも適用するなど、中国の対外政策の変化が時代にこの地域へも及び始めた。中国の対ASEAN政策において、経済面での協調と、主権や安全保障面での非妥協的な姿勢という二律背反は、このころから明確に見られ始めたと見て良いだろう。そして、南沙諸島問題の当事国であるベトナム、フィリピンなどの対中姿勢と、当事国でない国々の姿勢との相違点が次第に浮き彫りになり、また経済面での中国依存などをめぐって、大陸部東南アジア諸国、とりわけCLMVとASEAN原加盟国との関係に動揺が生じるようになった。中国はその相違を利用しながら、いっそう二国間関係を重視するようになっていったものと思われる。

しかし、胡錦濤政権後期の特徴は、たとえ前述のように主権や安全保障が外交目標に組み込まれ、有所作為の前に「積極」という語が加えられようとも、二〇一〇年の戴秉国文書にも見られたように、韜光養晦というスローガンは堅持したことである[37]。これがどの程度、中国が主権や安全保障問題について強調路線をとることを抑制したのかは今度の検討課題であるが、中国は対ASEAN、東南アジア政策においても、単に主権や領土問題だけを強調したのではなく、前述のように経済協力に積極的であったし、アジア開発銀行(ADB)などの国際組織に多くの人材を送りこもうとしたり、援助白書を公表したりするなどして、国際社会、地域社会でのガバナンス形成に寄与していこうとする、協力的な姿勢もこの時期には垣間見られていた。

胡錦濤政権の後半期は、中国が次第に独自の外交空間を創出しようとする時期であった。それでも、中国の対ASEAN、東南アジア外交の基調は一定程度保たれていた。中国の温家宝総理は、二〇一一年四月三〇日、インドネシアで講演をおこない、次のように述べた。

アセアン憲章には二〇一五年に政治安全共同体、経済共同体、社会文化共同体を形成することを目標とするとある。アセアンが今後その凝集力、影響力、競争力をいっそう備えていくことに、われわれは強い期待をもち、そうなると信じている。中国は一貫してアセアンが全体として自強していくことを支持し、また相互関係の発展を高度に重視し、積極的に後押ししている[38]。

また、温総理は、「話し合いによる一致、責任の共同負担、相互内政不干渉の原則」というASEANウェイへの支持を明言し、それが『人民日報』にも転載された[39]。これは、中国政府がASEAN中心性を支持していくことを明言したものだと言える。胡錦濤政権下の中国は東アジアサミット(EAS)の構成国が拡大することに懸念を示したりもしたが、東アジアの地域協力におけるASEANの主導性への支持を強調し続けた[40]。中国が領土や主権について強硬になったとは言っても、従来の対外政策は維持されていた。

しかし、胡錦濤政権期の後半に生じた中国の対外政策の転換は、たんに領土問題や主権にかかわる問題にのみ限定されていたわけではない。前述のように、世界や地域のガバナンスや枠組み形成に意欲を見せ始めたことも注目に値する。たとえば、二〇〇九年に日本で民主党政権が成立し、鳩山首相が東アジア共同体論を提唱すると、中国は東アジア共同体論それ自体は否定しなかったものの、それを日本が主導することには警戒を示し、中国もまた東アジア共同体構想の主唱者であると述べるようになった[41]。それは二〇一〇年六月の日中首脳会談における胡錦濤の発言に顕著に見られていた[42]。

東アジアの地域ガバナンス面での協調、協力を強化し、共通の利益を拡大する。共同で東アジアの和平と安定の維持に務め、手を取り合って東アジア地域の協力と東アジア共同体建設を推進し、国際金融危機、気候変動などのグローバルな問題についても対話、協調、協力をおこなう。

このほかにも、胡錦濤政権期後半には、それまでの中国がいわば対外政策のひとつの原則としてきた「内政不干渉」原則を調整する動きがあった。そこでは、創造性介入とか、建設性介入などと言われる概念が提起され[43]、中国に可能なことで、相手国もそれを歓迎し、国際社会もそれを受け入れるなどといった条件付きで、他国の内政に介入することが想定されていた。またこれはあくまでも国際秩序形成への貢献、グローバルガバナンスへの貢献のためだと位置づけられていた。具体的には、ＰＫＯや紛争処理への協力などが想定されていたのだろう。

内政不干渉はまさにＡＳＥＡＮウェイの根幹であり、そこが中国にとってはＡＳＥＡＮの魅力のひとつであった。だが、この時期にＡＳＥＡＮ内部でも、次第にＡＳＥＡＮウェイについての疑義が呈されつつあり、内政干渉もありえるといった議論もなされるようになっていたという[44]。中国とは議論の方向性や目的が違うにしても、二一世紀の初頭までの中国・ＡＳＥＡＮ関係を支えていた諸条件が、この時期に次第に変容していったと見ることもできるだろう。

このようにして、胡錦濤政権期の後半には、経済面での協力の進行とともに、主権や領土問題などの新たな要素が中国‐東南アジア、ASEAN関係に大きな影響をもたらすようになっていた。二〇一二年には南シナ海行動宣言が一〇周年を迎えて、数度にわたり高級レベルの実務協議がもたれたが、特にコンセンサスが得られなかった。ASEAN側は、国連海洋法条約を重視し、また排他的経済水域(EEZ)の相互尊重を盛り込もうとしていた。だが、二〇一二年七月のASEAN外相会議でも、南シナ海問題についてコンセンサスが得られず、共同声明には盛り込まれなかった。議長国が中国への依存を強めていたカンボジアであったこともあるが、これはASEAN内部である種の意見対立が生じていることを示唆していた。

すでに世界第二位の経済大国となっていた中国は、この時期になるといっそう東南アジアのへの経済的影響力を増していた。そして、経済だけでなく、リージョナルガバナンス形成にも積極的に関与しようとしていた。そこでは、日本との主導権争いがあったものの、基本的にASEANの主導性は尊重する姿勢を崩していなかった。だが、主権や安全保障をめぐる問題で、中国は次第に譲歩しない姿勢を強めていった。中国は経済力を利用しながら、中国との領土問題の有無や、中国からの経済支援の必要性などに鑑みて、東南アジア諸国との二国間関係において、めりはりをつけた、多元的な外交を展開しながら、ASEAN内部の諸決定にも影響を与えようとしていたのである。

そして、この時期はまさにオバマ政権がピボット、あるいはリバランス政策をかかげて東南アジアに注目する時期でもあった。東南アジア地域は、日中間のみならず、米中関係においても戦略的要地になっていったのである。

3 習近平政権下の中国－ASEAN／東南アジア関係

習近平政権の政策は基本的に胡錦濤政権後期の政策を継承したものと見て良いが、胡錦濤政権には見られなかった性格を備えるようになってきている。端的に言えば、胡錦濤政権期よりも、領土や主権の面で譲歩しなくなり、また地域の秩序形成者と自らを位置づけ、地域秩序に関する言説や国際公共財を提供するようになったことが大きな変化だろう[45]。その新たな側面は、新アジア安全保障観にまつわる言説や、ＡＩＩＢ、一帯一路構想などに示されている。中国は目下、この東南アジアを含む周辺地域において、自らが主導者となる、新たな秩序の形成を目指していると思われる。その中国が築こうとしている秩序については、かつての冊封関係を参照した階層的なものだとの指摘もなされている[46]。

二〇一二年秋から一三年春にかけて成立した習近平政権は、〝周辺外交〟をひとつの課題として掲げた。習近平・李克強は周辺諸国への訪問を重視したが、オバマ大統領が戦略的拠点として位置づけ、第一期、第二期ともに最初の外遊先に選んだ東南アジアは、習や李の訪問先としても、また戦略的地域としても特に重視されているといっていいだろう。そのオバマ大統領は、二〇一一年のオーストラリア訪問時に〝リバランス〟政策を提起した[47]。これは、必ずしも中国に敵対しようとするものではなく、とりわけ経済面で中国へのコミットメントを高めつつも、同時に軍事安全保障面では日本、オーストラリアなど同盟国との関係を重視するものであった。中国の南シナ海などでの強硬政策は、このリバランスへの対抗措置、あるいはＴＰＰへの対抗措置として最初から立案された政策ではないであろう。だが、中国のユーラシア政策や、南シナ海・東シナ海での強硬姿勢を見ると、結果的にＴＰＰと環大西洋貿易投資パートナーシップ（ＴＩＰＰ）に含まれない領域に中国が経済圏を作ろうとしているようにも見えるし、アメリカのアジアへの関与強化に対して中国が主権問題などで対抗していると見ることもできるかもしれない[48]。

まず、習近平政権成立後の周辺外交の展開を、東南アジア諸国、ASEANへの外交に注目しながら整理したい。二〇一三年九月から一〇月にかけて、習近平は東南アジアを訪問し、シルクロード経済ベルト、二一世紀海上シルクロード構想を提起し、また同年九月には李克強総理が、南寧で開催された中国–ASEAN博覧会に参加し、海上シルクロードに言及した。李は、海上シルクロードの〝腹地（後背地）〟の戦略発展を重視するなど、海上と内陸の経済発展との連動を示唆したのだった。また、李総理は「南シナ海行動宣言」について中国がASEAN諸国とその実現を目指し、南シナ海行動規則についての交渉を開始することを提唱した。そして、「周辺地区は常に中国外交の重点であり、中国外交にとってもっとも重要な位置にある」とした上で、「ASEAN諸国は周辺外交の優先的な対象であり続けており、ASEANとの戦略的パートナー関係を中国は深化させつづけ、ASEANと手を取り合って、ともに南シナ海を含むこの地域の和平と安定を守り続けているのである」とした[49]。このようなASEAN重視路線は、二〇一三年一〇月九日にブルネイで開催された第一六回ASEAN＋1（中国）首脳会議でも李総理により強調された[50]。この会議では、中国とASEAN戦略的パートナーシップ一〇周年の連合声明が発表された[51]。

他方、習近平は同年九月にカザフスタンで講演し、シルクロード経済ベルトにも言及し、五通概念（政治溝通、道路相通、貿易暢通、貨幣流通、民心相通）を提起したのだった。この時期の習近平政権首脳部は、ASEAN、対上海協力機構諸国に対して比較的積極的な外交を展開し、その過程で、〝シルクロード〟が次第にそのキーワードとして浮上してきたのだった。

二〇一三年一〇月後半、周辺外交工作座談会が開催された。ここでは、周辺外交重視という方向性と、「シルクロード経済ベルト（帯）と、二一世紀海上シルクロードの路をしっかりと設けることで、地域経済の一体化の新局面を構築する」という具体的政策が示された[52]。この「地域経済の一体化の新局面」が、後の一帯一路に繋がったと見ることができる。この会議での習近平の発言には、以後、周辺外交をより戦略的に、統合的におこなうといったことが盛り込まれていた。

習近平政権は二〇一四年になって、明確に対外政策のコンセプトを語り始め、また同時に主権や安全保障の面で強硬な姿勢を明確に示すようになった。前者のコンセプトとしては、まず「新アジア安全保障観」があげられる[53]。アジアの安全保障をアジア諸国が担うものとし、中国の主導性を担保しようとするこのコンセプトは、中国が経済を含むパワーの面で周辺に対してイニシアティブを握るだけでなく、地域秩序観などソフト面でのインフラをも提供しはじめたことを示す。また、海と陸のシルクロードという語にからめて、中国－ASEAN、SCO、中国－SAARC、中国＋16など、既存の地域協力枠組みを組み合わせて「一帯一路」構想を提起していることも注目に値する。この構想は、二〇一四年一一月、中央財経領導小組第八次会議において、シルクロード経済ベルト（帯）と、二一世紀海上シルクロードの路の建設をいっそう促進するために、「一帯一路」建設計画が提示されたことにより明確化された。そして、二〇一五年二月には張高麗（中国共産党中央政治局常務委員、国務院副総理）らにより、推進「一帯一路」建設工作領導小組が国家改革与発展委員会の下に設置され、小組の会議が開催され、同年四月には張を同組の組長に、王滬寧《おうこねい》、汪洋、楊晶、楊潔篪らが副組長になることが発表された[54]。

一帯一路構想は、いわば中国の周辺外交の発展形態、あるいは総合的な形態だと言えるが、これは対外的な政策というだけでなく、まさに周辺外交が中国の辺縁の各省、自治区の経済発展を踏まえたものであったように、この一帯一路構想も国内の各地方政府に一定の役割を与えようとするものだった。こうした政策の中で、中国－ASEAN関係もまた「一帯一路」の一部として位置づけられることになった。中国－ASEANセンターの楊《よう》秀萍《しゅうへい》秘書長は、二〇一五年七月には「ASEANは一帯一路建設の重点、そして優先地区だ」と述べるようになっている[55]。

他方、二〇一四年には中国がいっそう領土問題で強硬な姿勢を示すようになった年でもある。この年、領土問題は二国間で解決すべきだとの従来の主張を中国がいっそう強調するようになり、中国－ASEAN間のアジェンダから領土問題を外す傾向が見られ始めた。二〇一四年一一月、ミャンマーでのASEAN＋1(中国)の会議の場でも、李克強は「我々は南シナ海問題について、ツートラックの考え方を提示し、争議は当事国間で、歴史事実、国際法、そして南シナ海行動宣言に基づいて、直接交渉によって平和裏に解決すべきであり、中国とASEAN諸国がともに南シナ海の和平と安全を守るべきだ」と述べていた[56]。従来、中国－ASEAN間の南シナ海をめぐる領土問題解決の出発点であったはずの南シナ海行動宣言は、この李の発言の中では、歴史や国際法と併記されている。中国にとって、南シナ海行動宣言は、歴史や国際法と共に並べられる存在となり、南シナ海に対する最重要枠組みとは言えなくなっている。また、中国が東南アジア諸国に領土問題、主権問題を突きつけ続けることは、ASEAN自身がこうした問題を十分に処理できないという、機能上の問題を提起し続けることを意味した。領土問題に直面することで、ASEANは組織として体力を失い、さらに構成国間に溝が生まれていくことにもなった。

また中国が、一帯一路構想を提案しつつ、同時に領土問題で強硬な姿勢を示し、島嶼の埋め立てと飛行場建設などを進める中で、中国とASEANの関係も次第に変容してきている。中でも重要な論点になり得るのは、中国が今後もASEANの中心性、主導性を支持し続けるかということである[57]。無論、習近平ら中国の指導者はASEANの主導性に疑義を呈してはいない。二〇一三年一〇月三日、習近平はジャカルタにおいて、「中国はこれまで同様にASEANの発展を支持し、ASEAN共同体の建設を支持する。またASEANが地域協力において主導性を発揮することを支持する」と述べている[58]。また、二〇一四年一一月のミャンマーでの李総理の演説でも、「東アジアの地域協力におけるASEANの主導的な地位を支持する」と、ASEANの主導性を支持している[59]。だが、一帯一路などを提起し、自らの主導性を強調する中国が、果たしていつまでASE

ANの主導性を支持し続けるのか、目下、未知数である。

中国と東南アジア諸国は、主権問題を抱えつつも、経済関係は強化しており[60]、二〇一五年には戦略的パートナーシップ締結一〇周年を迎えた。しかし、二国間関係を見ると、とりわけ習近平政権に入ってから、大きな進展が見られているわけではない。ピューリサーチによれば、二〇一四年のベトナムにおける対中親近感は一六ポイントに留まっている[61]。悪化する対中感情の背景には、国内のナショナリズムもあり、中国との関わり方が国内政治の焦点になることも少なくない。そして、中国からの影響を受けやすい小国が、中国との二国間関係で諸問題を処理することを避け、周辺の国々を巻き込んで中国と関わろうとするケースも指摘されている[62]。

今後の中国と東南アジア諸国、ASEANとの関係を考察する際に、それぞれの国の内政、あるいは国内経済が重要なファクターとなることは言うまでも無い。中国側でも既に複雑な利益関係が対東南アジア諸国との関係に入り込んでいる。それは雲南省や広西チュワン族自治区という地方政府であり、また東南アジアでインフラ建設をおこなっている、中国各地の国有企業などである。それだけに、中国政府がASEANや東南アジア諸国との関係を悪化させることは、中国の国内要因から考えても難しい面がある。中国はアンゴラやリビアで投資の回収に大いに失敗した経験がある。ミャンマーでも投資に見合った利益が見込まれない事業もあろう。

東南アジアに複雑に拡がる中国の利害関係は、中国の対外政策における選択肢を限定することになる。主権問題では強硬に出られても、経済関係にまで対立を拡げることは難しい。無論、領土問題で対立すれば、相手国に対して、一定の象徴的な制裁を加えたり、警告を発することはできる。だが、経済関係が悪化した場合、その被害は中国国内にも及ぶ。

目下、中国と東南アジア諸国との関係は変化してきている。領土問題を抱えるベトナムやフィリピンが中国に厳しい姿勢を取るだけでなく、シンガポールやインドネシアも中国にやや批判的だ。だが、ラオス、カンボジア、ブルネイなどは中国に接近し、中国もそれに応じて経済支援を行う。その結果、ASEAN内部でも対中問題で共同歩調を取りにくくなっている。

おわりに

本章では、昨今頻繁に話題になる中国の対東南アジア・ASEAN外交について、主要な論点や中国側のスタンスを概観した上で、一九九〇年代から現在までの状況を時系列的に整理し、あわせて考察を加えた。特に、胡錦濤後半期からの変容、また習近平政権期からのさらなる政策の調整に注目した。これらは、現在進行中の案件だけに、考察や議論の根拠などについて不分明である点が多い。そのため、本章の叙述は状況の整理に留まり、十分な分析はできなかったかもしれない。だが、少なくとも、中国と東南アジアの関係の変容と、そのひとつの背景になっている中国側の政策については一定程度トレースできたものと考える。特に、一九九〇年代末から二一世紀初頭に中国がASEANとの関係を積極化させ、そしてASEAN諸国との二国間関係を位置づけなおしたこと、それが次第に主権問題や領土問題、そして中国経済の発展や、地域構想の変容の中で、次第に中国の対ASEAN政策と、中国の対東南アジア諸国政策とが一定の距離をもちはじめたことは確かなことだと思われる。こうした政策の変化は、中国外交の大枠の変容とも連動していた。だが、こうした変容は中国側の要因だけで生じるものではなく、ASEANやASEAN諸国との相互関係の中で生じていると見て良い。

註

1——このほか、注目すべき業績として、益尾知佐子「中国の周辺外交と地方政府」(趙宏偉・青山瑠妙・益尾知佐子・

三船恵美『中国外交の世界戦略――日・米・アジアとの攻防30年』明石書店、二〇一一年所収)がある。益尾論文の意義については後述する。

2――筆者は学会報告「東アジア地域主義の現状と課題――中国の視線」(日本政治学会研究大会、二〇一一年一〇月九日、於:岡山大学)、「中国の対東南アジア・ASEAN外交」(司会:大庭三枝、部会3 ASEAN共同体設立と東アジア地域秩序、国際政治学会二〇一五年度研究大会、二〇一五年一〇月三〇日、於:仙台国際センター)や拙稿「10+1>11?――〝南博〟(中国・ASEAN南寧博覧会)参観記」(『UP』〈中国のフロンティア9〉四八一号、二〇一二年一一月)、同「二十一世紀の援蒋ルート」(『UP』四七五号、二〇一二年五月)などで、この問題について論じてきた。

3――筆者は、二〇一二年一一月にジャカルタの対ASEAN中国大使館の政務参事から聞き取りをおこなったことがある。同館は同時立ち上げ段階にあり、日本の対ASEAN大使館を参考にしながら業務内容を策定していた。また、そこでのスタッフは東南アジアのプロフェッショナルとともに、多国間の枠組みを担当して来たスタッフも主流を占めていた。当時の中国の対ASEAN大使は楊秀萍であり、楊はその後、北京の中国-ASEANセンターの事務局長となった。

4――中国が東南アジア諸国との二国間関係を重視しているという点は、みずほ総合研究所「中国の対ASEANアプローチ――2013年度中国商務部国際貿易経済合作研究院委託調査」(二〇一四年八月、みずほ総合研究所ウェブサイト、http://www.mizuho-ri.co.jp/publication/research/pdf/report/report14-0811.pdf [二〇一六年三月二五日アクセス、以下同じ])においても指摘されている。

5――筆者は、二〇一二年八月二八日に、本書の共著者である大庭三枝、清水一史(敬称略)とともに北京のASEANセンターで、馬明強事務局長に対して聞き取りをおこなった。同センターは北京周辺においてASEANの存在を周知するための広報活動や、中国-ASEAN関係についての議論の場を設定することを主たる活動内容としていたが、同センターが中国とASEANの外交の窓口になっているというわけではなかった。この点は、中国-ASEANセンターのウェブサイトでも確認ができる(http://www.asean-china-center.org)。

6――筆者は、二〇一二年八月二七、二八日に、大庭三枝とともに、在北京の東南アジア諸国の大使館、および中国外交部の東南アジア、ASEAN担当部局からインタビューをおこなった。その際にも、東南アジア各国の大使館、あるいは昆明などの総領事館が、中国への対応を協議するような、正式で、定期的な枠組みを有しているわけではない、と確認している。これは、二〇一二年九月に広西の南寧でおこなった、複数の東南アジア諸国の総領事館館員に対するインタビューでも同様であった。

7――二〇一二年八月二八日に、大庭三枝とともに、中国外交部の東南アジア、ＡＳＥＡＮ担当部局からインタビューをおこなった結果に基づく。

8――二〇一五年八月二七日～九月二日にかけて、大庭三枝、清水一史、青木まきと、中国‐ベトナム、ラオス、ビルマ国境地帯でそれぞれおこなった現地調査での結果に基づく。

9――前掲益尾論文は、中国の地方政府、とりわけ辺縁の省や自治区の政府と中国の周辺外交との関連性を描いた先駆的業績である。

10――これは、「中国歴経済近60年与12个隣国确定陸地辺界」（二〇〇九年一月六日、『環球時報』、http://news.sina.com.cn/c/2009-01-06/145516988456.shtml）などとして報道され、中国国内でも外交上の成果だとされている。

11――青山瑠妙「中国の周辺外交」（趙宏偉・青山瑠妙・益尾知佐子・三船恵美『中国外交の世界戦略――日・米・アジアとの攻防30年』明石書店、二〇一一年所収）。二〇一一年八月二四日、「戴秉国国務委員在中国‐東盟建立対話関係20周年紀念招待会上的致辞」（http://www.fmprc.gov.cn/chn/pds/ziliao/zyjh/t851295.htm）

12――川島真編著『中国の外交――自己認識と課題』（山川出版社、二〇〇七年）。

13――孫文「実業計画」（孫中山著、国父全集編輯委員會編訂『国父全集　第一冊』、台北：国父全集編輯委員會、一九七三年、三八三頁）。これは、一九一七～一九年に記されたものである。

14――二〇一二年、カンボジアがＡＳＥＡＮの議長国を務めたが、この年の前半には胡錦濤が、また後半には温家宝がカンボジアを訪問し、また同年秋にはシハヌークが北京で逝去すると、胡錦濤、江沢民、呉邦国、温家宝、賈慶林、李長春、習近平、李克強、賀国強、周永康らが病院に弔問に訪れ、その場でフンセン首相らと会談した。また、この年にはカンボジア側が中国の広州、上海、香港、昆明、重慶、南寧などに総領事館を開設するなど、関係の強化が図られた。

15――ただし、中国と東南アジア諸国との貿易関係を見れば、陸路貿易よりも、海路貿易が量的にまさっている点には留意が必要である。陸路のつながりは地図上では、中国周辺と諸国が結びつきを強めている象徴のように言われるが、ナンバープレートの問題などもあり、物流が陸路中心に移行しているわけではない。

16――註記8に同じ。

17——同上、また前掲拙稿「二十一世紀の援蒋ルート」参照。

18——川島真「中国の海洋戦略と日米同盟」(世界平和研究所編、北岡伸一・久保文明監修『希望の日米同盟——アジア太平洋の海洋安全保障』講談社、二〇一六年所収)。

19——「中央外事工作会議在京挙行 胡錦濤作重要講話」(新華網、二〇〇六年八月二三日、http://news.xinhuanet.com/politics/2006-08/23/content_4999294.htm)。

20——しかし、尖閣諸島問題が注目されると南シナ海では核心的利益という語を用いないようになるなど、その用語の用いられ方は当初、不安定であった。だが二〇〇九年、戴秉国により、核心的利益の定義が明確化された。ここには、南シナ海も尖閣諸島もともに含まれていた。拙稿「尖閣の後遺症と海洋をめぐる問題」(『東亜』五二三号、二〇一〇年一二月)参照。なお、韜光養晦という概念と政策の変容については、以下を参照。KAWASIMA,Shin, "The Development of the Debate Over "Hiding One's Talents and Biding One's Time" (taoguan yanghui): China's foreign-policy doctrine", *Asia-Pacific Review* (IIPS, Tokyo), vol.18-2 (2011): 14-36.

21——拙稿「習近平政権下の中国外交」(公益財団法人世界平和研究所『IIPS Quarterly』二〇一四年七月)、みずほ総合研究所調査本部中国室「対アジア外交を積極化する習政権 中国のアジア太平洋戦略の特徴と展望」(二〇一五年一月二六日、みずほ総合研究所ウェブサイト、http://www.mizuho-ri.co.jp/publication/research/pdf/insight/as150126.pdf)。

22——中国への留学生についても、二〇一四年の統計を見ると、出身国トップ10のうち、三位がタイ(二万一二九六人)、六位がインドネシア(一万三六八九人)となっている。「二〇一四年度来華留学調査報告」(中国教育在線、http://www.eol.cn/html/lhlx/content.html)。

23——拙稿「中国における国際政治研究の展開」(『国際政治』一七五号、〈歴史的文脈の中の国際政治理論〉、二〇一四年三月)。

24——シンガポール大学の研究者を中心に、冊封朝貢を現代的な観点を踏まえて再考察した論文集に、Anthony Reid and Zheng Yangwen, eds., *Negotiating Asymmetry: China's Place in Asia*, National University of Singapore Press, 2009. がある。

25——川島真・毛里和子『グローバル中国への道程——外交150年』(岩波書店、二〇〇九年)。

26——前掲青山『中国のアジア外交』参照。

27——木村汎・石井明編著『中央アジアの行方——米ロ中の綱引き』(勉誠出版、二〇〇三年)。

28——高原明生「中国の新安全保障観と地域政策」(五十嵐暁郎、佐々木寛、高原明生編著『東アジア安全保障の新展開』

（明石書店、二〇〇五年）、高木誠一郎「中国の『新安全保障観』」（『防衛研究所紀要』二〇〇三年三月）など参照。

29——孫歌『アジアを語ることのジレンマ——知の共同空間を求めて』（岩波書店、二〇〇二年）。

30——前掲青山瑠妙「中国の周辺外交」参照。また、David Shambaughの指摘によれば、一九九九年にアセアンビジョングループの代表が、もし中国がアメリカとの軍事同盟や軍事協定の解消を求めず、また華僑に政治活動をさせないならば、中国とアセアンはよりよい関係を築けるであろうと述べたとされる。David Shambaugh, "China Engages Asia: Reshaping the Regional Order", *International Security*, Vol.29., No.3., Winter 2004/05.

31——中国と東南アジア諸国との間の関係性の概要は、中国外交部ウェブサイト参照。

32——KAWASHIMA,Shin, "The Development of the Debate Over "Hiding One's Talents and Biding One's Time" (taoguan yanghui): China's foreign-policy doctrine", *Asia-Pacific Review* (IIPS, Tokyo), vol.18-2 2011.

33——「温家宝出席东盟会議並訪問老撾」（人民網、http://people.com.cn/GB/shizheng/8198/41192/index.html）

34——二〇〇六年一〇月三〇日、「携手奮進、共創中国－東盟関係的美好未来－在中国－東盟建立対話関係15周年紀念峰会上的講話」（http://kolkata.china-consulate.org/chn/wjbxw/t278059.htm）。

35——拙稿「近現代中国における国境の記憶——「本来の中国の領域」をめぐる」（『境界研究』、一号、二〇一〇年）参照。

36——海洋をめぐる問題については、国連海洋法条約における排他的経済水域に関わる問題について条約締結国が大陸棚限界委員会（CLCS）に申し出る期限が同年の五月一三日にあったこととも関連しよう。この委員会は、「二〇〇海里を超えて延びている区域における大陸棚の外側の限界に関して沿岸国が提出したデータ等を検討し、国連海洋法条約第七六条等に従って勧告を行うこと」を任務としており、日本は二〇〇八年に二〇〇カイリを超える大陸棚について二〇〇八年一一月に書類を提出し、二〇〇九年三月に口頭説明をおこなっていた（http://www.mofa.go.jp/mofaj/gaiko/kaiyo/clcs.html）。このような日本側の姿勢が中国側を刺激したのではないかという見方もある。なお、中国の公船が初めて尖閣諸島の領海に入ったのは、二〇〇八年一二月八日であった。

37——「戴秉国：堅持走和平発展道路」（《中共中央関於制定国民経済和社会発展第十二個五年 規劃的建議》補導読本所載 http://www.chinanews.com/gn/2010/12-07/2704984.shtml）。

38——二〇一一年四月三〇日、「温家宝総理在印尼卡爾蒂妮宮的演講（全文）」（http://www.fmprc.gov.cn/chn/pds/gjhdq/gj/yz/1206_43/1209/t819231.htm）。

39——二〇一一年五月四日、「《人民日报》海外版：充分認識東盟的価値」（http://id.china-embassy.org/chn/JRZG/t820153.

htm)。

40――胡錦濤政権は、その前期から既にＡＳＥＡＮの主導性への支持を強調していた。二〇〇四年一一月二九日、「温家宝総理在第八次東盟与中日韓領導人会議上的講話」(http://kolkata.china-consulate.org/chn/wjbxw/t172444.htm)。また東アジア共同体構想についても、胡政権は決して否定的であった訳ではない。二〇一一年五月八日、「在日本早稲田大学的演講」(http://kolkata.china-consulate.org/chn/wjbxw/t450740.htm)、二〇〇九年四月一八日、「温家宝会見美国前総統布什和日本前首相福田康夫」(http://kolkata.china-consulate.org/chn/wjbxw/t557931.htm)、二〇〇九年九月一七日、「外交部発言人姜瑜挙行例行記者会」(http://eg.china-embassy.org/chn/fyrth/t584819.htm)。

41――二〇〇九年九月二八日、「楊潔篪会見日本外相岡田克也」(http://kolkata.china-consulate.org/chn/wjbxw/t608034.htm)、二〇〇九年一一月二〇日、「楊潔篪会見日本首相鳩山由紀夫」(http://kolkata.china-consulate.org/chn/wjbxw/t628244.htm)、二〇一〇年二月七日、「唐家璇首席委員在第五届中日友好21世紀委員会首次会議開幕式上的基調報告」(http://www.china-embassy.or.jp/chn/jbwzlm/xwdt/t656747.htm)。

42――二〇一〇年六月二七日、「胡錦濤会見日本首相菅直人」(http://np.china-embassy.org/chn/zgwj/t711972.htm)。

43――王逸舟『創造性介入』(北京大学出版社、二〇一一年)。

44――大庭三枝前掲書、湯川拓「ＡＳＥＡＮ Ｗａｙ動揺論」再考――外交当事者の言説分析から」(『国際関係論研究』二七号、二〇〇八年三月)参照。

45――Jeffrey Reeves, Structural Power, the Copenhagen School and Threats to Chinese Security, *The China Quarterly*, Vol. 217, March 2014.

46――David C. Kang, *East Asia Before the West: Five Centuries of Trade and Tribute*, New York: Columbia University Press, 2010.

47――Remarks By President Obama to the Australian Parliament, Parliament House,Canberra, Australia, Nov.17th, 2011. White House Website, https://www.whitehouse.gov/the-press-office/2011/11/17/remarks-president-obama-australian-parliament.

48――三浦祐介「米主導経済秩序に挑む中国「一帯一路」構想」(Economist Eyes、みずほ総合研究所ウェブサイト、二〇一五年九月四日、http://www.mizuho-ri.co.jp/publication/opinion/eyes/pdf/eyes150904.pdf)。

49――「推動中国－東盟長期友好互利合作戦略伙伴関係邁上新台階――在第十届中国－東盟博覧会和中国－東盟商務与投資峰会上的致辞」(二〇一三年九月三日、外交部ウェブサイト、http://www.fmprc.gov.cn/web/gjhdq_676201/gjhdqzz_681964/lhg_682518/zyjh_682528/t1072519.shtml)。

50——「李克強総理在第16次中国－東盟（10＋1）領導人会議上的講話」（二〇一三年一〇月九日、外交部ウェブサイト、http://www.fmprc.gov.cn/web/gjhdq_676201/gjhdqzz_681964/lhg_682518/zyjh_682528/t1086491.shtml）。

51——「中国－東盟発表建立戦略伙伴関係10周年聯合声明」（二〇一五年一〇月一〇日、外交部ウェブサイト、http://www.fmprc.gov.cn/web/gjhdq_676201/gjhdqzz_681964/lhg_682518/zywj_682530/t1086485.shtml）。

52——「習近平在周辺外交工作座談会上発表重要講話」（二〇一三年一〇月二五日、人民網、http://politics.people.com.cn/n/2013/1025/c1024-23331526.html）。

53——「積極樹立亜洲安全観 共創安全合作新局面——在亜洲相互協作与信任措施会議第四次峰会上的講話」（二〇一四年五月二一日、ＣＩＣＡウェブサイト、http://www.cica-china.org/chn/zyhyhwj/yxhy/t1158413.htm）。

54——「〝一帯一路〟建設工作領導小組〝一正四副〟名単披露」（二〇一五年四月一七日、国務院新聞辦公室ウェブサイト、http://www.scio.gov.cn/ztk/wh/slxy/31200/Document/1418852/1418852.htm）。

55——「〝一帯一路〟建設是中国東盟関係新亮点」（二〇一五年七月二五日、新華網ウェブサイト、http://news.xinhuanet.com/fortune/2015-07/25/c_128058660.htm）。

56——「在第十七次中国－東盟（10＋1）領導人会議上的講話」（二〇一四年一一月一三日、外交部ウェブサイト、http://www.fmprc.gov.cn/web/gjhdq_676201/gjhdqzz_681964/lhg_682518/zyjh_682528/t1210820.shtml）。

57——VIKRAM NEHRU, DONALD WEATHERBEE, The Myth of ASEAN Centrality, Carnegie, February 20, 2014 Washington, DC. http://carnegieendowment.org/2014/02/20/myth-of-asean-centrality/h07b）。

58——「習近平：中国願同東盟国家共建21世紀〝海上絲綢之路〟」（二〇一三年一〇月三日、新華網、http://news.xinhuanet.com/world/2013-10/03/c_125482056.htm。

59——前掲「在第十七次中国－東盟（10＋1）領導人会議上的講和」。

60——鄭軍健編『中国－東盟商務年鑑２０１４』（広西人民出版社、二〇一四年）の諸統計参照。

61——"Chapter 4: How Asians View Each Other," in Global Opposition to U.S. Surveillance and Drones, but Limited Harm to America's Image: Many in Asia Worry about Conflict with China, Pew Research Center Global Attitudes & Trends, July 14 2014, http://www.pewglobal.org/2014/07/14/chapter-4-how-asians-view-each-other/

62——Jeffrey Reeves, Structural Power, the Copenhagen School and Threats to Chinese Security, *The China Quarterly*, Vol. 217, March 2014, pp.140-161.

第6章

オバマ政権のリバランス政策の検証

――東アジアにおける国際政治への含意

中山俊宏
NAKAYAMA Toshihiro

はじめに

オバマ政権のアジア太平洋重視政策を、オバマ大統領が自身の言葉ではっきりと語ったのは、大統領自身が二〇一一年一一月一七日にキャンベラの連邦議会で行った演説だろう[1]。オバマ大統領は、「ここ[アジア太平洋地域]にわれわれは未来を見出す」と語り、さらに「二一世紀のアジア太平洋地域に、アメリカ合衆国はオールイン[全面的に関わる]だ」と続けた。かなり前傾姿勢の演説だ。ちょうどその直前にクリントン国務長官がフォーリン・ポリシー誌に「アメリカの太平洋世紀」という長文の論考を寄稿し、さらに大統領がキャンベラで演説する一週間前に、雑誌掲載論文とほぼ同じ内容の講演(演題は同じ「アメリカの太平洋世紀」)をホノルルのイーストウェスト・センターで行っている[2]。このシークエンスを見ても、用意周到なセットアップだといえる。

こうして政権発足後およそ三年目にして示されたアジア太平洋重視政策だが、政権関係者によれば、この方向性はすでに二〇〇八年の大統領選挙キャンペーンにおいて、アジア専門家が一同に介した時点で、既定路線になっていたという。たしかに、二〇〇九年一一月のサントリーホールにおける演説にその後のアジア太平洋重視政策の萌芽を見出すことは可能である[3]。その後、国際情勢が大きく変動したにもかかわらず、そしてその多くがアジア太平洋地域からアメリカを引き離そうとするベクトルを持つ変動であったにもかかわらず、オバマ政権は「アジア太平洋重視」という看板を降ろそうとはしていない。それは二〇一二年の再選後も、国務長官、国家安全保障問題担当大統領補佐官、複数の国防長官の交代後も、一貫した方針である。

アジア太平洋重視政策はオバマ政権によって語られ続け、その重要性が確認され続けているという意味においては、明らかに一貫性がある。しかし、当初、その呼称に混乱があったことが象徴しているように、それは絶えず語られてはいるものの、当のアジア太平洋地域では、その「実体」をめぐって玉葱の皮を剥くかのような不毛ともいえる論争が繰り広げられている。当初は、もっぱら安全保障上の取り組みと解され、ともすると「対中ヘッジ」の方向に本格的に舵を切った証左として受けとめられたが、その後、それはより包括的な「政策の束」だということが明らかになり、その輪郭がぼやけてしまった。二〇一三年になると、ヘーゲル国防長官は、アメリカのアジア太平洋重視は「主として外交的、経済的、文化的戦略である」と述べ、その概念的混乱は頂点に達した[4]。オバマ大統領再選後のケリー国務長官体制下におけるアメリカの対アジア政策は、ともすると米中環境合意を軸にして組み立てられていると映ることさえあった。オバマ政権は、明らかにアジア重視をめぐる言説をコントロールできていない。

いまは「リバランス(再均衡)」として知られているアジア太平洋地域重視政策だが、キャンベラ演説では「リバランス」という表現は一度として登場することがない。またクリントン国務長官の論考と演説においても、「リバランス」は登場せず、当初用いられていた「ピボット(旋回)」という表現が複数回登場している。いまは政権としては、「リバランス」で統一しているが、アジア専門家を除けば、政権のアジア太平洋重視政策は依然として「ピボット」として知られている（政治討論番組等においては、依然として「ピボット」として言及されることがしばしばである）[5]。これが単に用語をめぐる混乱だけなら深刻ではないが、政権のアジア太平洋重視政策の根底に潜む不安定さをはからずも露呈するかたちとなってしまっている[6]。

「対テロ戦争」という用語それ自体が、ジョージ・W・ブッシュ政権の外交安全保障政策の概念的混乱を象徴しているとの批判を梃にして二〇〇八年の大統領選挙に臨んだ人物であるだけに、オバマ政権のアジア太平洋重視政策をめぐる概念的混乱は、ひときわ目立って見えてしまった。最終的に「リバランス」と呼ばれるに至ったアジア太平洋地域重視政策は、ブッシュ政権の「対テロ戦争」を組み換える際に要となる政策であった。それは、単にオバマ政権の「対アジア太平洋政策」ではなく、オバマ外交そのものの本質と密接に関わっている[7]。それは、アジア太平洋地域がアメリカにとって、圧倒的に重要性を増していくなか、地域を点（北東アジア、中国、東南アジア、南アジア、太平洋州）でとらえるのではなく面でとらえ、外交、安全保障、そして経済の領域を統合した包括的なアジア太平洋政策（Asia-wide integrated policy）を目指したものであった。アメリカはこれまでこのような統合的なアプローチでアジアに向き合ったことはない。その意味において、リバランスは極めて野心的な政策であった。

しかし、現段階のリバランスは、実質をともなったものでは必ずしもなく、リバランスが内実ともに成立する際に必要なコミットメントを、このさきアメリカが持続的に示し続けることできるのかということに対する大きな不信感がアジア太平洋地域にはある。その不安はとりわけ東南アジアにおいて大きい。東南アジアではしばしば「地理は運命だ（geography is fate）」という表現を耳にする。これは、東南アジアにとって中国は物理的に動かしようがない存在だが、アメリカはその意図次第で、この地域への関与が大きく振れるという不安の表明だ[8]。現今のアメリカには財政的な制約が重くのしかかり、また九・一一テロ攻撃以降、断続的に続く「長い戦争」に疲弊したアメリカは、長い「リトレンチメント（退却）」期の入り口に立っているようにも見受けられる。ある意味、オバマ外交自体が、その兆候であるともいえる[9]。しかし、そのアメリカは同時に、部分的には自らがつくり出した「力の真空」に、再度介入せざるをえなくなるかもしれないような状況にも直面している。またそもそものリバランスをめぐるメッセージそれ自体も混在している。さらに二〇一六年の大統領選挙を控え、「オバマ後」が、視界に入ってくるなか、「リバランスの行方」ということも話題にのぼりつつある。

このように非常に不安定な状況の中で成立しているリバランスであるが、本章においては、そもそもリバランスがオバマ外交において占める位置を再確認し、そして本書のテーマであるASEANと地域統合がリバランスの中でどのように位置づけられているかについて論じていきたい。そこにアメリカのアジアへの向き合い方の根本的な態度変化の兆候が見出すことができるのであろうか。まずは、オバマ外交の輪郭を確認することからはじめたい。

1　オバマ外交の輪郭――戦略的転換の射程

オバマ外交を構成する中核的な問題意識は、九・一一テロ攻撃後のアメリカの「過剰反応」を抑制し、二〇〇〇年代に蓄積していった「歪み」を修正することにあった。その限りにおいて、オバマ外交は、ブッシュ外交をリセットすることそれ自体を目的としていた。政権発足直後にオバマ大統領が示した「世界観外交（プラハ演説、カイロ演説）」に世界は一瞬幻惑されたが（世界はそれにノーベル平和賞さえ与えてしまった）、オバマ政権は過剰反応の是正それ自体を優先した抑制的な外交を志向していたといえる[10]。

オバマ外交になんらかの大胆さがあるとすれば、それはプラハやカイロで示された大胆さというよりは、むしろ世界認識の方法それ自体を変革しようとしたことにあった。それは、アメリカが頂点に立つという意味での「アメリカン・プライマシー」の追及を放棄し、アメリカがコントロールできる空間が相対的に縮小している状況を確認しつつ、その中でどのようにしてアメリカの国益を最大化できるか、いやむしろ発想としては、ダメージを最小化できるかという方向に発想を転換しようとしたことであった。

アメリカがコントロールできる空間が相対的に縮小しつつあるという状況認識は、必ずしもアメリカの衰退を認めているということと同義ではない（猛々しい政治の世界ではしばしばそのように定置されてしまうが）。それはアメリカが直面している問題の性質が変化し、またアメリカを取り囲む世界環境それ自体が大きく構造変化を遂げるなか、アメリカの対外行動や政策目標も変容を被らざるをえないという状況認識である（もちろんこのことをもって、「アメリカが衰退している」という論を立てることは可能ではあるが）。

オバマ大統領は、二〇一五年一月下旬、ヴォックス・ドット・コム（vox.com）とのインタビューで、世界はいま「秩序の崩壊（ディスオーダー）」の危機に直面していると論じている。そう冷静に語るオバマ大統領は、アメリカにせいぜいできることは、事態を少し良くすることくらいだと続ける。そして、オバマ大統領自身はこれを「アメリカの退却」ととらえることはなく、世界がいまどのように機能しているかということに関する「現実的な評価（realistic assessment）」に過ぎないと淡々と語っている[11]。長期化し出口が見えないシリア内戦、「イスラム国」の台頭、そしてロシアの力を用いた現状変更行為を前にして、アメリカにできることは限られていると躊躇することなく認めてしまうオバマ大統領は、「非アメリカ的」であるとも、これまでのアメリカを率いたリーダーたちとはまったく別のかたちではあるが、「大胆」であるとさえ表現できよう。しかし、この世界は同時に「否応なしにつながってしまった世界」でもある。そこは「ハイパー・コネクティビティ（過剰に、そして常時、つながっている状態）」に特徴づけられた世界であり、かつてのように「局外者」になるというリアルなオプションが残されていない世界だ。自らの力の限界を認めると同時に、この世界内に留まらなければならない、その中でどうリーダーシップを発揮し、アメリカにとって好ましい国際環境を形成していけるか。これが、オバマ外交が自らに課した課題だ。

このような世界認識の上にオバマ外交は、いくつかの「リセット」を実行した。それは、政権交代にともなう単なる政策の転換ではなく、「戦略的な転換(strategic reset)」と位置づけられた。まずもって中心にくるのは「対テロ戦争」のリセットである。他のリセットもなんらかのかたちで対テロ戦争のリセットと連動している。対テロ戦争のリセットそのものは、「テロ」は手段であり、手段と戦うことはできないという地点に立ち返り、問題そのものをとらえなおす中で、なぜそれが発生したのかという問題意識を呼び戻し、それを「暴力的な過激主義との戦い」と再定置した。オバマ政権は、公式の文書や発言では「対テロ戦争」という言葉は用いない。

これに連動するリセットとしては、「対テロ戦争」を規定したアメリカの単独行動主義との決別である。政策目標の実現をアメリカの圧倒的な力に依存するかたちで行うのではなく、硬軟織り交ぜた「スマートパワー」外交の追及、マルチ外交の復権がこれに相当する。また対テロ戦争は「グローバルな戦い(Global War on Terror)」と位置づけられたものの、主たる照準をイラクに当てた結果、アメリカは中東に釘付けになってしまった。この地理的な不均衡の是正ということも対テロ戦争のリセットにともなう政策変更であり、具体的にはアジア太平洋地域への「リバランス」というかたちをとった。さらに、対テロ戦争がアメリカの対外政策をほぼ独占してしまった結果、国際政治はなんらかの「ポジティブ」な効果を引き出せる空間としては認識されず、専らアメリカにとっての脅威を除去すべき空間として認識された。ブッシュ時代、国際政治は足もとに毒蛇が蠢《うごめ》いている空間だった。しかし、オバマ政権は、国際政治を「可能性の空間」として捉えなおそうとした。オバマ大統領自身、こう述べている、「われわれがもっとも優れたハンマーをもっているからといって、すべての問題が釘であるというわけではない」と[12]。この国際社会を可能性の空間として捉え直そうという意識は、国内政策より対外政策の比重が大きかったブッシュ政権の政策プライオリティの転換ともつながっていく。アメリカ経済に資するかたちで、国際社会との関わり方を定めていくこと。それはリーマンショック後のアメリカ外交の新たなかたちの模索でもあった。これらが総体として「戦略的なリセット」を構成していた。

2　オバマ外交の中のリバランス

オバマ外交の輪郭をこのように定めると、実はリバランス政策は、オバマ外交を構成する様々な政策の束のうちの一つではなく、むしろその本質に関わる政策だということが浮かび上がってくる。前節で言及した個々のリセットは、リバランスを構成する各要素ときれいに符合する。地理的再均衡については、詳しい説明は不要だろう。アジア太平洋地域重視が打ち出された背景には、対テロ戦争の相対化、そして地域的優先順位の再設定という発想がはっきりと読み取れる。国政政治を「可能性の空間」として捉えるという意識も、リバランスと直結する。国際政治を「可能性の空間」として捉えた時、真っ先にアメリカの視界に入ってくるのはアジア太平洋地域であろう。世界経済の牽引役であるアジア太平洋地域にしっかりと軸足を定め、自らもその一員であることを再確認し、アメリカもその恩恵に預かる。環太平洋パートナーシップ（TPP）がリバランスの主軸の一つであることがまさにこのことと符合しているだろう。TPPは、アメリカをこの地域にさらに深い次元で組み入れる装置としては不可欠のものである[13]。

さらにアメリカがアジア太平洋地域に本格的に向き合おうとする時、単独行動主義というオプションはない。なぜならアジア太平洋地域は、アメリカの「staying power（留まる力）」が試される空間だからである。アジア太平洋地域において発生する問題の多くは、なんらかの事案が発生した時に、アメリカが拳を振り上げてそれをいかに振り下ろすかということをめぐって発生する場合は稀で（無論、その可能性は排除されるべきではないが）、むしろアメリカが持続的にプレゼンスを示し続け、そうすることによって現行の秩序への挑戦をいかに事前に退けられるかということにかかっている。その意味で、アメリカを中心とした二国間同盟網の維持、深化は不可欠な取り組みであり、それを安定的に管理していく必要がある。それは、アメリカをこの地域に引きつけておく不可欠な機能を有している。しかし、それと同時にこの地域における「共同体づくり」をめぐる会話にアメリカは参加する必要がある。それは、アメリカをこの地域にさらに深く引きつけておくからだ。

アメリカは、アジア太平洋地域におけるマルチ外交については、大きな不信感を抱いてきた。ブッシュ政権の時にその不信感は顕著だった。それは、アメリカにおけるマルチ外交の潮流が、「マルチ（多国間協議）」という枠組みそのものを重視する「目的としてのマルチ外交」ではなく、あくまで政策目標を実現するための「手段としてのマルチ外交」の方に大きく傾斜してきたからだ。前者はマルチを正当性確保の手段として捉えているのに対し、後者はあくまで効率性や対象にかける圧力の強さという観点からプラグマティックに捉えられている[14]。アジア太平洋地域におけるマルチ外交は決して「効率的」ではない。それはしばしば「トークショップ」と揶揄される。そこに参加し続けることによって積み重なっていくものが、漸進的に変化を生み出していくというかたちでしかプロセスはすすんでいかない。四年毎の政権交代を視野に、常に「急ぎ足」のアメリカにとっては、耐えられないペースだ。しかし、オバマ政権は、この会話に参加することを決定し、時に連邦政府の「シャットダウン」への対処など、内政的事情によって欠席せざるをえなかった例はあったものの、基本的にはマルチ外交を限定的ながらも、不可欠な場として位置づけている。それは、国際政治を、除去されるべき脅威に満ち溢れた空間ではなく、対話が可能な空間と認識しているということの帰結でもある。

こうして見ると、リバランスは、オバマ外交の本質と密接に関わっていることが見えてくる。それは単なる政権のアジア太平洋政策ではなく、オバマ外交の根幹をなす「戦略的リセット」の帰結であった。リバランスは、ある意味常に揺れ動き、様々な場で、様々な人によって語られ、その多面性ゆえに固定することが難しいが、そのエッセンスは概ね次のようなものだろう。これは、トム・ドニロン前大統領補佐官（安全保障担当）が定式化したものである（二〇一三年三月一一日のアジア・ソサエティにおける講演）[15]。ドニロンは、リバランスを構成するものとして以下のような取り組みを列挙している。同盟国とのさらなる関係強化、「新興国（emerging powers）」との関係の深化（ここではインドやインドネシアが想定されている）、中国との建設的な関係の構築、地域的なアーキテクチャの構築、経済的なアーキテクチャの構築、そしていわゆる「リバランスの中のリバランス」ともいわれる東南アジアへのリフォーカスである。これらが、総体として「リバランス」を構成しており、ばらして評価すべきではないが、多くの場合、個々のパーツを個別に評価してしまう傾向がある。しかし、冒頭でも指摘した通り、リバランスは本来、統合的なアジア太平洋政策（もしくはインド太平洋政策と言い換えてもいいかもしれない）を目指したものであり、個々の政策を積み上げていったものというよりは、むしろ世界観に近いのではないか。

ここまで、オバマ外交の輪郭、そしてそれとリバランスとの関わりを見てきたが、次節では、それが東南アジアにおいてどのように展開していったかを見ていきたい。

3 リバランスの実態——東南アジア、ASEAN、地域統合

「リバランスの中のリバランス」と政権自身が語るアメリカによる東南アジアの「再発見」をすべて中国の台頭とそれへの対抗措置の文脈でのみ語るのは事態を単純化しすぎではあるが、東南アジアの側に「中国の台頭」という「事実」と、それと対になるかたちで「アメリカの退却」という「パーセプション」が同時に浸透しており、そのことがさらに中国の台頭を加速させているという認識がアメリカの側にあるのは確かだろう。キショール・マブバニは、この状況を「中国がすんなりと台頭したのはアメリカの無策の結果だ（China's benign rise was the result of American neglect)」とかなり手厳しく評している[16]。

リバランスの中には、二つの大きな不安定要因がある。一つは、リバランスの柱の一つである「中国との建設的な関係の構築」ということに関して、中国がどのように台頭していくかがこの地域における最大の不確定要素であるがゆえに、その関係がどのようなものになるかを正確に描けないことだ。もう一つは、この第一の要因にも大きな影響を及ぼすが、当のアメリカがこの地域に果たしてどのようなかたちでとどまることができるのかという不確定要素である。周知の通り、アメリカ外交は「介入（インターベンション）」と「退却（リトレンチメント）」の間を振り子のように揺れ動くが、いまアメリカは後者の方向に振れていることを各種世論調査は示している[17]。この二つの不安定要因がどのように展開していくかはアジア太平洋地域全域で注視されているが、この二つが交差し、これまでにない力学を生み出しているのが東南アジアという場であろう。その結果、東南アジアは、米中にとって「影響力をめぐる戦い（struggle for influence）」の最前線となった感がある。

それはアメリカと中国とが正面から向き合ってゼロサム・ゲーム的な力くらべをしているというよりかは、オバマ的な世界と、古典的な力と力がぶつかり合うようなリアルポリティーク的な世界とが重層的に重なり合うハイブリッドな対立である。「共存」、「協力」、「対立」、「牽制」という相矛盾する要素が併存しているがゆえに、「一体、あなたはどちらの側に立っているんだ？（Which side are you on?）」という問いは退けられつつも、多くの国が間合いをはかっているような状態が成立しているといえるだろう。

こうした状況の中、オバマ政権は東南アジア諸国との関係、そしてＡＳＥＡＮ主導のマルチラテラリズムへの関わり方を大きく軌道修正した。二〇〇九年七月にバンコクで開催されたＡＳＥＡＮ外相会議に出席したクリントン国務長官は、「アメリカは帰ってきた（We're back!）」と宣言しつつ、それまで加入することをためらっていた「東南アジア友好協力条約（Treaty of Amity Coorperation in Southeast Asia）」への参加を表明した。これはこの後に続く、アメリカの外交攻勢の口火を切るかたちとなった。最初の一手以降、進展は若干滞っているものの、ミャンマーやラオスへのアプローチは国際社会を驚かせた。二〇〇九年から二〇一二年の間には四回の「ASEAN-米首脳会議（ASEAN-US leaders' meeting）」が開催され、二〇一三年一〇月には正式の「ASEAN-米サミット（ASEAN-US Summit）」に格上げされた。二〇一〇年には東アジアサミットにも参加を決定し（それはTACに加入したことで可能になった）、二〇一一年にはオバマ大統領自身が参加している。さらに、オバマ政権はジャカルタのASEAN事務局に常駐の大使を派遣するという決定もくだしている。「リバランスの中のリバランス」を成立させている各要素は、いずれもオバマ外交の「戦略的リセット」と不可分であり、それがより大きなオバマ外交のテーマと親和性を持つことは、上位概念であるリバランスと同様である。アメリカの「東南アジア・シフト」は、ともすると「チャイナ・ファクター」ばかりに引きつけられて論じられることが多いが、他の要因も作用していることは気に留めておかなければならないだろう。

しかし、その一方で、依然としてアメリカの対東南アジア政策の基底にあるのはバイの関係であり、それが安全保障の領域にシフトしていけばさらにその色彩は強くなっていく。個々の国との関係は本章のスコープを超えるので、ここで言及することはできないが、アメリカとある国との関係は、当該国の中国との距離感が強く作用していることも事実であろう。米越関係はその典型的なケースである。現状では、アメリカの安全保障上の役割をASEANとして集合的に受け入れる仕組みは不在であり、今後もそのような仕組みが出現するとは考えにくい。ASEAN主導のマルチ外交については、アメリカは自ら積極的な役割を引き受けるというよりかは、アメリカ自身がこの「コミュニティ」の一員であることを示し続けることに力点がおかれているように見受けられる。

さらにいえば、アメリカは「リバランスの中のリバランス」を表明しつつ、東南アジアへの傾斜を深めていることは間違いないが、依然としてアメリカのアジア太平洋戦略は東アジアを起点としていることには変わりない。ただし、アメリカの政策サークルの中で「インド太平洋（Indo-Pacific）」という表現が定着しつつあることからも明らかなように、中国の影響圏の広がり、インドの台頭、地域統合の深化などを考えると、アジア太平洋地域を裁断して把握するのではなく、面として把握し、その中でアメリカの役割を模索するという問題意識がうかがえるのも事実だ。ただ、現段階ではそこまではすすんでいるとはいえない。

4 「オバマ後」のリバランス

アメリカが政権毎にその政策を大きく変えるのは周知の事実だ。オバマ外交の中核にある問題意識は、まさにブッシュ外交の「過剰」を是正することにあった。「戦略的リセット」とはまさにブッシュ外交のリセットそのものだった。それが、政策として具体的な地域に当てはめられたのが「リバランス」であった。これに対して、アメリカはブッシュ時代からアジア太平洋地域を重視していたとの反論はあろう（リバランスについて議論をしていると、共和党系の政策サークルからは、必ずこの趣旨の反論がある）。それはそれで事実であり、確かに同盟関係を軸にしたアメリカのこの地域に対するコミットメントそれ自身が大きく揺らいだとはいえない（むしろ日米同盟、米豪同盟、米韓同盟などは大きく進展した）。さらに東南アジアについても、「対テロ」という色彩が強かったものの、情報協力（intelligence sharing）などが水面下でかなり進展したとも伝えられている[18]。しかし、ブッシュ時代のアメリカには、この地域の一員であるという意識は希薄であり、そのことがこの地域のマルチ外交へのブッシュ政権の態度に象徴されていた[19]。九・一一テロ攻撃の余震に掛かり切りだったアメリカには、アジア太平洋地域を全体としてとらえる余裕はなかった。その意味でも、リバランスはオバマ外交の「戦略的リセット」の重要な一部であることは明らかであろう。

そうであるとするなら、「オバマ後」はどうであろうか。リバランスがオバマ外交の本質と深く関わっているとするなら、リバランスは次の政権によってリセットされるのであろうか。おそらくそう単純な話ではないだろう。アジア太平洋地域は、アメリカからしてみると潜在的には「同等になりうる競争相手(potential peer competitor)」が存在している唯一の地域である。その競争相手は、アジア太平洋地域で確実に影響力圏を広げている。そして、この地域はアメリカにとって経済的に不可欠な地域でもある。アメリカが経済的に成長を遂げていくためには、アジア太平洋地域のダイナミズムをなんとしても内に取り込んでいく必要がある。さらに、アメリカはアジアとは地理的には太平洋という大きな海によって隔てられているものの、ますます「太平洋国家(Pacific Nation)」というアイデンティティを深めつつある。つまり、アメリカという国が、国際社会における現在の優位性を維持しようとする限り、アメリカにはこの地域にとどまり続ける以外にオプションはない。このことが明確に認識され、政策のかたちをとったのが、リバランスであった。その意味で、リバランスはその本質においては、他の地域から「(軸足を固定しつつ)転回」するという意味での「ピボット」であり、依然としてその本質は変わっていないだろう。それは「戦略的抑制」から導かれる発想であり、アメリカがコントロールできる空間が相対的に減少しているならば、コミットすべき空間を特定し、そこにフォーカスしようという発想である。

ただし、現段階でのリバランスは、そこまでの決断を伴った政策にはなっていない。それは、アメリカがアジア太平洋地域に向き合う際に取り組まなければいけない「政策の束」の域を超えてはいない。そこには「ピボット」という用語を落とさざるをえなかったことに象徴されるように、「(軸足を固定しつつ)転回」しようとする意志が不在である。それゆえアメリカのメッセージは混在し、アメリカの真意をめぐって終わることのない論争が繰り広げられている。オバマ政権二期目に入り、世界各地で生じた「力の真空」にアメリカが引きずり戻されるような状況が目立つようになると、リバランスの評価はさらに錯綜するようになった。他の地域に引き戻されるとリバランスの空洞化が叫ばれ、一方で介入に慎重になると、もはやアジア太平洋地域においてもアメリカは信頼できないという言説が勢いを増す。

アメリカはこの循環から抜け出すことは出来ないだろう。その限りにおいては、(やや挑発的な言い方をすれば)本来の「ピボット」はそもそも「不可能」な政策である。それはアメリカが「グローバルパワー」であるという自己イメージを捨て去り、意識をアジア太平洋の方向に相当の傾斜をもって傾けない限り、実現しそうにはない。しかし、それは同時に、アメリカが自らの「相対的衰退（アメリカの力は世界の隅々までは及ばないこと）」を認める瞬間でもあり、それはアジア太平洋地域を構成している国々にとっても朗報ではないかもしれない。アメリカがそうはっきりと自己認識することは、アジア太平洋地域における不安定性をも増大させるきっかけとなるだろう。だとすると当面アメリカは、リバランスまではたどり着けなくとも、その一歩手前で、アメリカ外交におけるアジア太平洋地域の重要性が高まっていることを視野にいれつつ、従来通りのアジア太平洋地域を対象とした地域政策を組み立てていくことになろう。

おわりに

アメリカのようなグローバルに展開する国が、ある特定の地域に「ピボット」するということは容易なことではない。それは世界各地で波紋を呼び、国際社会における予測可能性を極端に低下させることになるだろうし、旋回される側のアジア太平洋地域においてさえ、「アメリカの凋落の兆候だ」というような言説が飛び交うことになるだろう。アメリカにとってのアジア太平洋地域の重要性が高まっているという認識は広く共有されつつも、依然として多くのアメリカ国民の視線は、世界の他の地域に向いている。日々の報道においても、連邦議会における議論を見てもそうである。リバランスの最大の弱点があるとすれば、それはアメリカ自身がそれを信じきれていないことである。たしかにオバマ政権になってから公表された「国家安全保障戦略（National Security Strategy）」にはリバランスへの言及がはっきりとある。二〇一五年版では、「世界秩序（*International Order*）」の項目で最初にくるのが、「アジアと太平洋地域へのリバランスをすすめる（Advance Our Rebalance to Asia and the Pacific）」というセクションである[20]。

にもかかわらず、もしアメリカが自らを「アジア太平洋国家」と本当に見なすのだとしたら、それは実は深い意識の次元での変化をもともなわなければならないものであり、単にいくつかの政策の束で実現できるような小手先の変化ではない。そのためにはおそらく大統領自身が、二〇一四年五月にウェストポイントで行ったような対外政策の基本的姿勢を構成する演説を（キャンベラではなく）アメリカ国内で、アジア太平洋地域について、アメリカ国民に向けて行う必要がある。しかし、アメリカにはまだその決意はないだろう。それが起こりうるとしたらそれはなんらかの危機がアジア太平洋地域で発生したときであろうが、誰もそうなることは望んでいない。

註

1——Remarks By President Barack Obama to the Australian Parliament, Delivered on November 17, 2011, https://www.whitehouse.gov/the-press-office/2011/11/17/remarks-president-obama-australian-parliament (accessed on August 25, 2015)

2——Hillary Clinton, "America's Pacific Century", *Foreign Policy*, no. 189, November, 2011, pp. 56-63.; Secretary Hillary Clinton on America's Pacific Century at the East-West Center, "On America's Pacific Century", Delivered on November 10, 2011, http://fpc.state.gov/176998.htm (accessed on August 25, 2015)

3——Cf., Yoni Appelbaum, "The Region That's Really Driving Obama's Foreign Policy", *The Atlantic*, June 29, 2015, http://www.theatlantic.com/international/archive/2015/06/pivot-asia-iran-isis/397187/ (accessed on August 25, 2015); "Remarks by President Barack Obama at Suntory Hall," https://www.whitehouse.gov/the-press-office/remarks-president-barack-obama-suntory-hall (accessed on August 25, 2015) この演説に関しては、政権発足当初だったこともあり、ほぼ同時に中国語版、インドネシア語版、日本版、韓国語版が公表され、アジア太平洋重視がより具体的なかたちで示された。

4——Chuck Hagel, "The US Approach to Regional Security", The Shangri-la Dialogue: 12th IISS Asia Security Summit,

Delivered on June 1, 2012, http://www.iiss.org/-/media/Documents/Events/Shangri-La%20Dialogue/sld13/Speeches/Hagel.pdf (accessed on August 25, 2015)

5——依然として「ピボット」という用語が用いられている最近の事例としては、Fareed Zakaria, “Whatever Happened to Obama's pivot to Asia?”, *Washington Post*, April 16, 2015, https://www.washingtonpost.com/opinions/the-forgotten-pivot-to-asia/2015/04/16/529cc5b8-e477-11e4-905f-cc896d379a32_story.html (accessed on August 25, 2015)

6——「ピボット」や「リバランス」をめぐる概念的混乱に関しては、以下を参照。“Pivot, Rebalance, or Reinvigorate? Words Matter in U.S. Strategy toward Asia”, Web blog post, *Brookings Now*, The Brookings Institution, April 21, 2014, http://www.brookings.edu/blogs/brookings-now/posts/2014/04/pivot-rebalance-reinvigorate-words-matter-us-strategy-toward-asia (accessed on August 25, 2015) なお、日本語では、「ピボット」は「旋回」、「リバランス」は「再均衡」と訳される場合が多い(中国語では再平衡という)。「旋回」にしても、「再均衡」にしても、直感的にわかる言葉ではない。どうも、韓国語、中国語でも、この二つの用語に合致した訳語は見当たらないという。アメリカがアジア重視姿勢を打ち出した外交用語が、日本語にも、韓国語にも、中国語にも当てはまる言葉がないというのは、皮肉なことだ。

7——リバランスをオバマ外交そのものの本質と密接に関わっているものとして捉えることは一般的ではない。一般的なのは、アメリカの対中政策の文脈で捉えようとする見方である。例えば、Thomas J. Chirstensen, “Obama and Asia: Confronting the China Challenge”, *Foreign Affairs*. September/October, 2015, pp. 28-36. を参照。

8——オバマ政権の対東南アジア政策に批判的な見解としては、以下を参照。Joshua Kurlantzick, “The Pivot in Southeast Asia: Balancing Interests and Values”, Working Paper, Council on Foreign Relations, January 2015, http://www.cfr.org/asia-and-pacific/pivot-southeast-asia-balancing-interests-values/p35925 (accessed on August 25, 2015)

9——オバマ外交を「リトレンチメント」の文脈で論じた著作としては、Stephen Sestanovich, *Maximalist: America in the World from Truman to Obama*, New York: Alfred A. Knopf, 2014. を参照。

10——Toshihiro Nakayama, “Strategic Patience in a Turbulent World: The Obama Doctrine and It's Approach to the World”, *Asia-Pacific Review*, 22-1, 2015. 同じような問題意識を持ちつつも、オバマ外交をはっきりと批判的に論じた著作としては、Colin Dueck, *The Obama Doctrine: The American Grand Strategy Today*, New York: Oxford University Press, 2015. を参照。逆に、具体的な選択肢を検討していくと、オバマ外交は最適均衡を実現していると主張している論考としては、Gideon Rose, “What Obama Gets Right: Keep Calm and Carry the Liberal Order On”, *Foreign Affairs*, September/October

2015, pp. 2-12. がある。

11——"Vox Conversation: Obama (Part Two, Foreign Policy)", *Vox.com*, January 23, 2015, http://www.vox.com/a/barack-obama-interview-vox-conversation/obama-foreign-policy-transcript (accessed on August 25, 2015)

12——Remarks by the President at the United States Military Academy Commencement Ceremony, Delivered on May 28, 2014, https://www.whitehouse.gov/the-press-office/2014/05/28/remarks-president-united-states-military-academy-commencement-ceremony (accessed on August 25, 2015)

13——Jeffrey A. Bader and David Dollar, "Why the TPP is the linchpin of the Asia rebalance", Web blog post, *Brookings blog*, July 28, 2015, http://www.brookings.edu/blogs/order-from-chaos/posts/2015/07/28-tpp-linchpin-asia-rebalance-bader-dollar (accessed on August 25, 2015)

14——アメリカのマルチ外交の態様については、Rosemary Foot, S. Neil MacFarlane and Michael Mastanduno, *US Hegemony and International Organizations*, New York: Oxford University Press, 2003. を参照。

15——Thomas Donilon, "The United States and the Asia-Pacific in 2013", Delivered on March 11, 2013, at the Asia Society New York, http://asiasociety.org/new-york/complete-transcript-thomas-donilon-asia-society-new-york (accessed on August 25, 2015)

16——Kishore Mahbubani, "While America Slept: How the United States botched China's rise", *Foreign Policy*, February 27, 2013. http://foreignpolicy.com/2013/02/27/while-america-slept/ (accessed on August 25, 2015)

17——代表的なものとしては、Dina Smeltz and Ivo Daalder with Craig Kafura, *Foreign Policy in the Age of Retrenchment: Results of the 2014 Chicago Council Survey of American Public Opinion and US Foreign Policy*, Chicago Council Surveys, The Chicago Council on Global Affairs, 2014. がある。

18——Bruce Vaughn, Emma Chanlett-Avery, Ben Dolven, Mark E. Manyin, Micael F. Martin and Larry A. Niksch, "Terrorism in Southeast Asia", CRS Reports RL34194, Congressional Research Service, October 16, 2009.

19——Ralph A. Cossa, "Condoleezza Rice's 'Unfortunate Decision'", PacNet, Pacific Forum, No. 30, July 22, 2005, http://csis.org/publication/pacnet-30-july-22-2005-condoleezza-rices-unfortunate-decision (accessed on August 25, 2015)

20——White House, "National Security Strategy 2015", February, 2015, https://www.whitehouse.gov/sites/default/files/docs/2015_national_security_strategy.pdf (accessed on August 25, 2015)

第7章

日本の地域構想と「中国の台頭」

歴代首相の政策演説に見る「仲間」の描き方

山影 進
YAMAKAGE Susumu

はじめに

日ASEAN交流年にあたった二〇一三年、ブルネイと日本で日ASEAN首脳会議が開かれるとともに、安倍晋三首相がASEANに加盟する全一〇カ国を五回に分けて訪問した。日中関係や日韓関係が停滞する中で、日本と東南アジアとの首脳外交は突出している。ちなみに、二〇一四年には日本とインドの間で首脳の相互訪問も実現したが、こうした日本による積極的な外交姿勢の背景に近年の「中国の台頭」が見え隠れすることは否定しようもない。本章に与えられた課題は、日本が地域秩序をどのように捉え、それを実現するべく、どのような政策をとっているかを明らかにすることである。他方で、日本を取り巻く地域的国際環境を評価する上で、また、日本の地域政策を分析する上で、こうした現下の変化に注目するだけでなく、第二次世界大戦後の日本の国際社会への復帰から始まる長期的視点に立った回顧の中に位置づけることも重要だろう。

そもそも地域政策を構想する上で、戦後の日本は困難な立場に立たされてきた。サンフランシスコ平和条約で日本の領域（とくに周辺の島嶼《とうしょ》）の規定が不明確だったせいで、北方領土・竹島・尖閣諸島がロシア・韓国・中国との関係において、時に大きな緊張要因・関係改善阻害要因となってきた。また、冷戦構造がもたらした四つの分裂国家のうち、三つが日本周辺の東アジアに位置し、その全てが内戦を経験している。統一を果たしたのはベトナムのみで、中国も朝鮮半島も冷戦終結後四半世紀を経過した今日まで問題解決の兆しさえない。もとよりこのような問題は日本一国で解決可能な類ではないが、それらが日本の地域政策に影を落としてきたとも言えるし、それらを前提にして日本の地域政策は構想されてきたとも言える。こうした制約条件の多い地域にあって、東南アジアは日本にとって相対的に自由度の高い部分であった。また、二一世紀に入ってから十余年経った今日から見れば、一九八〇年代末の冷戦終結が九〇年代初めにかけてもたらした大変動は文字通り画期的な変化であるが、同時代的観点からは、少なくとも日本の周辺に限って見ると、一九七〇年代前半もそれに劣らない大変動の時期であった。逆に、冷戦後の地域情勢は、欧州と比べれば、むしろ冷戦期のそれと連続的であった。

本章の課題は日本の地域構想の分析であるが、日本の地域政策における地域（それは東南アジアであったり、アジア・太平洋ないしアジア太平洋であったり、東アジアであったりするが）の秩序構想を長期的観点から概観することを通じて、現下の動きの意味を探ってみたい。もっとも、第二次世界大戦後の日本の地域構想については、長期的観点に立つ体系だった先行研究があり、しかも詳細な実証分析がなされている[1]。さらには筆者自身も東南アジアを中心に断片的に分析したことがある[2]。そこで、それらとの重複をなるべく避けることを念頭に置いて、本章では首脳外交に分析の焦点を当てることにする。とくに日本の総理大臣の東南アジア訪問の際に行われた政策演説の特徴から、日本の地域構想を抽出することを試みる。首相の政策演説は、最初に一九七七年に行われてから、二〇一五年までに一〇回以上行われているので、分析するのに十分な時間的幅と事例がある。

ところで、近年の東南アジア訪問では、ASEAN関連の首脳会議への出席が年中行事になっており、両者間であるいは会議参加国全体でさまざまな合意・協力の制度化が行われている。それではなぜ、こうした日本とASEANなどとの合意文書に注目しないのか。それは、合意は当事者の意見・立場を擦り合わせた協議・交渉結果であるのに対し、政策演説は、訪問国の意向との擦り合わせや周辺国への配慮は当然あるとしても、基本的に日本政府の考えがそのまま表明されているからである。いいかえれば、合意結果として構築・蓄積された地域制度ではなく、日本が一方的に構想した地域協力・地域制度にこそ、日本政府が望ましいと考えた地域のあり方が反映していると想定しているのである。典型的には、一九七七年の福田赳夫首相の東南アジア訪問時の福田演説と日ASEAN共同声明とを比較してみれば一目瞭然である[3]。すなわち、経済一辺倒の関係からの脱却という日本側の思惑やASEAN中心にしてもインドシナを敵視したくない日本の対東南アジア政策方針は福田演説に十分に盛り込まれている一方、日ASEAN共同声明ではASEAN側のさまざまな日本の経済協力に対する期待と要求が圧倒的な比重を占めている。もちろん、何に合意し、何に合意しなかった(できなかった)のかという問いかけは外交関係を見る上で重要ではあるが、本章では日本政府(と首相)の考えを政策演説から探ってみるのである[4]。

本章の構成は次のようになっている。まず第一節で首相の東南アジア訪問と会議参加について概観と基本的特徴を指摘し、第二節で訪問先での政策演説について概観した上で、その基本的特徴を明らかにする。続いて、政策演説の内容を地域構想の提案に焦点を絞って検討するが、長期的な特徴を抽出するため、全体を四期に分けて検討する。第三節では一九七七年の福田演説から九七年の橋本(龍太郎)演説までを取り上げる。第四節では画期点となった一九九八年の小渕(恵三)演説を扱う。第五節では二〇〇二年の小泉(純一郎)演説と〇九年の鳩山(由紀夫)演説を取り上げる。そして第六節では、時期は離れるが、二〇〇七年と一三年の安倍演説を取り上げる。最後の第七節では、構想を提唱している日本自身の「国のかたち」をどのように自己規定しているのかを通時的に扱って、その変化を明らかにする。

1 首相の東南アジア訪問と会議参加

歴代首相の外国訪問は、全体として、年平均の外遊頻度は増加してきたが、訪問日数には増加傾向は見られない[5]。要するに、頻繁に外国に出かけるようになったが、短期間になっていったのである。こうした全体的傾向の中で、「首相の外遊日程を最初に作成するのは、外務省の事務当局である。政府首脳の訪問には、相互主義の原則とか、先方から何度も招待を受けて放置できないとか、前回訪問してから時日が経ったとかの事情がある。しかし同時に、首相自身や政権党の希望も、考慮しないわけにはいかない。だから首相が任期中にどの国を訪問したかは、首相自身、あるいは内閣の外交方針、外交に臨む基本的な姿勢を反映する」[6]。岸信介首相から二一世紀初頭の森喜朗首相までの歴代首相の外国歴訪の訪問国数をたよりに、欧米重視かアジア重視かを比較すると、岸はアジア(欧米一〇カ国・アジア一三カ国、以下一〇対一三)、池田勇人は欧米(一一対六)、佐藤栄作から福田はアジア(計一八対二八)、大平正芳から竹下登は欧米(計四一対二一)、そして海部俊樹から森はアジア(計四七対六二)という結果になる[7]。この結果から何らかの意味を汲み取ろうとする際、首脳が出席する国際会議が増えたこと、たとえば一九七〇年代半ばからは欧米に傾く主要先進国首脳会議(サミット)が、九〇年代半ばからはアジアに傾くAPEC(アジア太平洋経済協力)首脳会議やASEANがらみの首脳会議が制度化されたことを考慮しておく必要がある[8]。

冒頭で触れたように、安倍首相が二〇一三年に全てのASEAN諸国を訪問したことは注目を浴びた。しかし過去の事例と比較すると、必ずしも例外的に突出しているわけではない(章末の付表を参照)。一九五七年に岸首相

表1 首相の東南アジア訪問と政策演説（5年ごと集計）

	純粋訪問	ASEAN会議	その他会議	訪問合計	政策演説
1955-59年	2	0	0	2	0
1960-64年	1	0	0	1	0
1965-69年	2	0	0	2	0
1970-74年	2	0	0	2	0
1975-79年	0	1	1	2	1
1980-84年	2	0	0	2	2
1985-89年	2	1	0	3	1
1990-94年	4	0	1	5	2
1995-99年	1	3	3	7	2
2000-04年	3	5	3	11	1
2005-09年	2	6*	4	12	2
2010-14年	4	5	2	11	1**

注：* 中止になった会議のための訪問1回を含む
** 中止になった演説を含まない

がミャンマー（以下、ビルマはミャンマーで統一）とタイ（以上、五月）、さらに南ベトナム、カンボジア、ラオス、マレーシア（以下、マラヤ連邦はマレーシアで統一）、シンガポール（当時は未独立、一九六五年に独立）、インドネシア、フィリピン（以上、一一〜一二月）と、北ベトナムを除く全東南アジア八カ国と一植民地を訪問した。一九六七年には佐藤首相がやはり二回にわたって結成間もないASEAN原加盟の五カ国（インドネシア、マレーシア、フィリピン、シンガポール、タイ）とミャンマー、ラオス、南ベトナムの計八カ国を訪問した。さらに、一九七四年（一回）には田中角栄首相が、一九七七年には福田首相が、ASEAN五カ国とミャンマーを訪問した例がある。今世紀冒頭の二〇〇一年一一月から翌年一一月にかけての四回にわたる東南アジア訪問で、小泉首相は、独立したての東ティモールを含む東南アジア九カ国（ラオスとミャンマーを除く）を歴訪している。

日本の首相の東南アジア訪問は、純粋の各国歴訪だけでなく、近年ではASEANがらみの首脳会議の年次開催をはじめとして、各種の首脳級会合が毎年のように開催されることにもよる（付表参照）。そのような会議に合わせて、近隣諸国歴訪も行われることがある。そこで、全体の傾向を把握するために、首相の訪問を①純粋訪問、②ASEAN関連首脳会議出席、③その他の首脳級国際会議出席の三タイプに分類して集計した。なお、一回の訪問で複数の目的を兼ねることがあるが、その場合には、ASEAN関連首脳会議出席を兼ねていれば②に分類し、その他の首脳会議出席を兼ねていれば③に分類した。さらに、一九五〇年代後半（一九五五〜五九年）、六〇年代前半、六〇年代後半と、以降五年刻みに、二〇一〇年代前半（二〇一〇〜一四年）までの一二期について、訪問回数をタイプ①、②、③の別に表示した（表1参照）。

ここには顕著な特徴を見出すことができる。まず、全体傾向として、一九五〇年代後半から八〇年代後半にいたる、五年に二回程度の安定した頻度で訪問を繰り返した時期から、一九九〇年代の増加傾向に転じる時期を経て、二〇〇〇年代から今日（二〇一〇年代前半）にいたる、五年に一〇回以上（平均して毎年二回以上）訪問する時期へと変化している。大局的には、一九八〇年代までの七期に及ぶ第一次安定期、九〇年代の増加期、そして二〇〇〇年代以降の三期続いての第二次安定期としてまとめることができるだろう。

第二に、一九九〇年代後半から、国際会議出席すなわちタイプ②と③が顕著に増加している。二〇〇〇年代に入ると、タイプ②は、ASEAN関連首脳会議の年次開催を反映して、毎期五回（毎年一回）程度であり（九〇年代後半については、九七年から毎年開催なので三回）、タイプ③についても毎期二ないし四回に上る。二〇〇〇年代以降、両タイプ合わせると毎期八回程度になる。これは、一九八〇年代までの七期を通じて合計三回だったことと対照的である。なお、ASEAN関連の首脳会議は通常ASEAN本体の首脳会議に合わせて何種類かの会合が集中して開催されるので、一回の訪問でも出席する会議はひとつとは限らない。

第三に、タイプ①の純粋訪問は、若干の例外はあるものの、全期間を通じて、五年間に二回前後と安定している。一九九〇年代以降、増加傾向は見られるものの、第一次安定期の毎期一・四回から第二次安定期の毎期三回へという程度である。ただし、タイプ②ないし③の訪問に際して近隣諸国へも訪問する場合があるので、二カ国間関係の強化は、タイプ①の見かけの安定（漸増）よりは、進んでいると推測できる。

要するに、日本の首脳外交は、訪問を基本として徐々に強化しつつ、一九九〇年代後半の首脳会議の制度化を経て、二〇〇〇年代は会議外交が常態化・制度化したのである。

2　訪問先での政策演説――概観と基本的特徴

日本国内では言及されることが減ったが、東南アジアでは福田ドクトリンが今日でも高い評価とともに深く記憶されている。福田ドクトリンとは、広義には一九七七年に福田首相がマニラで行った政策演説を指し、狭義には同演説の最後にまとめられた三点の日本の東南アジアに対する姿勢を指す。オーストラリアとニュージーランドの首相と共にマレーシアで開催された第二回ASEAN首脳会議に招待された福田首相は、首脳会議に出席するとともに、日本ASEAN首脳会議を開催して両者間で初めての共同声明をまとめあげた後、ミャンマーと全ASEAN五カ国（当時）を訪問し、最後の訪問国であるフィリピンで上述の政策演説を行った。この演説には、タイトルはないものの、マスメディアから福田ドクトリンという名称で注目され、やがて日本政府も「いわゆる福田ドクトリン」と呼ぶようになったものである[9]。

この演説は日本政府のトップによる政策演説の嚆矢《こうし》と言われている。しかし、そもそも政策演説の明確な定義は見当たらない[10]。首相が日本内外で対外政策に関わる演説を行う機会は多々あるが、本章で取り上げる演説（「政策演説」という特徴を共有するもの）は次のような性格のものである。

◎首相が外国を公式訪問した際に、
◎日本政府の地域政策（対アジアないしアジア太平洋）を主題として、
◎会議の場での発言ではなく、

◎訪問先の首脳ないし閣僚が列席する公的な外交行事もしくはそれに準ずる行事として、
◎憲法により外交関係を処理する職務を与えられた内閣を代表する立場から、
◎原則として、あるいは結果として、在職期間に一回のみに限って、
◎当該内閣の基本方針を示す、実質的に重要な演説

この基準に従って厳選された(?)政策演説は、一九七七年の福田演説に始まり、二〇一四年までに一二に上る(付表を参照、二〇一三年一月の「幻の演説」は含めず)[11]。第一次内閣と第二次内閣の各々で演説した安倍晋三を除いて、二度以上演説した首相は今日までひとりもいない。

首相の訪問頻度と同様、政策演説の長期的な傾向を見てみよう(表1参照)。一九七〇年代後半は一回、八〇年代前半は二回、後半は一回、九〇年代前半は二回、後半は二回、二〇〇〇年代前半は一回、後半は二回、二〇一〇年代前半は一回という頻度になる。このように、政策演説はきわめて安定的に推移しており、二年連続した一度を例外として除くと、最短で隔年、最長で五年の間隔が空いている。ちなみに、二年連続して行われた政策演説は一九九七年一月の橋本と九八年一二月の小渕のそれであり、実質的には隔年に近い。また当時は、東アジアが危機に見舞われ、日本が東アジアとの連携に踏み込んだ時期であり、重要な政策転換があったためでもある。他方、五年間隔は中曽根康弘内閣から竹下内閣にかけて、その次に長い四年間隔は小泉内閣から安倍内閣にかけてであるが、どちらも長期政権が続いた時期であり、長期政権であっても政策演説は一度限りという慣例(不文律?)があることを窺わせる。このような全般的特徴は、政策演説が政府にとってきわめて重要な意思表明であることや、対外政策にとって安定性・連続性という要素が重要であることを考慮すれば、ある意味で当然だろう。その上で、国際環境の変化や政権(首相)の交代を踏まえて、日本政府としての基本方針を再確認しつつ、新しい政策(目玉)を打ち出すのも、当然といえよう。

ここで、地域構想の分析に入る前に、こうした政策演説に見られる日本政府の対外政策の連続性と新規性とのバランスを概観しておこう。筆者の主観的かつ印象論的な所見から逃れられないが、各演説のスローガンないしキャッチフレーズを追ってみよう。なお、語りかけている相手は、いずれもASEAN諸国の政府・国民であり、内容は、日本の地域構想・政策の将来についてである。

◎福田演説「心と心の触れあう相互信頼関係」、「対等な協力者《パートナー》」
◎鈴木演説「ともに考え、ともに努力する成熟した関係」、「平和と発展を分かち合う良きパートナー」
◎中曽根演説「より幅広い交流」、「未来を開くアジア」
◎竹下演説「二一世紀に向けての新しいパートナーシップ」、「共に考え共に歩む永遠のパートナー」
◎海部演説「アジア・太平洋の平和と繁栄」、「共に考え、共に努力する成熟したパートナー」
◎宮澤演説「共に考え、共に行動する」
◎橋本演説「より広くより深いパートナーシップ」
◎小渕演説「人間の尊厳に立脚した平和と繁栄の世紀」
◎小泉演説「共に歩み共に進む率直なパートナー」、「共に歩み共に進むコミュニティ」
◎安倍演説「問題を共有し、解決を共に模索する」
◎鳩山演説「東アジア共同体構想《コミュニティ》」、「人と人との触れ合い」
◎安倍演説「共に歩いて行く仲」

総じて言えば、初期の福田演説や鈴木(善幸)演説で用いられたフレーズが、同工異曲の趣で繰り返されている印象を受ける。同工(日本政府の手によるもの)だが異曲(各首相の個性)ということになるだろうか。変化の傾向としては、演説の強調点が、日本とASEAN諸国とが向き合う関係から共通の課題・目標をめざして同じ方向を向く関係へと移動しているように見える。このような変化に、日本の地域構想の追求にASEAN（ASEAN諸国）が密接に絡んでくる構造を見て取ることができそうである。

3　福田演説から橋本演説までの二〇年

日本政府が中国を「仲間」として取り込んだ地域構想を打ち出したのはどの時点だろうか。一九九〇年代前半、日本と中国はAPECやARFといった広域制度に共に参加するようになった。しかし厳密には、ASEAN＋3（日中韓）首脳会議が開かれた一九九七年以降だと思われる。それまでは、日本にとっての地域政策・地域構想は、日本のソトに存在する東南アジア（そしてその中核に位置するASEAN）を対象にするものであったと言えよう。たしかにアジア太平洋という広大な地域に置かれた日本という存在を前提にしているものの、また、そこには中国も含まれているものの、実際には、東南アジアを対象にして、日ASEAN協力を具体的手段とする地域構想であった。

そもそも一九七七年の福田首相の東南アジア訪問の目的の一つは、一九七〇年代前半に高まった反日気運（エコノミックアニマル、オーバープレゼンス、軍国主義復活）を払拭することであり、それが「心と心の触れあう相互信頼関係」や「対等の協力者《パートナー》」といった言葉を強調する背景にあった。地域政策としては、一九五〇年代から続いてきた戦後賠償・経済協力を中心とする関係から新たな関係へと発展させることであり、ASEAN地域と一九七〇年代半ばに共産化したインドシナとの関係構築であった[12]。このような観点から、福田演説における東南アジアの地域構想とは、「ASEAN及びその加盟国の連帯と強靱性強化の自主的努力に対し、志を同じくする他の域外諸国とともに積極的に協力し、また、インドシナ諸国との間には相互理解に基づく関係の醸成をはかり、もつて《ママ》東南アジア全域にわたる平和と繁栄の構築に寄与する」(福田ドクトリン第三項目)となったのである。ここにはアメリカも中国も顔を出していない。

しかし一九七〇年代末に始まったカンボジア内戦(ベトナムのカンボジア侵攻)は膠着状態が続いたせいで一九八一年の鈴木演説も、八三年の中曽根演説も、そして八九年の竹下演説も、日本とASEANとの関係強化が主題であった。これら一九八〇年代の政策演説でも、アメリカと中国はほとんど登場しない。一九八九年は言うまでもなく一二月の米ソ首脳によるマルタ会談で冷戦が終結した年であるが、五月に行われた竹下演説では、こうした動きをきわめて不十分にしか反映できていなかった。ただ、演説の最後に「一九九〇年代のアジア・太平洋地域」という見出しの下で、①ASEAN諸国の考えの尊重、②世界に開かれた自由貿易体制の維持強化、③多面的かつ着実な協力の推進、の三点が謳われた。これは、当時外務省は反対ないし消極的だったが、APEC閣僚会議実現に向けての動きが盛んになってきたことの反映かも知れない(同年一一月に開催)。なお、演説時点で帰国後の内閣総辞職が決まっていたので、この演説にどれだけのインパクトがあったのかは不明である。

一九九一年の海部演説では、アジア太平洋地域の将来を日ASEANパートナーシップで切り開こうとする姿勢が明確に出ている。冷戦終結と湾岸戦争への対応が随所に顔を出しているが、「一九九〇年代のアジア・太平洋地域の展望と我が国の役割」の部分では、経済的役割はもちろんだが、それより多い分量を費やして政治的役割について広範かつ具体的に述べられている。続く「日本・ASEAN間の成熟したパートナーシップ」の部分では、それまでの日ASEAN関係の進展を踏まえて、「私は、ASEANと日本は、アジア・太平洋の平和と繁栄のために何をなしうるかを真剣に問い、それに向けて、共に考え、共に努力する成熟したパートナーになりつつあると思います」と総括している。演説が行われた五月段階では、まだカンボジア和平の動きは流動的かつ不安定であった。

一九九一年一〇月のパリ合意を経て、翌年には国連カンボジア暫定統治機構（ＵＮＴＡＣ）が活動を開始し、日本からも自衛隊や警察官などが参加する中で、カンボジア和平が進んでいく。宮澤（喜一）演説はこのような状況で行われた（一九九三年一月）。宮澤首相は、「アジア・太平洋をさらに強靭かつ豊かな地域にしつつ、世界の平和と繁栄に資すること——それが、これからの日本・ＡＳＥＡＮ協力の最も重要な使命でありましょう」と問題提起し、日ＡＳＥＡＮ協力の強化を①平和と安定への協力、②開かれた経済と活力ある発展への協力、③人類共通の課題への取り組み、という三点から提唱した。そして、これとは別個の課題として、カンボジア和平を見据えたインドシナ諸国とＡＳＥＡＮ諸国との協力の動きを、「このような展開は、一九七七年に福田総理がマニラで、東南アジア全域に相互協力と理解の輪を広げることにより、地域全体の平和と繁栄の構築に寄与するとの方針を打ち出して以来、わが国が一貫して目指してきたもの」と歓迎するとともに、日本主導の下でＡＳＥＡＮと連携するインドシナ開発構想を打ち出すのである。しかし、この日本の構想の実現は困難を極めた。日本政府は（外務省と通産省（当時）が別々に）ＡＳＥＡＮとインドシナとを連携させて東南アジア全体の開発を進めようとするが、急速なＡＳＥＡＮ拡大がこうした目論見を乗り越えてしまった[13]。

一九九七年は、ＡＳＥＡＮ設立から三〇年、福田首相のＡＳＥＡＮ首脳会議参加と同首相による演説から二〇年、そして竹下首相のＡＳＥＡＮ首脳会議参加（「平和と繁栄へのニュー・パートナーシップ」の提唱）から一〇年という節目の年にあたった。実際、同年一二月には二〇年ぶりに日ＡＳＥＡＮ共同声明が採択される。一月に行われた橋本演説は、ＡＳＥＡＮ10が近く実現する見通しを踏まえて、「アジア太平洋」の中の日ＡＳＥＡＮ協力に焦点を絞っている[14]。具体的に強調したのは、①首脳間対話の緊密化、②多面的な文化協力、③世界全体の課題への共同の取り組み、の三点である。とくに第一点に関しては、日ＡＳＥＡＮ首脳会議の年次定例開催を訪問先の各国首脳に提案して回った。

このように、一九九〇年代に入り（冷戦が終わり）、アジア太平洋への言及が増えてくると、必ず明記されるようになるのがアジアにおけるアメリカのプレゼンスの重要性であり、そのために果たす日米同盟の役割である。他方で中国については、安定的な近代化や建設的関与を期待するといった表現が多く、橋本演説でようやく日中関係のアジア太平洋にとっての重要性が登場する。

4 小渕演説――地域構想の転換点

一九九五年からＡＳＥＡＮは首脳会議を実質的に毎年開催するようになった。一九九七年一月の橋本首相が東南アジア各地で訴えた日ＡＳＥＡＮ首脳会議の定例開催化・年次開催化は、このようなＡＳＥＡＮの変化に呼応するものであった。ところが日本政府の期待に反して、橋本提案に対するＡＳＥＡＮ側の逆提案が、同年一二月に予定されていたＡＳＥＡＮ首脳会議への日中韓三カ国首脳の招待であった。その意味では、「より広くより深いパートナーシップ」というスローガンの下で日ＡＳＥＡＮ関係を強化しようとする日本の地域構想は、ＡＳＥＡＮ側の受け入れるものにはならなかったのである。

結果的には、ＡＳＥＡＮ＋３（日中韓）首脳会議は開催される。しかし日本政府の理解ではこれは公式でも定例でもなく、取り敢えずは一回限りの会議ということで橋本首相が参加したのであるが、ＡＳＥＡＮ首脳会議の年次開催やアジア経済危機の深刻化を踏まえて、翌一九九八年もＡＳＥＡＮ＋３首脳会議の開催が決まり、九八年の会議では九九年からの公式化に合意し、九九年の会議では「東アジアにおける協力に関する共同声明」を採択することになる[15]。したがって厳密には、公式のＡＳＥＡＮ＋３首脳会議は一九九九年が第一回ということになるが、慣行では九七年の会議を第一回として勘定している。また九七年以来、全体会議とは別にＡＳＥＡＮ＋１首脳会議も三カ国ごとに開催されることになり、日ＡＳＥＡＮ首脳会議はこの「プラス１」枠組の一環として実現した。ＡＳＥＡＮ＋3首脳会議の年次開催に合わせて、日ＡＳＥＡＮ首脳会議も橋本提案のように年次開催されるようになった（付表参照）［16］。

一九九八年一二月のＡＳＥＡＮ首脳会議に参加するためにハノイを訪問した小渕首相は、その地で政策演説を行った。小渕は、同年五月に外務大臣として訪れたシンガポールで行った政策演説で、アジアにとっての新世紀を「平和と繁栄の世紀」とすることを訴えた。これは、言うまでもなく、一九九七年後半から東アジアを襲っていた通貨危機・経済危機さらには政治危機を念頭に置いたものであった。総理大臣としての政策演説は、外相演説を発展させたものであり、日本の一層のアジア関与を謳ったのである。実際この時期（九七年後半から九九年にかけて）、日本政府は外務・大蔵（当時）・通産（当時）の三省を中心に多面的に連携を深めていった［17］。

演説で小渕首相は、アジアにおいて「人間の尊厳に立脚した平和と繁栄の世紀」の実現を提唱した上で、それを目指す努力・協力分野として、①アジアの再生を図ること、②人間の安全保障を重視すること、③知的対話を一層推進すること、の三点を指摘した。そして各分野で日本が率先して進める施策を明言した。とくにＡＳＥＡＮとの関係では、一九九七年の共同声明のフォローアップを行った後、同年ＡＳＥＡＮが掲げた長期計画「ビジョン２０２０」を受けて、日ＡＳＥＡＮ協力の強化をさぐる「ビジョン２０２０――日・ＡＳＥＡＮ協議会」の設置を提案し、さらに日・ＡＳＥＡＮ連帯基金の拠出を発表した。

しかし、筆者が小渕演説に日本の地域構想の転換を見出すのは、このような演説内容の中ではない。たしかに上記のように、小渕演説ではそれまでの政策演説と同様、日本とＡＳＥＡＮの協力強化を前面に押し出している。しかしそれまでの演説は、日本とＡＳＥＡＮとの間だけの二者間関係強化を強調するものであった。日本政府は、東アジアの平和と繁栄を日本とＡＳＥＡＮとが協力して牽引する構図を描いてきたように思える。それを窺うことができるのが、既述のような橋本内閣による日ＡＳＥＡＮ首脳外交の緊密化提唱であり、ＡＳＥＡＮ＋3首脳会議に対する冷淡な姿勢であった。それは、日本の目指した「特別の関係」をＡＳＥＡＮ側に袖にされて、中国や韓国と一緒くたに扱われたことに対する不快感の表明だったのかもしれない。

　ところが一転して、小渕演説ではASEAN＋3首脳会議を前向きに評価するようになる。さらに一歩踏み込んで、日中韓の関係強化も提唱するのである。すなわち、ASEAN＋3首脳会議を主催する「ASEAN側のイニシアティブは東アジアにおける広い地域協力の実現を目的としています。こうした目的を支えるためには、北東アジアにおける対話の強化も必要です。私は、この場をお借りして、日中、日韓、中韓の二国間関係が成熟の度合いを深めている現状に鑑み、日中韓という北東アジアの主要国が三国間で対話のネットワークを強化することを提唱したいと思います」と述べたのである。こうした日本側の希望は、翌一九九九年のASEAN＋3首脳会議の折りに、日中韓三カ国首脳による朝食会として実現する。

　一九九八年一二月の小渕演説の段階で、ASEAN＋3首脳会議を評価するようになったり、日中韓三カ国協力に言及したりしたのは、同年後半に見られた日本の活発な首脳外交の結果を踏まえたのであろう[18]。「緊密な『対話』を通じて『協力』関係を強化し『信頼』関係を深めることが何よりも大切であるとの信念に立ちながら、各国とパートナーシップの構築に合意し、或いはその強化を再確認しました」という小渕内閣の外交成果をさらに発展させようとしたものだったに違いない。

　単純に図式化すると、日本とASEANという二点をつなぐ線の関係からもっと多くの点をつなぎあうネットワークの関係へ、いいかえれば、点と線の関係から面の関係へと日本の地域構想の視点が変化したのである。別の観点からは、日本とASEANという関係から、日本を含むアジア地域の制度化へと地域構想の視点が移ったのだとも言えよう。実際、一九九九年以降、ASEAN＋3(日中韓)の枠組で、財務・経済・外務などの閣僚会議が制度化され、さまざまな協力が具体化していく[19]。中国は「仲間」になったのである。

5　小泉演説と鳩山演説——コミュニティ形成の追求

小渕首相が政策演説を行った同じ日、韓国の金大中大統領がＡＳＥＡＮ＋３首脳会議で東アジア共同体構想、それに向けての東アジア首脳会議開催を提案して、この問題を協議する東アジアビジョングループの立ち上げが合意された。これは長期的観点に立った提案ではあるが、ＡＳＥＡＮ＋３の制度化と並行して、地域共同体の議論が始まったのである。日本政府も、こうした流れと関係し合いつつ、地域構想の言葉遣いを変化させた。

二〇〇二年の小泉演説は、従来の政策演説と同様、東アジア全体の「さらなる繁栄、平和、理解、そして信頼」を共通の目標にして、日本とＡＳＥＡＮが共同して達成すべきであると、日ＡＳＥＡＮ協力の強化を謳う。すなわち、「率直なパートナー」として「共に歩み共に進む」という基本理念を掲げて、①「改革」を行いながら一層の「繁栄」をめざす、②「安定」のための協力を継続・強化する、③未来への協力（五つの構想からなる）の三分野について具体的に指摘した。第三分野には、翌二〇〇三年を日ＡＳＥＡＮ交流年とする提案や日ＡＳＥＡＮ包括的経済連携構想の提案などが含まれている[20]。なお、日ＡＳＥＡＮ交流年を記念して、二〇〇三年一二月東京で日ＡＳＥＡＮ特別首脳会議が開催されたが、これは東南アジア以外で首脳会議が開かれた最初であった。ＡＳＥＡＮ＋３の枠組の中でも、日ＡＳＥＡＮ関係の絆が最も深いことを印象づける意味もあったのであろう[21]。

小泉演説で注目されるべきは、日本とＡＳＥＡＮという「共に歩み共に進む率直なパートナー」を核にして、東アジアで「共に歩み共に進むコミュニティ」の構築をめざすべきとの見方を示したことである。具体的には、ＡＳＥＡＮ＋３（日中韓）の枠組を最大限活用しながら、ＡＳＥＡＮが先導している地域経済連携強化を念頭に置いて、オーストラリアやニュージーランドもコミュニティの中心メンバーとして明言されている。そして、コミュニティは排他的であってはならず、実際に域外との緊密な連携の上に地域協力が成り立っているとして、アメリカの役割と日米同盟の強化に言及している。

二〇〇九年の鳩山演説は、さらに踏み込んで、「東アジア共同体（コミュニティ）構想」の推進を前面に掲げる。その主な柱は、①共に繁栄するための協力、②緑のアジアを守るための協力、③いのちを守るための協力、④『友愛の海』をつくるための協力、であり、将来の可能性として政治協力にも言及する。また、共同体のメンバーは「理想と夢を共にする人々」としている。ここには鳩山首相の理念である「友愛」が登場し、それは「自立と共生」と言い換えられているが、新しい具体的イメージが掲げられているわけではない。そのせいか、従来と比較すると、ASEAN、中国、韓国といった具体的な協力相手が演説の中でほとんど取り上げられていない。

しかし鳩山首相は、第二次世界大戦後のドイツとフランスとの和解と協力がヨーロッパに「不戦共同体」をもたらしたことを指摘し、こうしたヨーロッパの経験が東アジア共同体構想の原型にあると述べる。すなわち、「ほかならぬ日本が、多くの国々、とりわけアジア諸国の人々に対して多大の損害と苦痛を与えた後、六〇年以上がたった今もなお、真の和解が達成されたとは必ずしも考えられていない」という認識から、東アジア共同体の構築を訴えたのである。

二〇〇〇年代に掲げられた二つのコミュニティ（共同体）構想を比べると、その前提には大きな違いが認められる。一方の小泉構想は、福田演説の基本理念を継承してきた歴代の内閣が進めてきた日ASEAN関係の上に構築されるべき共同体であり、他方の鳩山構想は、日本とアジアとの和解を達成するべく構築される共同体である。このように、鳩山構想の前提が従来の地域構想と大きく異なるせいか、日ASEAN関係についてはほとんど言及がないだけでなく、今後の日ASEAN協力の強化についても触れられていない。「日本は現在、東南アジア地域の七カ国およびASEAN全体との間など、一〇カ国一地域との間でEPAを締結しています。しかし、これでは『日本を開く』と言うには不十分です」と、ASEAN軽視と捉えかねない表現もある。

ただし、鳩山構想の特異性を強調しすぎるべきではない。鳩山演説のめざす共同体は和解・共生・繁栄といったキーワードを強調しており、東アジア全体の「さらなる繁栄、平和、理解、そして信頼」を目標にした小泉演説における「共に歩み共に進むコミュニティ」の構築と共通する部分もある。また、民主党政権として、アジア外交の重視を謳っているが、従来の政策演説と同様に、アジアにおけるアメリカのプレゼンスの重要性やオバマ政権のアジア関与の望ましさには言及されている。ちなみに、鳩山演説は民主党政権での唯一の政策演説となった。

二〇〇〇年代には、ASEAN自体が地域共同体(ASEAN共同体)の創設に合意し、ASEAN+3(日中韓)にオーストラリア、ニュージーランドにインドを加えたASEAN+6で東アジア首脳会議が制度化された。また、ASEANとこうした国々とのFTA(ハブ・スポーク関係)を面のFTAへの発展させる構想も打ち上げられた[22]。さらに、ASEAN+3首脳会議の場を借りて行ってきた日中韓三カ国首脳会議は、二〇〇八年から日本→中国→韓国の順番で開催されるようになった[23]。大きな流れとして見れば、日本の地域構想がいろいろな形で現実の地域制度に具体的に繋がっていった時期であった。

6　二つの安倍演説と幻の安倍演説——地域はどこへ行った

一九九八年の小渕演説に始まり、二〇〇二年の小泉演説、二〇〇九年の鳩山演説へと続く流れを概観してきたが、そこには日本政府の広域協力への積極姿勢、コミュニティ構築への意欲を見て取ることができた。この間、自民党中心の連立政権から民主党中心の連立政権という政権交代の影響が明らかにあるにもかかわらず、地域構想にはある種の連続性を指摘することができる。こうした連続性をひとつの流れと捉えると、それから大きく外れているのが安倍晋三首相による政策演説である。

最初に検討する安倍演説は、二〇〇七年八月にジャカルタで行われている。小泉演説から五年ぶりである。小泉長期政権を継いだ安倍内閣にとって、日本政府として新たな政策演説を発出する絶好の機会であった。もっとも演説の一週間後、安倍は首相を突然辞任する。それはともかく、タイトルの「日本とＡＳＥＡＮ」が端的に示しているように、この政策演説は、ＡＳＥＡＮ（と演説の場であるインドネシア）の歴史と近年の変化を賞賛し、日ＡＳＥＡＮ協力の強化を、①経済連携協定のネットワーク活用、②メコン流域諸国の開発支援、③平和の構築と定着、の三分野で進めることを謳っている。

この演説の中で、地域構想と関連するのは、「東アジア・サミットを始《ママ》め、重なり合って広がる地域協力の枠組みのいずれでも、ＡＳＥＡＮにはドライバーズ・シートに座り続け、東アジア協力の『ハブ』、推進力になってもらわなくてはなりません」という箇所ぐらいであり、ＡＳＥＡＮに対する支持にとどまっている。なお、「アジア太平洋」という言葉は一回も登場しない。一方で二〇〇七年の安倍演説に特異なのは、地域としてのアジアではなく、集合的アイデンティティとしての「アジア人」が登場する点である。もっとも、広くアジア人を捉えるのではなく、その定義は「ＡＳＥＡＮの持つ長所を性格として分かちもつ人々」であり、ＡＳＥＡＮに対する褒め言葉の系列（演説全体のトーン）につながっている。

次の安倍演説は、自公による政権奪還後の二〇一三年七月に行われた。鳩山演説から三年離れているが、その間、国内政治状況は大きく変わったし、日本を取り巻く国際環境も大きく変わった。二〇一三年は、日ＡＳＥＡＮ関係四〇周年を記念して、「日ＡＳＥＡＮ交流年」（第二次）になっており、一二月には東京で日ＡＳＥＡＮ特別首脳会議が開催されることになっていた。前年暮れに首相に就任した安倍は、この年3度目の東南アジア訪問の折り、シンガポールで政策演説を行った。タイトルは六年前の演説と全く同じ「日本とＡＳＥＡＮ」である。

二〇一三年の安倍演説は、歴代首相の政策演説と比較すると、全体の骨格が曖昧で、内容が希薄である。日本の政治経済状況の説明、演説地であるシンガポールへの賞賛、そして日ＡＳＥＡＮ関係四〇年の散漫な総括からなっている。日本人は「ＡＳＥＡＮと、苦しかった通貨危機の時期を含め、いつも一緒に進んできたのを誇りに思います」とか「近年に至ると、シンガポールと日本は、民主主義の大国インドを、東アジア・サミットという大きなタペストリーに織り込み、太平洋と、インド洋に、結合をもたらした、偉大な達成をともにしています」といった具合であり、「ＡＳＥＡＮと日本が、経済関係を超え、地域の安全保障、とりわけ、航海の自由に責任をもつ間柄となったことを、私は、喜びたいと思います」との表現が続く（読点は原文のママ）。なお、アジア太平洋という言葉は、ＴＰＰとの関連で、「アジア・太平洋経済の可能性を、一層広げていきたい」と一回だけ登場する[24]。

二〇一三年七月の安倍演説の内容に問題があるのは、いわゆる「幻の政策演説」のせいかも知れない。首相就任後まもなくの二〇一三年一月、安倍は最初の東南アジア訪問の旅に出るが、その際、インドネシアで政策演説をすることになっていた。そこでは、政権交代を踏まえて、新しい日本外交の原則を打ち出すことになっていたのである。しかしアルジェリアで起きた日本人拘束事件への対応のため、安倍首相は演説せずに帰国する。この演説に日本政府の新方針（外交原則）が書き込まれてしまったため、その半年後の政策演説には盛り込むべき「目玉」が不足していたのではないだろうか。

「幻の政策演説」の中身を見てみよう。「開かれた、海の恵み――日本外交の新たな五原則」と題された演説原稿は、表題の通りに、海が主題になっている。まず、日本の安全にとっての海の重要性を指摘して、アジアの海（太平洋とインド洋）に着目し、海洋国家アメリカとの同盟関係とインドやオーストラリアが参加する東アジア首脳会議を重視する。こうした観点から、ＡＳＥＡＮとの関係を「わが国外交にとって、最も重要な基軸」と位置づける。そして「未来をつくる五原則とは」という見出しの下、次のような五項目を指摘するのである（そのままの引用ではない）。

①二つの海が結び合うこの地（つまりASEAN地域）において、思想・表現・言論の自由といった普遍的価値が十全に実現されなければならない。
②最も大切なコモンズである海は、力によってではなく、法とルールの支配するところでなくてはならない。
③日本外交は、自由でオープンな、互いに結び合った経済を求めなくてはならない。
④日本とASEANとの間で、文化のつながりの一層の充実に努める。
⑤未来を担う世代の交流を促す。

そして、「福田ドクトリン」に言及した上で、「大きな海で世界中とつながる日本とASEANは」、対等なパートナーとして、協働することを訴えている。

繰り返すが、この演説原稿は読まれなかった。しかし演説内容の重要性から、日本外交五原則の部分が取り出されて、〈対ASEAN外交五原則〉としてまとめられている[25]。

正式な二つの政策演説に「幻の政策演説」を加えて、合計三つの安倍演説をまとめて眺めるとどのようなことが言えるだろうか。二〇〇七年演説は、その時代の流れの中に（そして小泉演説と鳩山演説の間に）置いてみると、かなり異質であることが確認できる。他方で、明らかに六年間を隔てた二〇一三年の「二つの演説」との親和性が高い。

三つの安倍演説に共通する特徴を挙げておこう。まず、地域というものが見えてこない。地域共同体はもちろん地域制度によって地域を構想する視点が全くない。また、中国がほとんど登場しない。三つの演説の中で中国に触れたのは、二〇一三年七月の演説で「私は、日本にとって重要な隣国である中国の首脳と、親しく話し合える日を期待しています」という一箇所のみである。韓国についても全く同様である。二〇一三年七月の演説で、日本と「共に米国の同盟国でありますし、地域安保の土台をなす間柄」であると触れられているのみである。日中関係や日韓関係が悪化する前の二〇〇七年時点での演説の中でも全く触れられていない点に注意を促しておこう。対照的に、あえて再度指摘するまでもないが、日ASEAN関係が圧倒的な比重を占めている。日ASEAN関係の重視は、図式的に単純化すれば

「ASEAN+3」−「中韓」=「日ASEAN」

ということになる。

二〇一三年一月の幻に終わった政策演説は、タイトルが示すように、当然のことながら海洋が主題であり、インド洋にも言及している関連でインドへの言及が他の演説と比べてめだつ。この点からは、ASEANの重視・ASEANへの期待は、海洋の観点から安倍首相が重視するインド、オーストラリア、インドネシアそしてアメリカなどが参加する東アジアサミットの主催者であることに理由を求めることができるかも知れない。なお、海洋重視は自公の政権復帰以降のことではない。民主党政権(野田佳彦内閣)時代に、すでにASEANとともに海洋安全保障の強化をめざすことを謳っている[26]。

このように、一見すると安倍内閣に率いられた日本政府は、小渕演説以前に逆戻りしたかのようである。もっとも、ASEAN重視には、橋本演説までとは別な意味があるのかも知れない。すなわち、隣国である中国・韓国を含む地域の中に日本を置くことを嫌い、アジアの陸塊から目を背けて、インド洋・太平洋といった海洋におけるつながりに日本の将来を賭けようとする新次元の構想である。

7　日本という国のかたち

以上で一二の政策演説全て（と幻の安倍演説）を、地域構想の観点から検討してきた。以上の分析で、意図的に省略してきたのが、地域の中における日本の定位である。興味深いこと（?）に、多くの政策演説で目につくのは、首相自身の言葉として、日本という国のかたちを明言している点である。もちろん、その基礎には日本政府の基本認識があるに違いない。日本側からの一方的表明という形式が、日本による日本という国のあり方の自己規定が明確に現れるのである。一体、歴代内閣は日本をどのような国だと思ってきたのか。もう一度、一二の政策演説を眺め直してみよう。

一九七〇年代前半、アジア各国では日本の軍国主義復活に対する批判が高まっていた。それは経済大国となった日本が軍事大国をめざすのではないか、という危惧の現れでもあった。一九七七年の福田演説は、そのような見方への反論でもあった。福田首相は次のように説明する。二段落にわたる長い説明だが、それ以降の政策演説の基盤となるので、一部省略しつつ引用しておこう。「過去の歴史をみれば、経済的な大国は、常に同時に軍事的な大国でもありました。しかし、我が国は（中略）軍事大国への道は選ばないことを決意いたしました。（中略）（改行）これは、史上類例を見ない実験への挑戦であります。同時に人口稠密《ちょうみつ》で資源に乏しく、海外諸国との交流と協調を必要とする我が国にとつ《ママ》てはこれ以外の選択はありえないのであります。（中略）我が国が、近隣のいずれの国に対しても軍事的にはもちろんのこと、その他いかなる形であれ、他国を脅かすような存在ではなく、その持てる力を専ら国の内外における平和的な建設と繁栄のために向けようと志す国柄であること（中略）こそが世界における安定勢力として世界の平和、安定及び発展に貢献しうる道であると確信いたします。」

この文章の要約が、福田ドクトリンの第一項目「わが国は、平和に徹し軍事大国にはならないことを決意しており、そのような立場から、東南アジアひいては世界の平和と繁栄に貢献する」になるのであり、東南アジアの人々の心に長く残ることになるのである。以下の議論に関連するので、福田演説は、戦後日本の歩みから軍事大国にならないことを理論づけており、戦前の歴史には触れていないことに注意しておきたい。

続く一九八一年の鈴木演説では、「我が国が軍事大国への道を選ばないとの決意は不変であるということであります」、「『我が国の国防の基本はあくまでも専守防衛である』との方針を堅持します。これは我が国として過去の選択の重大な誤りに深く思いを致した結果であります。日本が他国を脅かすような軍事大国にはならないということは、我が国の国民の総意であり、(以下省略)」と、日本が軍事大国にならないことを二回も強調し、さらに歴史的理由(過去の誤り)も加味された。一九八三年の中曽根演説でも、「我が国は、専守防衛を旨とし、近隣諸国に脅威を与えるような軍事大国にはならないと決意しており、この旨様々な機会に繰り返し宣明してきました。私も日本が戦後一貫して維持して来たこの防衛の基本方針を忠実に守っていくべきだと考えています。なぜなら、これは単なる一つの政策ではなく、過去への厳しい反省に立った日本人の強く変わらぬ国民感情に根ざしたものであるからであります」と、同様の内容が繰り返されている。一九八九年の竹下演説では、「我が国は平和憲法の下、他国に脅威を与えるような軍事大国にはならないことを不変の方針として、その国力を平和に向けてなしうる限りの協力を行うべきであると考えております」と、簡潔に述べている。

一九九一年五月の海部演説はそれまでと大きく変わっている。たしかに「戦後、我が国は、平和憲法の下、専守防衛に徹し、他国に脅威を与えるような軍事大国にはならないとの基本理念に立って、日米安保体制を堅持し、節度ある防衛力の整備を図ることにより自らの安全を確保してまいりました。我が国は、歴史の反省にたって、このような平和国家の理念を堅持して参ります」と、従来の政策演説と同様の内容を繰り返している。しかし海部演説では、冷戦後の状況を受けて、「我が国が今後、より積極的な政治的役割を果たすに当たり、想起すべきは過去の歴史認識の問題であります」と問題提起し、日本の歴史認識を正面から取り上げたのである。そして、「今年は、太平洋戦争の開始から五〇年になります。この節目に当たる年に、私は、あらためて今世紀前半の歴史を振り返り、多くのアジア・太平洋地域の人々に、耐えがたい苦しみと悲しみをもたらした我が国の行為を厳しく反省するものであります。（中略）日本の国際的貢献への期待が高まっている今日、我が国民一人一人がアジア地域ひいては国際社会の平和と繁栄のために如何なる貢献ができるかを考えるに当たって、何よりも先ず日本国民すべてが過去の我が国の行動についての深い反省にたって、正しい歴史認識を持つことが不可欠であると信じます」と。

冷戦の終結により日本が政治的役割を積極的に果たそうとすることが、なぜ日本の歴史認識につながるのか。この疑問は、海部首相の政策演説だけを眺めていても答えが出ない。海部演説がなされた時期は、冷戦終結後、新しい混乱（たとえば湾岸戦争）や平和への動き（たとえばカンボジア内戦の和平交渉）が世界各地で生じた時期である。日本政府（とくに外務省）は政治的（とくに安全保障面で）役割を増大させようと企図していたが、日本国内ではげしい意見対立に晒された。そうした状況下で外務省が気にしていたのは、周辺諸国の受け止め方だった。すなわち、「アジア・太平洋地域における日本の政治的役割が拡大するにつれて、それが何処まで拡大するのかとか、日本の果たす役割が軍事的分野にまで広がっていくのかといった不安や懸念がこの地域の国々の間に生まれ始めていることも事実であります。それだけに、そうした日本の外交政策の方向や目的についてのアジア諸国の不安や懸念の表明に耳を傾け、それに対して、日本の考えを率直に説明する機会を常に持っていることが、日本にとっても、アジア諸国にとってもますます重要になってきた」という認識があった。これは一九九一年七月時点での日本の外務大臣の発言である[27]。

もう少し婉曲な表現としては、「アジア・太平洋の一国たる我が国としては、就中、この地域の平和と繁栄の維持のため、一層積極的な役割を果たしていかなければなりません。他方、このような役割を果たしていくにあたっては、我々として、この地域の諸国の歴史、文化などについての理解を深め、また、「過去の歴史」の問題についてもこの地域の人々の気持ちに対する理解を深める努力が必要であることはいうまでもありません」という認識を紹介しておこう。これは一九九二年五月時点での宮澤首相の発言である[28]。

一九九三年一月の政策演説では、宮澤首相は「日本が二度と軍事大国になることはないということであります。わが国はすでに戦後半世紀の間、平和憲法のもとで一貫して平和国家としての道を歩んでまい〔り：引用者加筆〕ました。これは日本国民の過去の反省に基づく強い意思であり、今後もこの道を踏み外すことはありません」と述べている。

要するに、冷戦終結という新しい状況で日本が新たな役割を担うには、従来のように単に「軍事大国にはならない」と繰り返すだけでは不十分であると、政府が捉えたのである。いいかえれば、戦前の日本の行為を日本自身がどのように受け止めているのか(つまり歴史認識)が周辺諸国の受容するところに落ち着かないと、日本はアジア太平洋で政治的役割を十分に果たせないと、危機意識を持ったのである。

しかしながら、このような歴代内閣による「決意」表明は大きく変わる。すなわち、上記の一九九三年の宮澤演説を最後に、それ以降、軍事大国化についても歴史認識についても、政策演説の中で一切取り上げられなくなる[29]。一九九三年の宮澤演説と次の一九九七年の橋本演説の間に、対外的に「軍事大国にはならない」とか「他国に脅威を与える軍事大国にはならない」と言い募る必要がなくなるような大きな変化があったことになる。

言及する必要がなくなるような周辺諸国の対日認識変化があったのだろうか。あるいはそのような変化を引き起こすような、日本の国のかたち・あり方について、何らかの自己認識の変化(とその表明)があったのだろうか。筆者が思いつくのは、一九九五年八月のいわゆる村山談話である。海部演説が太平洋戦争開始から五〇年を強調したものであったが、村山談話は敗戦から五〇年の機会に出されたものである。ここでは村山談話について論じないが、明らかに節目にあたっての「けじめ」を意図していた。もっとも、それに対する周辺諸国の反応はどのようなものだったのだろうか。最近の研究では、さほど大きくなかったことが示唆されている[30]。

それでは、「軍事大国にならない日本」に代わる国のかたちはどのように語られているのだろうか。一九九七年の橋本演説や九八年の小渕演説には、正面からの説明は見当たらない。二〇〇二年の小泉演説や〇九年の鳩山演説は、早い時期から近代化に成功し、成熟した経済を持つ民主主義国と、日本を自己規定している。二〇〇七年と二〇一三年の安倍演説では、民主主義を強調しており、とくに後者では「自由と、平和の大切さを奉じて、銃弾の一発とて撃たず、民主主義や、法の支配を、揺るがせにしなかった日本」(読点は原文のママ)と自画自賛している。

おわりに

ASEAN重視に始まり、ASEAN重視に回帰したようにも見える日本の地域構想の沿革であったが、「地域」そのものは変化した。当初は東南アジアという対象(ソト)に対する働きかけから、やがて(冷戦後あるいは一九九〇年代に入ると)アジア太平洋あるいは東アジアといった日本と東南アジアの両方を含む地域構想に広がった。この変化に伴い、アメリカ(と日米同盟)の重要性が一貫して取り上げられるようになった。中国に関しては、建設的パートナーとなることが期待され、一九九〇年代末になると「仲間」入りへの呼びかけがなされた。二〇〇〇年代はASEANを中心とする地域制度が発達し、その中で、オーストラリアやニュージーランドそしてインドも「仲間」に入った。地域コミュニティ形成への展望が開けたのもこの時期である。

しかし最近、このような流れは変調を来している。すなわち、「地域」が希薄になっている。太平洋とインド洋といった「場」の中に日本と東南アジアを位置づけるようになった。「仲間」は「場」を取り巻き、法の支配を守る民主主義国である[31]。中国に向けては、法の支配に服するよう再三呼びかけている。日本政府が重視す

表2　日本の地域構想(まとめ)

年代	望ましい地域像	主要政策手段(対象)
冷戦期	平和な東南アジア	開発(ASEAN諸国)
1990年代	アジア太平洋協力	安保(積極関与)＋開発(インドシナ)
2000年代	地域コミュニティ形成	経済連携＋開発(インドシナ／メコン)
2010年代	平和な海洋	普遍価値(中国)＋TPP

る東アジア・サミット(ＥＡＳ)は、民主主義国から中国へのピア・プレッシャーの「場」として評価されている。たとえば、二〇一四年五月の第一三回アジア安全保障会議(シャングリラ・ダイアローグ)で、安倍首相は「『ＡＲＦ』は外相レベル、『ＡＤＭＭ＋』は、国防大臣レベルの会議です。首脳たちが集まり、あるべき秩序を話し合う場として、ＥＡＳに勝る舞台はありません。(中略)首脳同士が互いにピア・プレッシャーを掛け合い、取り組んでいかねばならない課題には事欠きません。地域の政治・安全保障を扱うプレミア・フォーラムとして、ＥＡＳを一層充実させるべきである」と明言している。

いうまでもなく、日本政府の地域構想は対外政策の一部であり、したがって、政府としての外交の連続性・国際環境への適応・対応としての政策転換・時の内閣(首相)の個性や思想など、さまざまな要因の絡まり合った「合力」として具体化される。こうした性質上、きれいに時期区分できるわけではない。しかし本章では、一九七〇年代から最近までの長期的傾向を扱ったので、全体の展望を示すことも重要だろう。そこで、やや強引に、冷戦期・一九九〇年代・二〇〇〇年代・二〇一〇年代(前半)と四期に区切って、日本政府の地域構想を「望ましい地域像」と「主要政策手段(対象)」とからまとめてみた(表2参照)。

日本側の構想が実現するには、相手の同意・賛同が不可欠である。実現せずに文字通り構想倒れになったり、実現するまで調整の時間がかかったり、構想内容に修正を迫られたりすることも稀ではない。しかし何よりも日本政府がこだわったのは、地域構想の提唱者が日本であるということだけで、構想への賛意が得られないのではないかという点だった。すなわち、かつて軍事力で強制しながら「地域(大東亜共栄圏)」を構築しようとした日本の「復活」であり、それへの反発に対する警戒・危惧である。いいかえれば、戦前の日本といかに断絶させるかに腐心したのである[32]。

一九七七年の福田演説から歴代首相の政策演説では、戦後日本のあり方と結びつけて、他国に脅威を与えるような軍事大国にならないこと明言し続けた。さらに、八一年の鈴木演説や八三年の中曽根演説では、戦前の日本の行為を誤りと捉えて反省を表明した。とくに冷戦後、日本がアジア太平洋で政治的(とくの安全保障面面で)役割を果たそうとしていく上で、九一年の海部演説や九三年の宮澤演説で、過去の反省の上に軍事大国にならないことを明言してきた。

今日、そのような心配をする必要はない。それは、今から四〇年近く前に福田首相が強く印象づけた日本のイメージを、その後の日本の行動が裏切ってこなかったからである。日本に対する警戒がなくなってから久しいことを背景にして、安倍首相は上述のアジア安全保障会議(シャングリラ・ダイアローグ)で、「アジアと世界の平和を確かなものとしていくうえで、日本は、これまでにも増した、積極的な役割を果たす覚悟があります。日本の新しい旗、『積極的平和主義』について、ASEAN加盟国すべての指導者、米国や豪州、インドや英国、フランスといった盟邦、友邦諸国指導者の皆さまから、すでに明確で、熱意ある支持をいただいています」と決意を表明した。このような新次元での役割を果たそうとする日本がどのように受け入れられるのか、「熱意ある支持」を誰から受け続けるのか、は今後の日本の行動(言葉ではなく)にかかっている。

註

1――たとえば(宮城二〇〇四、大庭二〇〇四、保城二〇〇八、大庭二〇一四)など。
2――(山影一九八五、二〇〇一、二〇〇三a、二〇〇三b、二〇一三、Yamakage 1984; 2013)。
3――(ジョ二〇〇四)を参照。
4――(白石二〇一四、第一~三章)はアジアならびにアジア太平洋における日本の「(戦略的)パートナーシップ」関係構築の全体的特徴を把握するため、本章とは異なり、合意文書に注目している。

5——(加藤二〇〇二、七九頁、第一表)。

6——(加藤二〇〇二、九六頁)。

7——(加藤二〇〇二、九六頁、第三表)より集計した。

8——(加藤二〇〇二、八二頁、第二表)を参照。

9——外交青書では、演説文は「福田総理大臣のマニラにおけるスピーチ(わが国の東南アジア政策)」との見出しの下に収録されている。

10——首相による日本外交についての公開演説ならば、一九五七年に訪米した岸首相が首都ワシントンのナショナルプレスクラブで行った演説以来、一九六〇年代に訪米した首相はあたかも慣例のようにそこで演説している。また、国際会議での演説で重要な政策が打ち出される場合もある。東南アジア政策については、一九八七年の第三回ASEAN首脳会議に域外からただ一人招待された竹下首相の冒頭発言(日本側は「日本とASEAN:平和と繁栄へのニュー・パートナーシップ」というタイトルまで付けている)や一九九九年のASEAN+3首脳会議における小渕首相の発言(協力を謳った部分は「小渕イニシアティブ」、「小渕プラン」と呼ばれるようになった)などがよく知られているが、これらは政策演説として位置づけられているわけではない。

11——歴代総理大臣による政策演説などの出典は一九九〇年代までは『外交青書』、二〇〇〇年代以降は外務省のサイト「総理大臣の演説」(http://www.mofa.go.jp/mofaj/press/enzetsu/e_souri.html)を参照した。また、東京大学東洋文化研究所データベース「世界と日本」(http://www.ioc.u-tokyo.ac.jp/~worldjpn/)も適宜参照した。以下では、演説文からの引用を多用するが、引用注を省略する。

12——(山影一九八五)を参照。

13——(山影二〇〇三、一二~一七頁)。

14——細かいことだが、橋本演説からアジアと太平洋の間に置かれていた「・」(なかぐろ)が省略されるようになった。もっとも、二〇一三年の安倍演説では復活している。なお、本章では、引用以外は、「・」なしのアジア太平洋と記す。

15——(山影二〇〇三、三三~三五頁、山影二〇一三、一五八~五九頁)。

16——日ASEAN首脳会議はすでに一九七七年と八七年の二回開催されていたが、ASEAN側は九七年の会議を第一回と称したために、それ以前は「回」に含めず、九七年から回を重ねる慣行になった。このような「定例的」会議以外の首脳会議（たとえば東京での会議や二〇〇五年の緊急首脳会議）には「回」が付けられていない。

17——（山影二〇〇三、二三〜三〇頁）。

18——一九九八年には、一〇月に韓国の金大中大統領が国賓として訪日し、「二一世紀に向けた新たな日韓パートナーシップ」に合意し、一一月には中国の江沢民主席が国賓として来日し、「平和と発展のための友好協力パートナーシップの構築」に合意した。

19——（山影二〇〇三、三四〜三六頁）。

20——二〇〇三年が日ASEAN交流年になったのは、二〇〇二年の小泉演説の中で翌年を交流年にしたいと提案したからである。日本側は、その年が日本と組織としてのASEANとが関係を持つようになってから三〇周年にあたる記念の年（一九七三年の合成ゴムに関する日本ASEANフォーラムの設立）であるとは認識していなかったようである。少なくとも、何の周年記念なのかの日本政府の説明には全く登場しない。さらには、年末に東京で開催された特別首脳会議の共同声明の中でも言及されていない。ちなみに、二〇一三年を交流年とするにあたっては、日ASEAN関係四〇周年を謳っていた。

21——二〇〇六年には、中国の南寧で中ASEAN特別首脳会議が開催されるが、中国側の日本に対する競争心の現れだろう。ちなみに中ASEANのFTAは日ASEANより早く締結された。

22——今日のRCEPへとつながっていく。

23——なお、従来方式の首脳会議も続けられた。しかしながら、日中関係・日韓関係の悪化を受けて、二〇一二年の北京会議を最後に、二〇一五年までのところ三カ国首脳だけの会議は開かれていない。

24——アジアと太平洋の間に「・」が復活している。後述の「むすびに」のなかで触れる安倍首相による二〇一四年五月の第一三回アジア安全保障会議（シャングリラ・ダイアローグ）での演説でも「アジア・太平洋」となっている。注14も参照。

25——総理官邸HP（http://www.kantei.go.jp/jp/headline/gaikou201301.html）を参照。

26——ASEANを巻き込んだ海洋安全保障の強化は、外交で大失敗を重ねた民主党政権の数少ない成果であるとの評価もある（神保二〇一三、一五七頁）。

27——一九九一年七月に開かれたASEAN拡大外相会議の全体会合での、中山太郎外務大臣の演説の一部である。

28——一九九二年五月の「二一世紀のアジア・太平洋と日本を考える懇談会」初会合での宮澤首相の挨拶からの抜粋である。同懇談会報告書「二一世紀のアジア・太平洋と日本——開放性の推進と多様性の尊重」(平成四年一二月二五日)、二七～二八頁。

29——例外として、二〇一三年一月の安倍首相による「幻の政策演説」の中で、福田ドクトリンへの言及に伴って触れられたことがある。

30——(服部二〇一四、一六〇～一六八頁)。

31——社会主義国のベトナムは、ＡＳＥＡＮの仲間に括られたせいか、安倍演説ではとくに問題視されていない。ミャンマーについても同様である。

32——一九八九年前半、通産省の推進するＡＰＥＣ構想に外務省が猛反発した理由の一つが、東南アジアで大東亜共栄圏のイメージが呼び起こされるのを恐れたからだという(大庭二〇〇四、三四一頁)。

参考文献

Yamakage, Susumu, "Japan and ASEAN: Are They Really Becoming Closer?", in Pfennig, Werner and Mark M. B. Suh, eds., Aspects of ASEAN, Weltforum Verlag, 1884.

——"Quo vadis, Asiae?: Changing Japan-ASEAN relations and the future of Asian regional architecture", in Er, Lam Peng, ed., *Japan's Relations with Southeast Asia: The Fukuda Doctrine and Beyond*, Routledge, 2013.

大庭三枝『アジア太平洋地域形成への道程：境界国家日豪のアイデンティティ模索と地域主義』ミネルヴァ書房、二〇〇四年

——『重層的地域としてのアジア：対立と共存の構図』有斐閣、二〇一四年

加藤淳平「戦後日本の首脳外交：独立回復後、森首相退陣まで」『外務省調査月報』二〇〇二年度第一号、二〇〇二年

ジョヤンヒョン(曺良鉉)「一九七七年福田赳夫首相東南アジア歴訪と日本の東南アジア政策形成：『福田ドクトリン』をめぐる通説の批判的検討」『国際関係論研究』第二二号、二〇〇四年

白石昌也『日本の「戦略的パートナーシップ」外交：全体像の俯瞰』早稲田大学アジア太平洋研究センター、二〇一四年

神保謙「外交・安保：理念追求から現実路線へ」日本再建イニシアティブ『民主党政権失敗の検証：日本政治は何を活かすか』中公新書、二〇一三年
服部龍二『外交ドキュメント　歴史認識』岩波書店、二〇一五年
保城広至『アジア地域主義外交の行方：1952－1966』木鐸社、二〇〇八年
宮城大蔵『戦後アジア秩序の模索と日本：「海のアジア」の戦後史　1957－1966』創文社、二〇〇四年
山影進「アジア・太平洋と日本」渡邊昭夫編『戦後日本の対外政策』有斐閣、一九八五年
――「日本の対ASEAN政策の変容：福田ドクトリンを越えて新たな連携へ」『国際問題』四九〇号、二〇〇一年
――「東アジア地域主義と日本・ASEANパートナーシップ」山影進編『東アジア地域主義と日本外交』日本国際問題研究所、二〇〇三年a
――「日本・ASEAN関係の深化と変容」山影進編『東アジア地域主義と日本外交』日本国際問題研究所（本論文は（山影、二〇〇一）の補筆版）、二〇〇三年b
――「外交イニシアティブの試金石：対東南アジア外交の戦略的重要性」国分良成編『日本の外交　第四巻　対外政策　地域編』岩波書店、二〇一三年

出国日	帰国日	氏名	訪問先(訪問順)	ASEAN会議	その他会議	政策演説(年月日、場所)
2005/1/5	2005/1/6	小泉純一郎	I	緊急		
2005/4/21	2005/4/24	小泉純一郎	I		AA会議	
2005/12/11	2005/12/14	小泉純一郎	M	*9		
2006/11/17	2006/11/20	安倍晋三	V		APEC	
2006/12/8	2006/12/10	安倍晋三	P			
2007/1/9	2007/1/15	安倍晋三	(欧州諸国) P	*10		
2007/8/19	2007/8/25	安倍晋三	I, (印) M			2007/8/20 ジャカルタ
2007/11/19	2007/11/22	福田康夫	S	*11		
2009/4/10	2009/4/12	麻生太郎	T	中止		
2009/10/23	2009/10/25	鳩山由紀夫	T	*12		
2009/11/13	2009/11/16	鳩山由紀夫	S		APEC	2009/11/15 シンガポール
2009/12/9	2009/12/10	鳩山由紀夫	I		バリ民主主義フォーラム	
2010/10/28	2010/10/31	菅直人	V	*13		
2011/11/17	2011/11/20	野田佳彦	I	*14		
2012/11/4	2012/11/7	野田佳彦	L		ASEM	
2012/11/18	2012/11/21	野田佳彦	C	*15		
2013/1/16	2013/1/18	安倍晋三	V, T, I			(2013.1.18) (ジャカルタ)
2013/5/24	2013/5/26	安倍晋三	My			
2013/7/25	2013/7/27	安倍晋三	M, S, P			2013/7/26 シンガポール
2013/10/6	2013/10/10	安倍晋三	I, B	*16	APEC	
2013/11/16	2013/11/17	安倍晋三	C, L			
2014/5/30	2014/5/31	安倍晋三	S		アジア安保会議	
2014/11/9	2014/11/17	安倍晋三	(中), My, (豪)	*17	(APEC)、(G20)	

注1：国名略記は次の通り。B：ブルネイ、C：カンボジア、ET：東ティモール、I：インドネシア、L：ラオス、M：マレーシア、My：ミャンマー、P：フィリピン、S：シンガポール、SV：南ベトナム、T：タイ、V：ベトナム

注2：ASEAN会議で、*1などは1997年のASEAN＋3首脳会議・ASEAN＋1首脳会議を第1回とするASEAN側通し番号

注3：2013年1月18日の政策演説は行われなかった

付表　日本首相の東南アジア訪問・首脳会議出席と政策演説（一覧）

出国日	帰国日	氏名	訪問先（訪問順）	ASEAN会議	その他会議	政策演説（年月日、場所）
1957/5/20	1957/6/4	岸信介	My, (南亜諸国), T, (台)			
1957/11/18	1957/12/8	岸信介	SV, C, L, M, S, I, (豪, NZ), P			
1963/9/23	1963/10/6	池田勇人	P, I, (豪, NZ)			
1967/9/20	1967/9/29	佐藤栄作	My,M, S, T, L			
1967/10/8	1967/10/21	佐藤栄作	I, (豪, NZ), P, SV			
1974/1/7	1974/1/17	田中角栄	P, T, S, M, I			
1974/10/28	1974/11/8	田中角栄	(NZ, 豪), My			
1977/8/6	1977/8/18	福田赳夫	M, My, I, S, T, P	第2回		1977/8/18 マニラ
1979/5/9	1979/5/11	大平正芳	P		UNCTAD	
1981/1/8	1981/1/20	鈴木善幸	P, I, S, M, T			1981/1/19 バンコク
1983/4/30	1983/5/10	中曽根康弘	I, T, S, P, M, B			1983/5/9 クアラルンプル
1987/9/25	1987/9/27	中曽根康弘	T			
1987/12/15	1987/12/16	竹下登	P	第3回		
1989/4/29	1989/5/7	竹下登	T, M, S, I, P			1989/5/5 ジャカルタ
1990/4/28	1990/5/6	海部俊樹	T, (南亜諸国), I			
1991/4/27	1991/5/6	海部俊樹	M, B, T, S, P			1991/5/3 シンガポール
1993/1/11	1993/1/18	宮澤喜一	I, M, T, B			1993/1/16 バンコク
1994/8/23	1994/8/30	村山富市	P, V, M, S			
1994/11/12	1994/11/15	村山富市	I		APEC	
1996/2/19	1996/3/3	橋本龍太郎	T		ASEM	
1996/11/24	1996/11/26	橋本龍太郎	P		APEC	
1997/1/7	1997/1/14	橋本龍太郎	B, M, I, V, S			1997/1/14 シンガポール
1997/12/14	1997/12/16	橋本龍太郎	M	*1		
1998/11/16	1998/11/18	小渕恵三	M		APEC	
1998/12/15	1998/12/18	小渕恵三	V	*2		1998/12/16 ハノイ
1999/11/26	1999/11/28	小渕恵三	I, P	*3		
2000/1/10	2000/1/15	小渕恵三	C, L, T			
2000/2/12	2000/2/13	小渕恵三	T		UNCTAD	
2000/11/14	2000/11/17	森喜朗	B		APEC	
2000/11/23	2000/11/26	森喜朗	S	*4		
2001/11/4	2001/11/6	小泉純一郎	B	*5		
2002/1/9	2002/1/15	小泉純一郎	P, M, T, I, S			2002/1/14 シンガポール
2002/4/27	2002/5/3	小泉純一郎	V, ET, (豪, NZ)			
2002/11/3	2002/11/5	小泉純一郎	C	*6		
2003/10/6	2003/10/9	小泉純一郎	I	*7		
2003/10/19	2003/10/22	小泉純一郎	T		APEC	
2004/11/28	2004/12/1	小泉純一郎	L	*8		

終章

東アジア地域のかたち

渡邉昭夫
WATANABE Akio

はじめに

この終章に読者が期待するものは何か。本書の内容と狙いについては、編者の序章にある通りなので、屋上《おくじょう》屋《おく》を重ねることはさけたい。それに、筆者は地域研究の専門家ではないので、これまでの章で書かれたことに、特に付け加えるものはない。そこで、いわば国際関係論の一般的な立場から、総論風の考察を加えることで責めを塞ぐこととしたい。各章の筆者たちの考えと食い違う点がままあるのではないかと危惧するが、その点はあらかじめご容赦いただいて「自由に」書かせていただく。より具体的には、本書の表題にある「交差」という言葉を手がかりに東アジア地域の「かたち」について、思いつく幾つかのことを以下に述べてみたい。

1　何がどのような場で交差するのか？——日米中とASEAN

日米中とASEANを対比すれば、初めの三カ国はいわゆる大国であり、後者のいわゆるASEAN10は小国あるは中小国と呼んでよいだろう。とすれば、大国群と小国群との交差から成る国際関係とは如何なるものであり、如何なる特徴を持っているのかという一般的問題の一つの具体例として、この地域のもつ可能性や抱える問題について考えるのが、本章に与えられた課題ということになるのだろう。

私は今、わざと「この地域」と書いたが、それを「アジア」と呼ぶのか、「東アジア」と呼ぶのか、はたまた「アジア太平洋」と呼ぶのか、そのこと自体、議論の的となり得る。とりあえず、本書のタイトルに従って「東アジア」と呼んでおくのが、最も素直な方法であろう。以下の叙述のなかで、この呼称にまつわる問題に触れる必要が出てくるかも知れないが、とりあえず、そうした含みを持った意味で「東アジア」地域をイメージして、考察を先に進めることにしよう。

2　国際政治における小国の役割

一般に国際政治のあり方をきめるのは大国であると考えられていて、それについては多くの議論がなされている一方で小国の役割については論じられることは少ないように思えるが、従来どのような議論がなされてきたのかを、まず瞥見《べっけん》しておこう。

永井陽之助は「国際政治における小国の役割」という論文［1］において、Annette Baker Foxの“The Power of

Small States” (The University of Chicago Press,1959) やRobert Rothsteinの“Alliance and Small Powers” (Columbia University Press, 1969) その他に依拠しながら、現代ほど小国の地位と威信が上昇したことはないとした上で、力の伝統的要素、たとえば軍事力面での不均衡が増大するなかでの斯かる現象は力のパラドックスである、という見地から現代小国論を試みている。

小国の定義として永井は、ロースシュタインに依りつつ「もっぱら自国の能力行使によっては、安全を確保しえないことを自らよく認識している国家であり、かつ、他の諸国によっても、そのように見られていて、そのような弱さの自己像と他者像の一致が、小国特有の行動様式を生む」と説いている。永井がたびたび用いる「弱者の恐喝」とは、米ソが張り合うゼロサム・ゲームの冷戦的状況が、自己の「脆弱性」を逆に「強さ」に転化する機会を小国に与え、そのように自国の弱さについての「他者認識」をどう操作できるかが、小国の外交行動の源泉であることを示している。

此処で永井流の現代小国論の委曲《いきょく》を尽くすだけの余裕はないが、以下の議論において永井政治学から示唆を受けている点は少なからずあるはずである。

小国の行動様式の特徴と言えば、大国間の綱引きの圏外に身を置きたいという態度がまず、目につくであろう。典型的には、世界大戦のような大規模な武力抗争に巻き込まれないようにするための小国外交である。そのような視角から、第二次世界大戦中のヨーロッパの五つの小国の外交を分析したのが、上述したFox女史の著作である。すなわち、トルコ、フィンランド、ノルウェー、スウェーデン、スペインの五カ国はいずれも、抗争中の大国が突きつけるさまざまな要求に抵抗して戦禍に巻き込まれることを免かれたという意味で、小国外交の成功例として分析されている。この五カ国の指導者たちは、彼ら小国が中立を守ることは相争う大国にとっても利益であり、力を行使しなくとも大国はその欲するものを手にでき、その力を他に向けたほうが得るものが多いのだと、大国の指導者たちを説得することに成功したのである。成功の理由は様々だが、大国は国際問題全体に注意を向けなければならないが、小国は当面自国が生き延びることだけに集中すれば良いので、大国外交より小国外交の方が容易だという事情がある。Fox女史が直接扱っているのは、戦時外交であるが、そこで言われていることは、国際政治における大国と小国の行動様式の特徴として、あまり無理なく一般化が可能であろう。アメリカのような巨人＝ガリヴァーが十重二十重の鉄鎖に繋がれて行動の自由を失う一方、「小人国」は身軽に振舞うことが可能になるのである。

ＡＳＥＡＮ諸国の一般的志向も、できるだけ域外の大国同士の揉め事に関わりたくない、中立を守りたいという点で、第二次大戦中のヨーロッパの小国群と通じるものがある。一九七一年のＺＯＰＦＡＮ（自由・平和・中立地帯）宣言や一九七六年のＴＡＣ（東南アジア友好協力条約）などにそのような志向が現れている。

先に「域外の大国」と書いたが、果たして域内と域外との区別はいつも明確なものなのであろうか。第二次大戦中のヨーロッパ小国群の場合、主要な戦闘の舞台からどの程度距離があったかという地理的条件は、ケースバイケースで異なっており、個々の国の外交行動を詳細に検討する場合には、その点を考慮に入れる必要がある。だが押し並《な》べて言えば、小国外交が展開される場なり状況を考慮する必要がある。此処で我々は、ＡＳＥＡＮ諸国の外交行動と国際政治における役割について議論を進めるにあたり、大国と小国の交錯する場としての東アジア「地域」の特徴に着目しなくてはならない。

3　東アジアの地域的特性

アジアとは何か、あるいは東アジアとはそもそもどう定義できるのか、というテーマに深入りすると収拾がつかなくなる恐れがある。差し当たり、①大国と小国の交差、および②地域統合のあり方という本書の二つのテーマとの関連で、次のことに触れておく必要があるだろう。

第二次世界大戦において局外に留まることに成功した幾つかのヨーロッパの小国と違い、アジア太平洋の小国(例えば今日のＡＳＥＡＮ諸国)は、大東亜戦争の当事者である大国の植民地として、否応なしに大国間の戦争に巻き込まれ、戦場とならざるを得なかった。これらの諸国が、独立の外交主体として登場したのは、比較的最近のことに過ぎない。こうした歴史的経験の共有が、域外大国の動向と慎重に距離を保ち、自主性を確保したいという強い志向を生んだ。

そして、自国の国家建設のプロジェクトが未だ緒についたばかりで、相互協力＝地域統合というプロジェクトに着手したＡＳＥＡＮ諸国が「域外大国」の干渉を殊のほか警戒したのは、地域的自主性を損なわれたくないという気持ちからである。八〇年代初頭、日本が大平構想を打ち出し、それを契機にＰＥＣＣ(太平洋経済協力会議)の結成の動きが出てきたとき、ＡＳＥＡＮ諸国が地域的結束が希薄化されるのではないかとの強い懸念を抱いた事例は記憶に新しい。そのことをわきまえた日本側の当事者は、形を変えた大東亜共栄圏だという印象を与えないよう細心の注意を払った。大東亜共栄圏の悪夢という時、それは直ちに日本の「帝国主義」を指すというより、そもそも先進諸国＝大国間の勢力争いの舞台(草刈り場)となることへの恐怖心を喚起する言葉であった。つまり、彼らにとってアジア・太平洋戦争の記憶は、それに先立つ欧米諸国による長年にわたる植民地支配の歴史と分かち難くある。

第二次世界大戦の圏外に留まり得なかった点では、北東アジア諸国も、東南アジア諸国と変わりはない。しかし、ここでは「日本ファクター」がより強く働いており、中国、韓国のnation-buildingの物語は、日本の近代化の物語を抜きには語れない。今日の「歴史認識」問題についての対応における東南アジア諸国と北東アジア諸国との温度差を想起すれば、その辺の事情は想像に難くないであろう。また、北東アジアでは、国家間関係、ナショナル・アイデンティティーの問題が優先し、地域統合が遅れがちなのも、同様な理由から説明できる(もっとも、中国、韓国がそれぞれの理由で統一できていないことも大事な要因であるが)。

4　地域主義と大国の位置

小国、すなわちASEAN諸国の役割についてはさらに議論すべきことが残っているが、その議論を更に先へ進める前に、「地域」に関与する大国のあり方について考察しておこう。

大国とは何か、その定義の仕方には様々あるが、これまで述べてきた小国との対比で言えば、以下のように理解するのが適当であろう。繰り返しを厭《いと》わずに言えば、「小国とは、もっぱら自国の能力行使によっては、安全を確保しえないことを自らよく認識している国家である。そして自国の安全確保のために、根本的に他の国家、制度、過程、発展にたよらざるを得ないことを良く認識し、自らの手段のみに、たよることが不可能であるというこの自己確信は、同時に国際政治に参加する他の諸国によっても、十分に承認されている国家」のことである。言い換えると、(イ)「安全」確保の点で、外部からの支援を必要とする。(ロ)「安全保障」についてごく狭い選択のマージンしかない。

これは、ロースシュタインの定義として、永井陽之助が引用しているものである[2]。そこで、永井が指摘しているように、すべての国にとって「防衛」が不可能であり、有効な抑止がごく少数の国にのみ可能であるような現代の核時代においてこのような「安全保障能力」にもとづく「小国」の定義はアナクロニズムであり、この定義に厳格に従えば、英仏独や日本などもこの部類に入れざるを得ないといった類《たぐい》の批判があった。ロースシュタインの定義に対する批判の適否は別としても、「安全保障能力」の点からみた日本の位置付けについては、本章のテーマとの関連で確かにもっと議論が必要であるが、それはしばらく措いて、では大国とは何かについて逆の方向から迫ってみよう。つまり、「小国」の定義を逆転させると、外部からの支援＝同盟国なしにでも自国の安全保障を確保出来るのが「大国」と言えるだろう。ヘドリー・ブルの『国際社会論』[3]の表現を借りれば「たとえすべての国家が敵対的な連合を組んだとしても、それらすべての国家に対抗しながら、自存が可能である」のが大国である[4]。

このように見てくると、大国や小国の定義をめぐっては、安全保障能力が鍵となることが確認できたであろう。東アジア「地域」のかたちを考察するという本章の課題との関連で言えば、「大国」のカテゴリーに入るのは、アメリカ合衆国と中華人民共和国であって、日米安保条約下の日本国には、おそらくその資格がない。永井も「戦後日本の外交は事実上『小国』外交のそれに終始してきた」と述べている[5]。自主外交や自主防衛といった言葉が一部でよく使われるのは、日本人が意識的、無意識的に自覚している「小国意識」の反映なのだろう。

やや、私事にわたる思い出話をすることを許していただければ、かつて、確かシンガポールの新聞社の招きで、小国外交のあり方をテーマとするシンポジウムに参加したことがある。そこで論じられた細目はすでに忘却の彼方だが、戦後日本が小国外交の良い手本として評価され、アジアの他の国々もそこから教訓を得たいという意味で招待されたのであったと記憶する。そのことを、当時、小国外交について勉強の足りなかったことへの慚愧の念とともに今更のように想起している。

無論、当時の国際情勢は、今日のように中国がアメリカと張り合って「新型の大国関係」を口にするような状況とは違っていた。では現代、日米中のトライアングルはどのように特徴付けられ、「東アジア地域」の秩序とどう関わるのだろうか。日米中三国関係を描く際、二等辺三角形、あるいは正三角形などの表現を用いたがる人を散見するが、日米同盟がある以上、このような比喩で三国関係を語ることは難しい。日米関係について日本では「日米基軸」という言い方が好まれ、アメリカでは、日本との同盟を「要石」と呼ぶことが好まれるそうだが、そのことを紹介したジェラルド・カーチスの指摘するところでは、日本という「要石」は政権交替など、近年のアメリカ国内政治の変容を受けて動き始めている[6]。中国の友人と議論すると、日米同盟がある以上、事態の前進はあり得ず、日中友好は不可能だと言う。しかし、この要石が動き始めているのが本当ならば、日米中トライアングルの「かたち」にも変化が起こりつつあるのかも知れない。そう言えば、米中関係も微妙な動きの中にあると見るべきであろう。「域外大国」の動向に敏感なＡＳＥＡＮ諸国が、動きつつある日米中関係を注意深く見守っていることは疑い得ない。中でも彼らが注目しているのは、中米関係の行く末であろう。

5 安全保障複合体

地域の安全保障と域外大国との関係について考える際に手がかりとなる「安全保障複合体（security complex）」という概念をここで紹介しておきたい。この概念を提唱しているのは、バリー・ブザンらであるが、いま必要な限りで、その要旨を述べておくと、たいていの国は安全保障についてはグローバルな文脈でなくリージョナルな文脈で捉える。なぜかといえば、歴史と地理的近接性が相互の恐怖心の源泉となるからである。その結果、「地域」が安全保障観を決定する要因となる。地球全体が単一の安全保障の単位となるのではなく、複数の地域的単位で安全保障の問題を捉えるべきだと、ブザンらは唱えている。

具体的にはヨーロッパがそのような単位であり、我々の「東アジア」もそうである。では、かつての米ソ対立のようなグローバルな規模での軍事的緊張関係はどう考えたら良いのか。その疑問に答えて、この派の学者たちは、斯かる地域的安全保障複合体における域外の大国の役割は決定的であると言い、そのような大国間関係を地域の上を覆うoverlayすなわちhigher-level security complexと表現する。そしてRegional security complexとグローバルなhigher-level security complexという二層構造によって理解しようとする。米ソの対立・競争というoverlayが緩和ないし解消すれば、ヨーロッパの安全保障複合体のあり方もそれに応じて変容する。かくしてNATOの東方拡大等々が起こるというわけである。

では、我々の東アジア地域の「安全保障複合体」は冷戦の終焉の結果如何なる変容を示したのであろうか。ヨーロッパと比較して、東アジアでこの問題を議論するのは、幾つかの理由でより困難である。第一に、冷戦中のアジア太平洋にも、確かに東西対立というoverlayが覆いかぶさってはいたが、鉄のカーテンで仕切られていたヨーロッパと比べて、アジアではその影響は限定的・間接的であった。そして、米ソ関係よりも米中関係の動向の方がより重要であった。一九七〇代に入ると、米中和解と日中国交回復など、中国の国際的位置の変化を示す動きが始まっていた。従って、ベルリンの壁が崩壊して新局面に突入したヨーロッパと違って、アジア太平洋では、脱冷戦の動きはゆっくりと進み、一つの劇的な動きというよりは、いくつもの事件の積み重なりとして現われた。長くなるので引用は避けるが、筆者はかつて著作[7]の中で、この問題をかなり詳しく扱ったことがある。また、筆者の関与した『樋口レポート』(一九九四年)は、日米同盟の再定義の問題に答えようとする試みであった。結果的に、日米同盟を始め、アジア太平洋地域のアメリカを中心としたハブ・アンド・スポークの安全保障のアーキテクチャは残ったが、意味付けには微妙な変容があったと見るべきなのかも知れない。

第二に、重要なことは、中国の経済・軍事両面での急激な増強とそのインパクトを受けたアジア・太平洋地域の変容は、現在進行形の現象であり、その落ち着く先は未だ見通しが難しいということである。しかも、近年のヨーロッパ諸国の対中接近を見れば、中国の崛起《くっき》は、地域的というより、グローバルな現象であって、そのことも視野に入れて置く必要がある。

地域的であれ、グローバルであれ、今後の国際秩序のあり方に重要な影響をもつのは米中関係である。従って、ここで改めて米中関係について考察を加えて見たい。このテーマについては文字通り「百家争鳴」だが、最近の注目すべき著作は、マイケル・ピルズベリーの『China2049』[8]（日経BP社、二〇一五年）である。かつて、アメリカの国防総省で対中戦略に携わったという経歴を持つ著者は、中国に対する甘い幻想を捨てよと、アメリカの政策決定者に警告している。中華人民共和国は一九四九年の建国以来の一〇〇年をマラソンとみなして、先頭を走るアメリカに追いつき、追い越す戦略で国策を運営しているのだという主張が、この書物の題名の意味するところである。だとすれば二一世紀の半ば、このレースの決着はつくことになる。無論先のことなどは誰にもわからないが、中国人は長い歴史の中で、先頭ランナーを視野の中に収め、慎重かつねばり強く「その時」を待つことに習熟している。それは言わば中国人の得意芸だが、アメリカ人はそのことに気づいていないとピルズベリーは言いたいのであろう。習近平の中国は転換し、鄧小平「韜光養晦《とうこうようかい》」はもう終わったのだとする中国研究者も少なくないようだが、ピルズベリーの言う通りならば、まだまだ中国流の「低姿勢外交」は続くと考えることもできそうだ。

アメリカ側もこれまで数代の政権は多少の揺らぎはあるものの、その対中政策の根本はengagement/hedgingと呼んで差し支えないものであった。その意味で米中はいずれの側も正面衝突を慎重に回避しながら、自国に有利な機会を待っているのだろう。いわゆる「新型の大国関係」とは、そうした内容を含んでいるのだと筆者は考えている。大国に「新型」か「従来」型のかの区別があるのではなく、新しいタイプの「大国関係」の構築を希望しているのだ。

ここでもう一度「大国」の定義に立ち戻って見たい。ヘドリー・ブルによれば、「大国は、おもに二つの方法で、――すなわち、大国同士の相互関係を管理することによって、ならびに、その優越的地位を利用して、国際社会全体の事柄に対してある程度中央から指導することによって――国際秩序に貢献」する[9]。大国は、まず相互関係を管理することに成功しなければならない。そして、国際秩序維持のために必要な「公共財」を提供しなければならない。第一の要件は比較的実現しやすい。米中間には未だ不十分かも知れないが、この必要性についての自覚が生まれつつあるのではないか。何故なら、相互の関係を破壊すれば、自国の発展に深刻な障害が生じる恐れがあるからである。「国益」の読みを誤らなければ、米中はこのハードルを超えることができるだろう。誤りを犯しそうなのは、どちらであろうか。今般の南シナ海での中国の行動を見る限り、中国側にその危険ありと言えるのかもしれない。だが、盛りを過ぎたと自覚することから生まれる焦りに囚われ、アメリカ側が誤りを犯す恐れもないとは言い切れまい。

大国は「公共財」の供給者でなくてはならないという第二の要件については、残念ながら、両者ともに、とりわけ中国側に、十分な自覚の跡が見られない。「新型の大国関係」を云々する場合、中国は、アメリカだけを相手と考えているのか、日本をも含むより包括的な「大国関係」を志向しているのだろうか。かつて、ある中国人学者が「日本などは我々の眼中にない」とあたりを憚《はばか》らず公言するのを聞いた覚えがある。心底そう考えている中国の政治的・思想的指導層がどの程度いるのかは判然としない。他方、「新型の大国関係」について報告した中国の専門家に、その「大国」には日本もふくまれるのか質問したところ、外交的な社交辞令だったのかも知れないが、yesという答えが返ってきたこともある。浅野亮氏によれば、李肇星《りちょうせい》前外交部長(外務大臣)は、二〇一二年五月二五日に東京で開かれた第一八回「アジアの未来」で「新型の大国関係」という概念は、米中関係にとどまらず、日中関係にも適用されると述べたという[10]。それを考え合わせれば、中国でもモノのわかった人は、そうした認識を持っているのかも知れない。

この部分についての議論を閉じる前に再度確認しておくならば、大国とは、特定の相手国との関係において(だけ)でなく、それ以上に、国際社会全体との関係において定義されるべき概念である。ここでは、モーゲンソーやカーなどが、「国際共同体」の統治に特別の役割を果たすべき「大国」という存在に注意を払っていることを想起する必要がある。再びヘドリー・ブルに登場願い、この点について、どう語っているかを見ておこう。分立する諸国家の上に立つ権威がないシステムの中に「国際社会(アナーキカル・ソサイエティ)」を見ようとするブルにとって、「国際システム全体の平和と安全保障に影響を及ぼすような問題を決定するのに、一定の役割を果たす権利を主張したり、そのような権利を付与されたりする大国は、自国が負っている管理責任者として、自らの政策を修正する義務を受け入れたり、他国からそのような義務を有するとみなされたりする。従って、軍事的には最前列の大国であるが、それ自身の指導者、あるいは他の諸国によって、これらの権利を有するとみなされていないような国家を、大国とよぶのは、適切ではない」[11]。この要件を満たす大国が実際にあるのかどうかという事実の判定において、アメリカはパスするが、ソ連は言葉と実行が食い違っている。中国はソ連以上に実行が理論を裏切っている、と彼は言う[12]。この事実判定に関して一九八五年に他界したブルよりも新しい知見を持っている我々は、自分自身の判断を下さねばならないが、判断の基準そのものはブル教授の教えに従うべきであろう。

6 運転席に座っているのは誰か？

アジア太平洋の地域秩序をめぐっては、主導権を握っているのはASEAN諸国であって、大国ではないという議論がある。運転席に座っているのは小国群であり、大国は後部座席に座っているだけだというのである。後部座席に座っている大国（＝客）の注文に応じて車を運転しているにすぎないASEAN（＝運転手）とどちらが行き先を決めていると言えるのか。

床屋政談になりかねない喩え話はこの辺でやめるとして、前節までの議論に従うならば、自国が生き延びることだけに専念して居れば良い小国には秩序形成能力など期待する勿《なか》れというのが常識であろう。果たしてそう言い切れるのか、本章を閉じる前にこの点を考察してみたい。

度々引用する論文の中で、永井陽之助氏は、次のように述べている。「一定の条件さえ与えられれば、大国のあらゆる圧力に抗して、中立的立場をつらぬき、強国間の抗争を緩和する機能をも果たし得る。その意味で、小国を国際体系に影響力を行使し得ない（system ineffectual な）存在として定義するのはおおきなあやまりである。むしろ、逆説的ではあるが、小国とは自ら国際体系に影響をなんら及ぼし得ないという弱さの確信に立って行動することの結果として、国際体系に影響を及ぼしうる存在である」[13]（傍点は原文まま）。

ヨーロッパの場合、例えば全欧安全保障協力会議の創設により東西冷戦の緩和の役割をはたした、ヘルシンキ宣言（一九七五年）の成立過程で、北欧諸国などの小国の果たした役割は無視できないであろう。

アジア太平洋では、前述のように、PECCの創設にあたって、日豪のイニシアチブにASEAN諸国が当初警戒心を示したのは事実だが、その後のARF（ASEAN地域フォーラム）などを見ると、むしろASEAN側がイニシアチブをとった。田中明彦によるとARFは「アジア太平洋の大国に対峙して自らの力を発揮できるような枠組みを作りたいとするASEAN諸国の外交専門家たちの考えから発生」した[14]。その他、ASEAN+3のように、ASEANが仲介して日中韓の首脳会議を開催するなど、ASEANが結節点となって他の域外大国をつなぐハブ・アンド・スポークの構造（山本吉宣の命名に従えば、逆ハブ・アンド・スポーク）が出来つつある[15]。

このように見てくれば、ASEANが運転席に座っているのか、域外大国が牽引しているのかという議論の仕方は変えた方がよさそうである。まさに、大国と小国の交差する場として「東アジア」という地域の秩序が形成されつつあると見るのが、正しいのであろう。

大国の行動が「国際秩序」のあり方と切り離して論じられないのと同様に、小国も一定の国際システムとの関連において存在し、行動する。国連のように普遍的なルールに基づいて機能する（はずの）ものがあることが、小国の行動しやすい国際環境である。一般に、多角的機構は、小国の存在するスペースを提供し、大国の横暴を抑制する。アメリカが真に強化された国連を忌避するのはそのためである。だが、自国に挑戦し兼ねない存在が見えてくるに従って、アメリカはその挑戦国の野望を封じるための多角機構の価値に目覚めて行くであろう。ヘドリー・ブルが望むような「国際社会」（傍点は筆者）に現実世界が近づくにつれて、小国の民も、先進大国の民と同じよう良い暮らしを手にする機会が増大する。「小国の民も中産階級の仲間に入り、世界を変えて行くのだ」という希望を高らかに謳っているのが、シンガポールの論客、キショール・マブバニの近著[16]である。彼によれば「ASEANは現在世界が経験している大収斂の縮図」なのである[17]。

彼が熱心に説くように、内も外もない一つの世界へと変わりつつあるとするならば、例えば環境、人権、その他の諸問題（通商、通貨「争点は無論」についてグローバルな視点から人々は取り組むことを習熟してゆくであろう。そのように争点（issue）が多様化すれば、争点毎に、能力の分布が変わって行き、小国の出る幕も増えるはずである。そうなると「争点ごとの交差連合形成」の可能性が生じると、永井も指摘している[18]。

おわりに

以上の考察で用いてきたのは、有形の指標（例えば、人口、領土、軍事力、経済規模などなど）によって大国、小国を定義する「実体分析」ではなく、あるグループに固有の態度、行動様式、価値体系、生活様式などに着目する「機能分析」（行動様式分析）という手法である。私が、この手法を学んだのが、永井陽之助の政治学であることは、既に明らかであろう。小国には小国独特の行動様式がある。大国は大国らしく振舞って初めて大国と呼ぶにふさわしい存在となる。ひるがえって日本はどうであろうか。小国の如く行動することを好む大国なのか？　それとも大国然と行動したい小国なのか？　今日に至るも「積極的平和主義」をめぐって「揺らぎ」は続いている。小国の「大言壮語の無責任性（vaunted irresponsibility）」の謗《そし》りだけはなんとしても避けたいものである。

註

1――永井陽之助『時間の政治学』中公叢書、一九七九年、所収。
2――永井、前掲書、一二三頁。
3――ヘドリー・ブル、臼杵英一訳『国際社会論：アナーキカル・ソサイエティ』岩波書店、二〇〇〇年。
4――同右、二四五頁。
5――永井、前掲書、一二一頁。
6――国分良成ほか『日米中トライアングル』岩波書店、二〇一〇年、二九八頁。
7――渡邉昭夫『アジア・太平洋の国際関係と日本』東京大学出版会、一九九二年。
8――マイケル・ピルズベリー『China2049』日経ＢＰ社、二〇一五年。
9――ブル、前掲書、二五一頁。
10――渡邉昭夫・秋山昌廣編『日本をめぐる安全保障：これから10年のパワーシフト』亜紀書房、二〇一四年、一二三頁。
11――ブル、前掲書、二四六頁。
12――同右、二四九～二五〇頁。
13――永井、前掲書、一二七頁。
14――渡邉昭夫編『アジア太平洋と新しい地域主義』千倉書房、二〇一〇年、三六四頁。
15――同右、四八頁。
16――キショール・マブバニ『大収斂：膨張する中産階級が世界を変える』中央公論新社、二〇一五年。
17――同右、二八二頁。
18――永井、前掲書、一三九頁。

P	PTA	(ASEANの)特恵貿易制度(Preferential Trading Arrangements)
R	RCEP	地域包括的経済連携(Regional Comprehensive Eoonomic Partnership)
	RIMPAC	環太平洋合同演習(Rim of the Pacific Exercise)
S	SCO	上海協力機構(SCO)(Shanghai Cooperation Organization)
	SEACAT	SEACAT(Southeast Asia Cooperation Training)
	SKRL	シンガポール・昆明鉄道計画(Singapore-Kunming Rail Link)
T	TTIP	環大西洋貿易投資パートナーシップ (Transatlantic Trade and Investment Partnership)
	TPP	環太平洋パートナーシップ協定(環太平洋連携協定) (Trans-Pacific Patnership)
U	UNCLOS	国連海洋法条約(United Nations Convention on the Law of the Sea)
	UNTAC	国連カンボジア暫定統治機構 (United Nations Transitional Authority in Cambodia)
W	WEC	西東回廊計画(West-East Corridor)
Z	ZOPFAN	東南アジア平和・自由・中立地帯構想 (Zone of Peace, Free and Neutrality)

D	DOC	南シナ海に関する（関係国の）行動宣言、南シナ海行動宣言 （Declaration on Conduct of Parties in the South China Sia）
E	EAFTA	東アジア自由貿易圏（地域）（East Asian Free Trade Area）
	EAMF	拡大ASEAN海洋フォーラム（Extended ASEAN Maritime Forum）
	EAS	東アジアサミット（東アジア首脳会議）（East Asian Forum）
	ECFA	経済協力枠組み協定（中台） （Economic Cooperation Framework Agreement）
	EEC	ヨーロッパ経済共同体（Europeaon Economic Community）
	EU	欧州連合（European Union）
F	FTA	自由貿易協定（Free Trade Agreement）
	FTAAP	アジア太平洋自由貿易圏（Free Trade Asia of Asia-Pacific）
G	GMS	大メコン圏協力（大メコン）（Great Mekong Sub-region）
I	IAI	ASEAN統合イニシアティブ（Initiative for ASEAN Integration）
J	JAIF	日本・ASEAN統合基金（Japan-ASEAN Integration Fund）
L	LMI	メコン下流域イニシアティブ（Lower Mekong Initiative）
M	MGC	メコン・ガンガー協力（Mekong-Ganga Cooperation）
	MPAC	ASEAM連結性マスタープラン（Master Plan on ASEAN Connectivity）
N	NEDA	近隣諸国経済開発協力基金 （Neighboring Countires Economic Development Cooperation Agency）
	NIEs	新工業経済群（New Industorial Economies）
O	OPTAD	太平洋貿易開発機構構想 （Organization of Pacific Trade and Development）
P	PECC	太平洋経済協力会議 （Pacific Economic Cooperation Conference（Council））

	AJCEP	ASEAN日本包括的経済連携協定 (ASEAN-Japan Comprehensive Economic Partnership)
	AKFTA	ASEAN韓国FTA (ASEAN-Korea Free Trade Area)
	AMBDC	ASEANメコン流域開発協力 (ASEAN Mekong Basin Development Cooperation)
	AMEICC	AMEICC (AEM-METI Economic and Industrial Cooperation)
	AMF	ASEAN海洋フォーラム (ASEAN Maritime Forum)
	AMM	ASEAN閣僚会議 (ASEAN Ministerial Meeting)
	APCC	ASEAN社会文化共同体 (ASEAN Socio-Cultural Community)
	APEC	アジア太平洋経済協力 (Asia-Pacific Cooperation)
	APSC	ASEAN政治・安全保障共同体 (ASEAN Political-Security Community)
	ARF	ASEAN地域フォーラム (ASEAN Regioonal Forum)
	ASA	ASEANスワップ協定 (ASEAN Swap Agreement)
	ASEAN-PMC	ASEAN拡大外相会議 (ASEAN Post-Ministerial Meeting)
	ASW	ASEANシングル・ウィンドウ (ASEAN Single Window)
	ATIGA	ASEAN物品貿易協定 (ASEAN Trade in Goods Agreement)
B	BBC(スキーム)	ブランド別自動車部品相互補完流通計画 (Brand to Brand Complementation)
C	CARAT	CARAT (Cooperation Afloat Readiness and Training)
	CEPEA	東アジア包括的経済連携 (Comprehensive Economic Partnership of East Asia)
	CLV	発展の三角地帯 (Cambodia-Laos-Vietnam)
	COC	南シナ海の(に関する、における)行動規範 (Code of Conduct in the South China Sea)

略語表

A	AADMER	ASEAN防災緊急対応協定 (ASEAN Agreement on Deisaster Management and Emergency Response)
	AANZFTA	ASEANとオーストラリア・ニュージーランドのFTA (ASEAN-Australia-New Zealand Free Trade Area)
	AC	ASEAN共同体(ASEAN Community)
	ACFTA	ASEAN中国自由貿易地域、中国ASEAN自由貿易圏 (ASEAN-China Free Trade Area)
	ACMECS	エーヤーワディー・チャオプラヤー・メコン経済協力戦略 (Ayeyawady-Chao Phraya-Mekong Economic Cooperation Strategy)
	ADB	アジア開発銀行(Asian Development Bank)
	ADMM	ASEAN国防大臣会議(ASEAN Defence Ministers' Meeting)
	ADMM+	ASEAN防衛大臣会合+(ASEAN Defence Ministers' Meeting plus)
	ADRC	アジア防災センター(Asian Disaster Reduction Center)
	AEC	AESAN経済共同体(ASEAN Economic Community)
	AFTA	ASEAN自由貿易地域(ASEAN Free Trade Area)
	AIC	ASEAN工業補完協定(ASEAN Industrial Complementary Agreement)
	AICO	ASEAN産業協力(ASEAN Industrial Cooperation)
	AIFTA	ASEANインドFTA(ASEAN-India Free Trade Area)
	AIIB	アジアインフラ投資銀行(Asian Infrastructure Investment Bank)
	AIP	ASEAN共同工業プロジェクト(ASEAN Industrial Program)

ナ

ハ

マ

ヤ

ラ

ワ

主要人名索引

マ

ヤ

ラ

ハ

カ

サ

N-Z

ア

主要事項索引

山影進（やまかげ・すすむ）第7章執筆

青山学院大学国際政治経済学部教授
1949年生まれ。東京大学教養学部卒業、同大学院社会科学研究科修士課程修了。マサチューセッツ工科大学より博士号取得。東京大学教養学部助教授、東京大学大学院総合文化研究科教授を経て2012年より現職。専門は国際関係論、東南アジア国際関係、人工社会構築論。主著に『対立と共存の国際理論』『ASEANパワー』『国際関係論講義』（いずれも東京大学出版会）、『人工社会構築指南』（書籍工房早山）など。

渡邉昭夫（わたなべ・あきお）終章執筆

一般財団法人平和・安全保障研究所副会長、東京大学名誉教授、青山学院大学名誉教授
1932年生まれ、東京大学文学部卒業、オーストラリア国立大学にてPh.D.取得。東京大学教養学部教授、青山学院大学国際政治経済学部教授、財団法人平和・安全保障研究所理事長などを歴任。専門は国際政治学、日本外交論。主著に『アジア・太平洋の国際関係と日本』（東京大学出版会）、『大国日本のゆらぎ』（中央公論新社）など。

青木まき（あおき・まき）第4章執筆

日本貿易振興機構アジア経済研究所研究員
1975年生まれ。東京女子大学現代文化学部卒業、東京大学総合文化研究科博士単位取得満期退学。専門は国際関係論、東南アジア研究。主要論文に「メコン広域開発協力をめぐる国際関係の重層的展開」（『アジア経済』第56巻2号）「タックシン政権の対外政策――政権の主導によるタイの中進国化」（玉田芳史・船津鶴代編『タイ政治行政の改革　1991-2006年』アジア経済研究所）

川島真（かわしま・しん）第5章執筆

東京大学大学院総合文化研究科教授
1968年生まれ。東京外国語大学外国語学部中国語学科卒業。東京大学大学院人文科学研究科（東洋史）修士課程修了、1997年同人文社会系研究科博士課程単位取得満期退学。博士（文学）。北海道大学法学部助教授、東京大学大学院総合文化研究科助教授、同准教授などを経て2015年より現職。専門は中国・アジア政治外交史。主著に『中国近代外交の形成』（名古屋大学出版会）、『近代国家への模索』（岩波新書）などがある。

中山俊宏（なかやま・としひろ）第6章執筆

慶應義塾大学総合政策学部教授
1967年生まれ。青山学院大学国際政治経済学部卒業、同大学院国際政治経済学研究科博士課程修了。国際政治学博士（青山学院大学）。ワシントン・ポスト紙極東総局記者、日本政府国連代表部専門調査員、日本国際問題研究所主任研究員、ブルッキングス研究所招聘客員研究員、津田塾大学国際関係学科准教授、青山学院大学国際政治経済学部教授などを経て、2014年4月より現職。専門はアメリカ政治・外交、国際政治、日米関係。主著に『アメリカン・イデオロギー』『介入するアメリカ』（共に勁草書房）がある。

編著者略歴

大庭三枝（おおば・みえ）編者・序章及び第1章執筆

東京理科大学工学部教授
国際基督教大学教養学部卒業、東京大学総合文化研究科博士課程修了。博士（学術）。日本学術振興会特別研究員、東京大学大学院総合文化研究科助手、東京理科大学工学部准教授等を経て2014年より現職。専門は国際関係論、アジアの地域統合および地域統合理論。著書に『アジア太平洋地域形成への道程』（ミネルヴァ書房）、『重層的地域としてのアジア』（有斐閣）がある。

清水一史（しみず・かずし）第2章執筆

九州大学大学院経済学研究院教授
北海道大学経済学部卒業、北海道大学経済学研究科博士課程修了。博士（経済学）。北海道大学経済学部助手、九州大学経済学部助教授を経て、2005年より現職。専門は世界経済、アジア経済。著書に『ASEAN域内経済協力の政治経済学』（ミネルヴァ書房）、『ASEAN経済共同体と日本』（編著、文眞堂）、『現代ASEAN経済論』（編著、文眞堂）など。

鈴木早苗（すずき・さなえ）第3章執筆

日本貿易振興機構アジア経済研究所研究員
1975年生まれ。東京大学教養学部卒業、同大学大学院総合文化研究科博士単位取得満期退学。博士（学術）。専門は国際関係論、東南アジア研究。著書に『合意形成モデルとしてのASEAN』（東京大学出版会）がある。

東アジアのかたち
――秩序形成と統合をめぐる日米中ASEANの交差

二〇一六年八月一九日　初版第一刷発行

編著者　大庭三枝
発行者　千倉成示
発行所　株式会社 千倉書房
〒一〇四－〇〇三一　東京都中央区京橋二－四－一二
電話　〇三－三二七三－三九三一（代表）
http://www.chikura.co.jp/

造本装丁　米谷豪
印刷・製本　中央精版印刷株式会社

ISBN 978-4-8051-1093-5 C3031

叢書
21世紀の国際環境と日本

001
同盟の相剋
水本義彦 著

比類なき二国間関係と呼ばれた英米同盟は、なぜ戦後インドシナを巡って対立したのか。超大国との同盟が抱える試練とは。

❖A5判／本体 三八〇〇円＋税／978-4-8051-0936-6

002
武力行使の政治学
多湖淳 著

単独主義か、多角主義か。超大国アメリカの行動形態を左右するのは如何なる要素か。計量分析と事例研究から解き明かす。

❖A5判／本体 四二〇〇円＋税／978-4-8051-0937-3

003
首相政治の制度分析
待鳥聡史 著

選挙制度改革、官邸機能改革、政権交代を経て「日本政治」は如何に変貌したのか。二〇一二年度サントリー学芸賞受賞。

❖A5判／本体 三九〇〇円＋税／978-4-8051-0993-9

表示価格は二〇一六年八月現在

千倉書房

叢書
21世紀の国際環境と日本

004
人口・資源・領土
春名展生 著
人口の増加と植民地の獲得を背景に日本の［国際政治学］が歩んだ、近代科学としての壮大、かつ痛切な道のりを描く。
❖Ａ５判／本体 四二〇〇円＋税／978-4-8051-1066-9

005
「経済大国」日本の外交
白鳥潤一郎 著
戦後国際社会への復帰を進める日本を襲った石油危機。岐路に立つ資源小国が選択した先進国間協調という外交戦略の実像。
❖Ａ５判／本体 四五〇〇円＋税／978-4-8051-1067-6

表示価格は二〇一六年八月現在

千倉書房

海洋国家としてのアメリカ

田所昌幸＋阿川尚之 編著

建国から世界関与に至る歴史的な流れを繙き、海洋国家と大陸国家の双貌を持つ「米国の精神」を探る。

❖A5判／本体 三四〇〇円＋税／978-4-8051-1013-3

「普通」の国 日本

添谷芳秀＋田所昌幸＋デイヴィッド・ウェルチ 編著

「日本が普通の国になる」とはどのような状況を指すのだろう。それは可能なのか、望ましいのか、世界はどう見るのか？

❖四六判／本体 二八〇〇円＋税／978-4-8051-1032-4

安全保障政策と戦後日本 1972～1994

河野康子＋渡邉昭夫 編著

史料や当事者の証言をたどり、七〇年代から九〇年代へと受け継がれた日本の安全保障政策の思想的淵源と思索の流れを探る。

❖A5判／本体 三四〇〇円＋税／978-4-8051-1099-7

表示価格は二〇一六年八月現在

台頭するインド・中国　田所昌幸 編著

巨大な国土と人口を擁するスーパーパワー。その台頭は、アジアに、そして世界に、一体何をもたらそうとしているのか。

❖Ａ５判／本体　三六〇〇円＋税／978-4-8051-1057-7

ナショナリズムとイスラム的共存　鈴木董 著

西洋の衝撃によって崩れ去ったイスラム的共存のメカニズム。オスマンの落日に民族問題の淵源を訪ねる。

❖四六判／本体　二八〇〇円＋税／978-4-8051-0893-2

戦後スペインと国際安全保障　細田晴子 著

欧州で孤立する戦後スペインは、核や基地、地域安全保障などをカードに米国と関係を強め、国際社会への復帰を目指す。

❖Ａ５判／本体　三八〇〇円＋税／978-4-8051-0997-7

表示価格は二〇一六年八月現在

千倉書房

「死の跳躍」を越えて　佐藤誠三郎 著

西洋の衝撃という未曾有の危機に、日本人は如何に立ち向かったか。近代日本の精神構造の変遷を描いた古典的名作。

❖A5判／本体 五〇〇〇円＋税／978-4-8051-0925-0

「南進」の系譜　矢野暢 著

明治以来連綿と続く日本人の南洋志向から、近代日本の対外認識をあぶり出す。続編『日本の南洋史観』も併せて収録。

❖A5判／本体 五〇〇〇円＋税／978-4-8051-0926-7

アジア太平洋と新しい地域主義の展開　渡邉昭夫 編著

17人の専門家が、各国事情や地域枠組みなど、多様かつ重層的なアジア・太平洋の姿を描き出し、諸国の政策の展開を検証する。

❖A5判／本体 五六〇〇円＋税／978-4-8051-0944-1

表示価格は二〇一六年八月現在

千倉書房